Stranger in the Shogun's City

A Japanese Woman and Her World

江戶城裡的異鄉人

一個幕末時代叛逆女子的一生

著｜艾美・史丹利（Amy Stanley）
譯｜林士棻

獻給山姆（Sam）與亨利（Henry），我最摯愛的兒子。

目次

人物介紹

常野一家

現存的林泉寺文書中並未包含家譜，因此重新建構常野的家族及相關人物，成了本書最困難的工作。人物關係乃根據該寺的出生及死亡名冊[1]，以及書信中的線索（例如「兄長」）擬構而成。

父母

1. 右衛門（一七六八～一八三七年）：常野的父親，林泉寺住持。
2. 春真（生年不詳，卒於一八四一年）：常野的母親。

兄弟姊妹

1. 井澤孝德（生卒年不詳）：常野同父異母的兄長，可能是父親前一段婚姻所生，被高田某位姓井澤的醫生收養，長大後也步上從醫之路。
2. 義融（一八〇〇～一八四九年）：常野的大哥，繼承家業成為林泉寺的住持。
3. 清見（生卒年不詳）：可能是常野的妹妹，嫁給了附近村莊的寺院住持。
4. 義龍（一八〇七～一八七六年）：常野的弟弟。
5. 義倫（生卒年不詳）：常野的弟弟，因侵犯兄嫂（義融的前妻），被短暫逐出家門。
6. 義仙（生年不詳，卒於一八四八年）：常野的么弟，前往江戶求學。
7. 梅香（生於一八一五年，卒年不詳）：常野的妹妹，出生不久便過世。
8. 年野（一八一七～一八四四年）：常野的妹妹。
9. 伊野（生年不詳，卒於一八四〇年）：常野的妹妹。

1〔譯注〕此應指「宗門人別帳」，為江戶時代由寺院負責管理的信眾名冊，兼具戶籍簿（人別帳）功能。

義融一家

1. 義融前妻：姓名未見於林泉寺文書中，於一八二八年（文政十一年）嫁給義融，翌年離異。
2. 佐野（一八〇四～一八五九年）：為義融繼室，常野的兄嫂，育有喜博等五名子女。
3. 喜博（一八三二～一八八七年）：義融與佐野的長子，繼承家業成為林泉寺住持。
4. 阿竹（生於一八四〇年，卒年不詳）：義融與佐野的女兒，常野曾有意收為養女。

常野歷任丈夫

1. 淨願寺住持（婚姻關係：一八一七～一八三一年）：常野的第一任丈夫，家住出羽國的大石田村。
2. 小出彌惣右衛門（婚姻關係：一八三三～一八三七年）：常野的第二任丈夫，越後國大島村的富農。
3. 加藤勇右衛門（婚姻關係：一八三七～一八三八年）：常野的第三任丈夫，住在越後國高田的町人（江戶時代對商人或工匠的稱呼）。

4. 井澤博輔（後改名平造。婚姻關係：一八四〇～一八四四年；一八四六～一八五三年）：常野的第四任丈夫，出身越後的蒲生田村，在江戶的武家宅邸工作。

親友及其他

越後國

1. 磯貝傳八：林泉寺的住持祕書、信徒。
2. 山崎久八郎：常野住在飯室村的叔父。
3. 智侃：陪同常野前往江戶的旅伴，是子安村慈円寺的年輕和尚，該村位於高田城下町外。

江戶

1. 宗八：智侃的遠房表親，出身越後，在江戶經營米屋。
2. 磯貝安五郎：常野家中的舊識兼林泉寺的信徒。冬季會到江戶打工。
3. 甚助：常野在江戶皆川町長屋的家守（管理員）兼債主。
4. 文七、美津夫妻：常野的叔父叔母，住在築地。

5. 松平友三郎（一八二一～一八六六年）：常野在江戶的第一任雇主，為幕府家臣（旗本），後擔任龜山藩藩主，改名松平信義。

6. 岩井半四郎（一七七六～一八四七年）：江戶時期著名的歌舞伎演員，在住吉町有房子出租，常野曾於一八四〇年（天保十一年）在此短暫工作。

7. 井澤半左衛門（又名武田輩、武田五郎）：博輔的弟弟，平日甚少與人往來，品行不端。

8. 谷戶儀助：常野的朋友，為針灸師，出身出羽國。

9. 藤原雄藏：博輔在本鄉工作時的舊識。

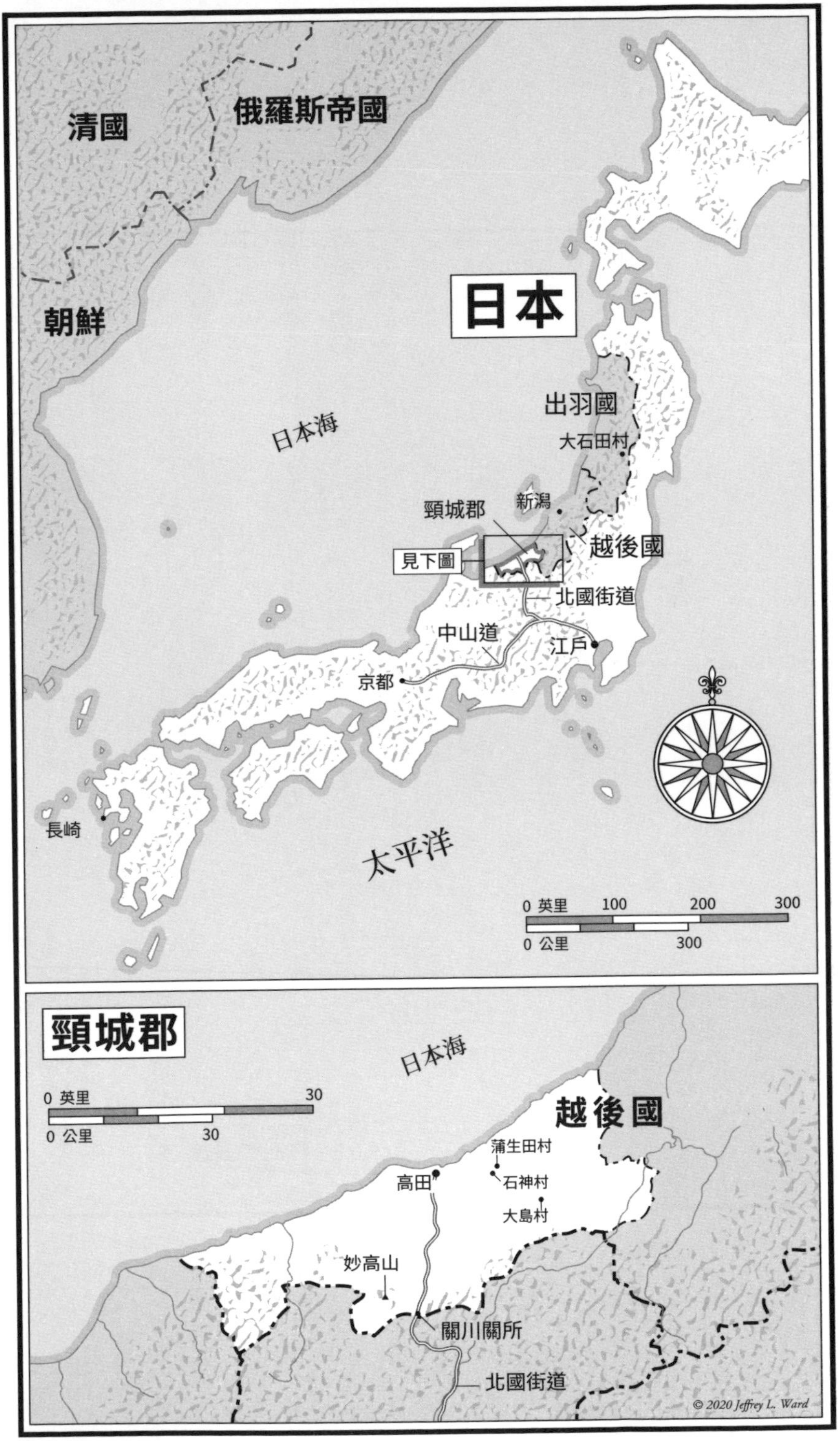
清國
俄羅斯帝國
朝鮮
日本
日本海
出羽國
大石田村
新潟
頸城郡
越後國
見下圖
北國街道
中山道
江戶
京都
長崎
太平洋
0 英里 100 200 300
0 公里 300
頸城郡
日本海
0 英里 30
0 公里 30
越後國
蒲生田村
石神村
高田
大島村
妙高山
關川關所
北國街道
© 2020 Jeffrey L. Ward

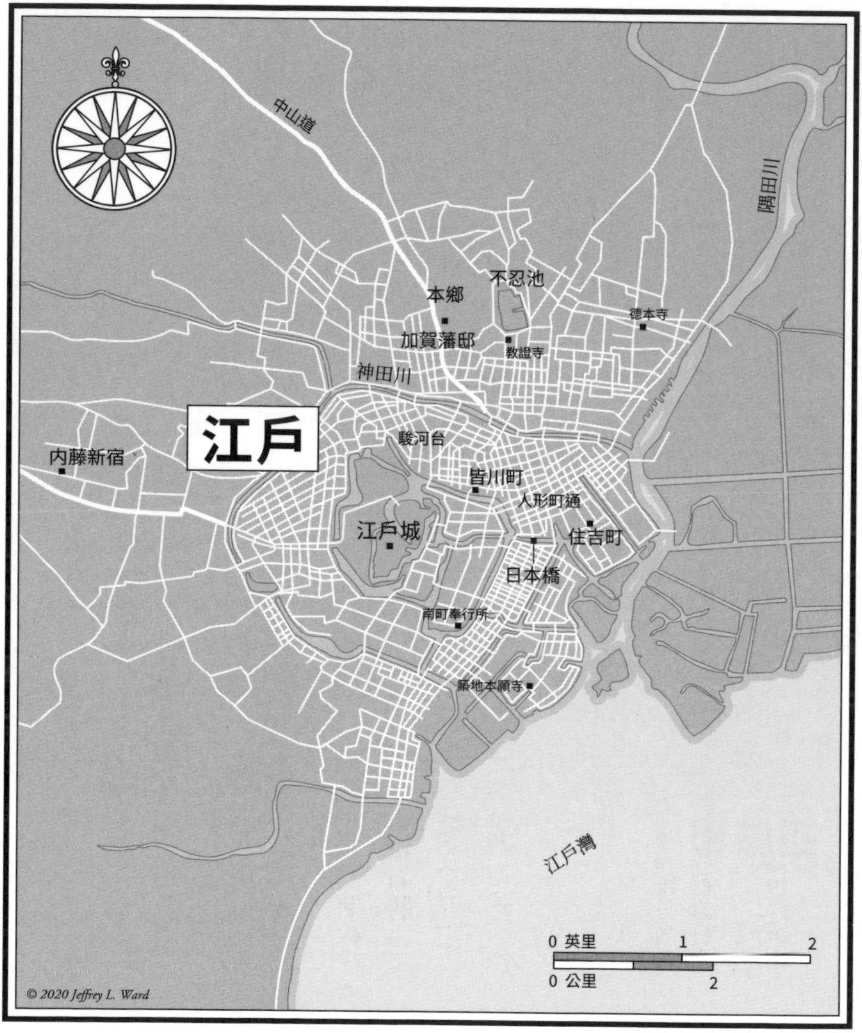
江戶
中山道
隅田川
不忍池
本鄉
加賀藩邸
教證寺
德本寺
神田川
駿河台
內藤新宿
皆川町
人形町通
江戶城
住吉町
日本橋
南町奉行所
築地本願寺
江戶灣
0 英里 1 2
0 公里 2
© 2020 Jeffrey L. Ward

翻譯說明

熟悉日本史的讀者會注意到，關於日文原來的專有名詞，以及某些在英文著作中常見而無需翻譯的日文詞彙，本書一律轉譯為英語。在重量及貨幣[1]單位方面，筆者將「koku」譯為「石」[2]；「ryo」譯為「兩」，代表小判金幣；「bu」與「shu」，各譯為「分」、「朱」；銅錢「mon」則以「文」表示。此外在年齡方面，本書將日本傳統的計齡方式一律改以西

1〔譯注〕江戶時代沒有全國統一貨幣，依照使用地域不同，主要分為金幣、銀幣、銅幣、紙幣（藩札）等四種，其中金幣流通於江戶地區，可分為大判及小判兩種。以小判為例，幣值可再細分為兩、分、朱三種，採四進位制：一枚小判相當於一兩，一兩等於四分，一分等於四朱。本書翻譯還原日文用法，以「兩」、「分」、「朱」等單位表示。

2〔譯注〕日本古代的容積單位，通常用來量米，一石等於十斗。歷史上習慣以稻穀石高數（生產量）作為判斷諸侯經濟實力的指標。

方算法表示，例如常野在一八五三年去世，照日本人新生兒就算一歲的算法，享年為五十（虛）歲；本書則以實歲四十九表示。另外為了閱讀方便，也將所有日本年號置換為西元年分，但並非全然準確，因為日本採舊曆，兩套系統未必能完全對應，例如筆者將天保十三年十二月譯為一八四二年十二月，但當時歐美已經進入一八四三年。最後，書中提及的眾多歷史人物都改過名字或另有別名，為維持內容前後連貫及確保可讀性，本書一律以文獻中最早出現的名字稱呼，以免造成混淆。

Prologue 序幕

西元一八〇一年元旦[1]，新世紀的第一天，美國總統約翰・亞當斯（John Adams）[2]推開剛落成不久、清冷的白宮大門，準備舉行公開招待會。另一方面，大西洋彼端的倫敦，教堂鐘聲響起，宣告大不列顛與愛爾蘭王國的締結，全新的英國國旗（米字旗）首度冉冉升起；在法國，拿破崙[3]花了一整天的時間策劃將來的征討大計，巴黎百姓卻無視大革命期間

1〔原注〕依照西方曆法，十九世紀係自一八〇一年起算，而非一八〇〇年。

2〔原注〕Emerson and Magnus, *The Nineteenth Century and After*, 77。

3〔原注〕Schwartz, *Century's End*, 144。

採行的共和曆法[4]，照常慶祝著這個不被承認的傳統年節。縱使十八世紀已經成為歷史，時代革命的浪潮依然猛烈衝擊著世界。展望未來，美國報紙做出大膽預測，不僅著眼國內，更放眼國際，關注世界各地的人們。當前社會思潮的趨勢，已從暴政、迷信、君主專制，轉向自由、啟蒙及共和政體。眾人一致認為，今後百年內，「世界局勢將出現更大的變化。」[5]

然而，越過北美崎嶇大陸上的曠野與高山，在遼闊多變的大洋彼端，遙遠的東方國度卻宛如平行世界，渾然不知值得紀念的新時代已然來到，更毫無舉杯歡慶、放眼未來的理由。日本列島上，人們遵循著傳統曆法，只有少數人知道這一年是西方人的一八〇一年。對大多數日本人而言，這一年是寬政十二年，並非新紀元的開始，而是江戶時代的中葉。自外於歐洲革命的時代變動，日本正平穩地度過另一段日益安定的太平盛世。日本國內已近兩百年未發生戰事；同一時期，歐洲在一次又一次血腥的宗教衝突中，局勢日益動盪不安；明帝國遭逢翻天覆地的亡國巨變，皇帝身首異處，新興國家崛起，見證海上霸權的興衰起落。然而，無論世界如何紛擾，日本始終與世無爭、天下承平，似乎就將如此一路延續下去。

大多數西方人熟知的一八〇一年元旦，在日本不過是個普通的隆冬之日，換算成舊曆是十一月十七日。城裡，優雅仕女穿著層層疊疊的厚織和服；消防員居高遠眺，監視著火災的發生；街上則有小販叫賣著烤地瓜。而在鄉下，村民忙著修繕工具、編織草繩，照料冬季的蔬菜與蘿蔔，同時煩惱著該如何繳納賦稅。收成的季節已過，各種徵收年貢的令狀[6]眼看就要到期。佃農上山伐林砍木，又到海邊撿拾一桶桶曝晒成千的海帶；在農村，人們將白米或大豆捆裝起來，集結成堆。有時，他們僅能勉強湊出現金支付。全日本六十六個令制國[7]，每個村子都必須納貢，這是人民對地方藩主（大名）或將軍應盡的義務。當時幕府掌權的將軍是德川家齊，他以江戶作為根據地，統御天下。當時的江戶人口高達一百二十萬[8]，是座繁華擁擠的大都會。

　歲末隆冬，正是西方人歡慶的時節，但在日本，卻有數以萬計的徵稅文書經人繕寫用印

4〔原注〕Shaw, *Time and the French Revolution*, 103-4。

5〔原注〕同樣的，《美國公民與綜合廣告報》（*The American Citizen and General Advertiser*）也預言「新時代即將到來，原則、才能與共和品德將戰勝邪惡、無知與道德敗壞。世界各地的自由盟友，也將迎來和平與安樂。」見 *The American Citizen and General Advertiser*, January 1, 1801。

6〔譯注〕日文說法為「年貢割付狀」，為江戶時代的徵稅文書。每年秋天收穫前，領主會根據農地收成決定該村必須繳納的年貢，以村為單位，由各村自行分配各戶所需負擔的稅額，除了村年貢，通常還會收取一定程度的行政費（村入用）。

7〔譯注〕日本古代根據律令制所設立的地方行政單位，概念相當於「省」（province）。

8〔原注〕關於當時的人口估算，見竹内誠，《江戶社会史の研究》，17-19。

後，以筆墨謄抄、信差派送，再透過農夫長滿厚繭的雙手，輾轉相傳。其中一張[9]最後落入一位名喚右衛門的佛寺住持手中。他住在名為「石神」的村子裡，距離江戶的商行與歌舞伎座要走上好幾天的路程。右衛門主持的佛寺位於越後國某座陡峻的山腳下，同時也是日本雪國中的豪雪地帶。村裡，寒冬鋪天蓋地襲來，籠罩著茅草鋪頂的木屋、草地及稻田。右衛門的鄰居們早已修好草鞋及雪靴[10]，補強屋樑，用厚蓆包覆不耐嚴寒的作物，並在窗戶掛上蘆葦做的草簾。到了舊曆十一月，積雪已深達數尺，雪量與日俱增。當風吹起，田野颳起陣陣飛雪，吹積成堆，根本看不見村中蜿蜒的阡陌小徑與水渠[11]。

右衛門一族[12]世居以務農為主的石神村已經好幾代。過去他們曾是武家，根據家譜記載，先祖效力於人稱「甲斐之虎」的戰國名將武田信玄旗下。武田信玄最為人所知的，就是他高明的戰略以及別具特色的鎧甲，頭盔上嵌著一副彎如月牙的金牛角。西元十六世紀，武田軍打過幾場當代最激烈的血戰，當時日本正逢戰國，群雄四起，各地武將爭相攻城掠地，毀郭燒城，集結萬千兵力，爭奪天下。也就是那時候，農民被迫離開村莊，流離失所；軍隊則四處征戰，不停轉移陣地，全日本的人口分布為之撼動，重新洗牌。久而久之，軍隊氣力耗盡，日本迎來疲軟的和平，右衛門的祖先最後就在越後南部安頓了下來。

十六世紀後期，戰國最後一位霸主，也就是幕府時代將軍的前身[13]，將全國人民分為武士和平民兩種身分。每戶武家的戶長必須為家族未來的命運做出抉擇。想繼續當武士的人就得放棄農耕，駐紮在城下町（城外市鎮）的武士營舍，以便隨時待命，保護領主；選擇留在村子的人，則被要求放棄武士身分，並交出武器。武士享有特權，可任官職並獲得由大名或將軍賜予的薪俸。另一方面，農民也獲得擔保，終生無須上戰場。右衛門的祖先選擇了後者，棄戎從農。

多年來，右衛門一族以務農維生並擔任村役人（村長）。他們為村裡調解糾紛、代政府收稅、擔任村民與領主之間的溝通橋樑，但其中有位祖先卻選擇走上不一樣的道路。他放下農書，轉而鑽研佛經，最後受戒出家，成為淨土真宗的僧侶。他集合信眾、主持喪事、唱誦佛經，並為信徒講解淨土宗派的道義：凡是相信阿彌陀佛救世願力之人，便能從無盡的苦難

9〔原注〕《林泉寺文書》，編號五八七。本書引用內容皆出自《林泉寺文書》，關於完整篇名、作者及日期，詳見新潟縣立文書館藏網站（https://www.pref-lib.niigata.jp/?page_id=569），搜尋文書編號E九八〇六。

10〔原注〕鈴木牧之，《北越雪譜》。

11〔原注〕《林泉寺文書》，編號一四五二。

12〔原注〕Niigata kenritsu bunshokan, ed., "Shozō monjo annai." xix Takeda Shingen, the Tiger of Kai: Sato, *Legends of the Samurai*, 204-31. xix Japan's new military hegemon, the forerunner to the shogun, sorted: Berry, Hideyoshi。

13〔譯注〕指豐臣秀吉，他統一天下後，澈底實施兵農分離，奠定江戶時代幕藩體制的穩定基礎。

因果中解脫，往生極樂淨土。他在村裡設立了一座小寺，名曰「林泉寺」，右衛門一家至今仍住在那裡，過著照料家畜、管理村民戶籍，為信眾迎生送死的生活[14]。

右衛門歷代先祖所做的抉擇，經過幾百年來的點滴積累，至今仍廣泛影響著他的日常生活。當年要是他們繼續從戎，現在右衛門就會繼承家業，成為武士。他會在腰間佩戴雙刀，象徵其武士身分。他住在城裡，下鄉時換穿正式的下裳（袴），梳起光亮的髮髻。其外表裝扮，從上到下，在在顯示出有別於庶民的身分與地位。但現在，他身上穿著笨重的袈裟，還剃了光頭。更重要的是，他得納貢。假使他出身武家，就會是統治階級，只管發放年貢割付狀、等著收稅，藉此賺取薪俸。只要世襲的武士身分不變，右衛門以及後代男性子孫都能保有穩定的收入，不愁吃穿。

儘管如此，即使在嚴冬中又收到一份徵稅令狀，對於祖先當年的選擇，右衛門還是無法抗駁。他其實相當富裕。他與妻子春真在去年生了個男孩，將來會是佛寺的繼承人。他們希望多生幾個，因為經濟還算寬裕，多養些小孩不是問題，右衛門的家業愈來愈興旺，一切都要感謝佛祖保佑。今年是相當難熬的一年[15]，石神村大部分村民沒有他那麼幸運。上游河川氾濫，淹沒了村裡的水塘與田地；作物收成慘澹，各地農民頭目紛紛前來陳情，請求救濟。據他們說，有孤兒寡母挨餓受凍，也有人家因為繳不出年貢而逃之夭夭。但這些悲慘的遭遇全與右衛門無關，那些令狀對他而言，並非迫在眉睫的生死關頭，只是又多了一紙必須詳讀保存的公文而已。

右衛門繼承了滿滿好幾箱的公文書，其中有些歷史長達百年以上，摺成經文狀塞在信封裡，集結起來裝訂成冊。他還留著幾十年前的年貢割付狀跟領受書（收據）、村民的陳情書及鄉里事務的公告、數十份典當土地的借貸契約、信眾往來的記錄、村民的「人別帳」（戶籍簿）、亡故者的死亡登記及法名清冊，甚至還有家裡為了他姊姊出嫁而添購的物品清單。這些文件林林總總，一點都不讓人意外。當時的鄉下人（包括女性）識字率之高令人咋舌[16]。即使在農村，五名男性中就有一人能讀寫；而在大多數城市，這比率還要高出許多。日本人或許合力創造了可能是有史以來規模最龐大的近代社會文書檔案系統，種類包羅萬象，包括由將軍的女眷在江戶城美侖美奐、一應俱全的房間裡，挨著亮漆桌几伏案所寫的書信；負責頒布法令、審判罪犯的武士所發布的公告與通知書函；農民記載購入的種籽及輪種

14〔原注〕Howell, *Geographies of Identity in Nineteenth-Century Japan*。

15〔原注〕“Ōgata daiakusaku ni tsuki sho haishaku nado gansho,” in Ōgata chōshi hensan iinkai, ed., *Ōgata chōshi, shiryōhen*, 219-20. xxi。保存在木盒內的眾多文書後來被找出並建檔，成為新潟縣文書館藏，《林泉寺文書》（E九八〇六）的主要內容。

16〔原注〕當時日本的識字率估算高達五分之一，係依據利根啓三郎針對關東地區農村就學率的研究結果而來，當地民眾的教育程度普遍不低。見 Rubinger, *Popular Literacy in Early Modern Japan*, 131。

田地的耕種記錄；大型商行及地方小店的帳簿；兒童上課時用廢紙隨手塗鴉的筆記；神社、港口、武士英雄、妖怪與樹木等各種形象的素描；屋宅平面圖、財產申報；關於西方「洋蠻」歷史的評述；行動書齋的館藏清單，以及主題包羅萬象的各種俳句。

寬政十二年冬，右衛門的文庫收藏依然乏善可陳。一箱箱的文件，內容千篇一律，條理有序地訴說著可想而知的故事：年年徵收的賦稅、村中女性的嫁娶清冊、林泉寺住持代代相傳的記錄文書，以及家族借出的貸款與累積的土地清單。也許這些文件的字裡行間隱藏著某些祕密，卻從未明說。這些文書檔案涵蓋的地域大多限於越後國的一隅。在那個年代，遙遠的城市始終遠在天邊，深居江戶城的將軍不過是個抽象模糊的影子；幕府只是個沒有具體形貌、年年徵稅的機關。遠在大洋彼端，住在全新官邸裡的美利堅合眾國總統，在日本完全無人知曉。

然而，隨著右衛門保存的文檔數量日增，家中人丁愈來愈興旺，世界卻無聲無息地以幾乎難以察覺的腳步慢慢改變。很快地，他的文書庫藏將會出現自己難以想像的名字與年分，並潛藏著無法想見的衝突。正式邁入十九世紀的幾年後，右衛門的女兒常野出生，接下來的五十年內，她給右衛門帶來的煩憂，將比其他九個孩子加起來還要多。一路走來，她將寫出幾十封家書，每一封都由父兄妥善保存著。信中有怨懟，有欣喜；有絕望，有憤怒，當然也少不了道歉。她將不妥的字句劃去，修正重寫；對於先前信上所言也會矢口否認，堅稱那並非她的本意。她每次都會附上新的地址以便家人回信；那些地址以未知、怪異的字符寫成，拼湊成迥然不同的語彙。她不停地寫、不斷地寫，到最後，她與家裡往返的魚雁以及與她有關的書信，占去了右衛門的大半庫藏。常野的叛逆全寫在信上，她透過紙筆，以不同的聲音與形式暢所欲言，一發不可收拾；她的家人亦努力試著理解她顛沛脫序的生活，並阻止她繼續荒唐下去。他們似乎相信，只要透過不間斷的家書與財產清冊循循善誘，也許有望讓她回心轉意，變回他們心目中乖巧的女兒及手足。然事與願違，常野堅定的意志將重新主導林泉寺文庫的面貌，它所講述的，不再只是一套脈絡明晰、井然有序的家族史，而是一段截然不同的生命紀實：她的人生故事。

要是右衛門能預知未來，知道他所保存的文書暗藏著祕密，且有朝一日將被後人揭開，他對於那些裝滿文件的箱子或許會另眼相待。後來幕府覆滅、石神村被併入鄰市，林泉寺也走入歷史，多年以後，右衛門一家的文書資料輾轉來到將近一百三十公里外的新潟市，成為該市的公共館藏。研究人員仔細爬梳常野的生平，描繪出她的故事輪廓，並將她的書信全數放上網路[17]。一位外國學者獨自坐在研究室，透過電腦螢幕看著常野的親筆字跡：

17〔原注〕見 https://www.pref-lib.niigata.niigata.jp/?page_id=569。

娘親大人親啟，兒常野筆（密件）

娘親大人拜啟，敬祝春日安好。

兒日前行至江戶，因緣際會造訪神田皆川町，竟意外遭逢困厄！

———

右衛門將徵稅令狀妥善收存起來，在那之後過了兩百多年，我在大洋彼端的遙遠國度，另一個世界之外，讀到常野的家書。那年冬天，我趁著課堂的間隙，一次又一次回到研究室，隔著窗外紛飛的大雪，不停重新整理網頁，反覆回味。學期結束後，我搭上飛往東京的班機，那座舊名江戶的城市。我在東京轉乘新幹線，穿過右衛門家鄉的群山，只為了親睹常野的手稿：她的筆跡沿著紙頁一路迤邐而下，信上的摺痕依然清晰可見。我按下快門，拍了張照片，卻欲罷不能，又拍了一張，甚至幾十張。我單手抓著桌緣，時差加上害喜令我頭暈目眩。當時我已經懷孕，有了自己的小孩——另一個長子，另一個家庭，另一段故事即將展開。

我一邊照顧兩個兒子，一邊慢慢認識了右衛門的子女：首先是常野，她的嗓門最大，最熱情，彷彿堅持要讓世人聽見她的故事。右衛門沒有留下家譜，我只好從上百份紊亂的文書中逐一抽絲剝繭，爬梳出其他人的名字。於是我認識了義融（常野的哥哥），一個內心不安、充滿矛盾的一家之主。右衛門退休後，所有文書紀錄由他接手保管。接著，我見到了排行最小的么弟義仙，他的字跡清麗明晰，還用「馬鹿」（笨蛋）來形容常野。

電腦螢幕上，每個人潦草的字跡化為數以百萬計的像素。我瞇起雙眼一一辨識，試圖將兩百多年前蜿蜒曲折的草書還原成熟悉的現代日文漢字。現代日語我能說能讀，也看得懂十九世紀的出版品，但對這些毛筆字幾乎沒轍。我專心看著常野用古老五十音寫成的文字，大聲朗讀，試圖找出詞語之間的斷句。我將兩本專門介紹「破體字」的古文字典拆開，以便隨身攜帶；小孩的尿布提袋、家裡廚房、辦公室地板上到處散落著皺巴巴的書頁。我寫信給日本同事求助，還找了一名研究助理專門謄錄建檔。多年來，我習慣將所有檔案存入手機，萬一在會議晚宴或計程車後座上遇見能夠解讀艱深文句的專家，就能隨時討教。最後，我自己也能讀懂其中大多數內容，因而逐步拼湊出整個故事：那是有關某位叛逆不羈的女性，某個爭執不斷的家庭，最後一代熟知的不是東京而是江戶的子民，活在舊曆的時代；從出生到死亡，終其一生都活在幕府的統治下。

倘若右衛門有知，他可能會懷疑自己習慣留存抄本及原稿，並且要長子義融如法炮製的做法是否妥當。他或許不希望他那荒唐女兒的事被人看到，更不希望流傳出去。他保存這些文書，不是為了將來被納入地方文獻的館藏、成為外國學者的史料。他可能更驚訝、甚至震撼的是，竟然會有某位身為人母的女性，不惜拋夫棄子，一次次遠渡重洋，只為了研究他的家書。要是知道她在這些孩子之中，對自私又惹人惱火的常野情有獨鍾，想必會更加錯愕。

話說回來，右衛門一家的歷史終究得以某種形式留存下來，而右衛門就跟他的先祖及後代一樣，生在一個繁文縟節、事事都得留下白紙黑字妥善保存的社會。身處新舊時代交替的邊緣，眼前就是後世所稱的十九世紀，很難說他還能有什麼標新立異的作法。在當時，他似乎別無選擇。

右衛門為今年的年貢割付狀造冊，不知該說是舊時代的最後一份還是新時代的第一份——關於即將結束的前者，抑或即將來臨的後者，他都毫不知情。無論如何，他依然活在自己的故事裡，做著祖先做過的工作：繳納年貢，為將來的日子做準備；整理文書檔案，在那片靜寂無聲、雪白冰封的銀色世界裡，安居度日。

第一章　遙遠的彼方

Faraway Places

一八〇四年（文化元年）春，冬雪初融，石神村內路徑泥濘不堪，慶祝嬰兒出生的賀禮[1]也在這時送達了林泉寺。禮品數量不多，畢竟這是右衛門家的第二個小孩，又是個女兒。他們的四歲長子義融出生時適逢隆冬，即使如此，寺內依然堆滿賀禮，幾乎要將房子淹沒：沙丁魚、清酒、布匹、昆布、柿干、紙扇等，一件又一件。而這名出生在舊曆三月十二日的女嬰，收到的禮物相當簡單，大多是自家手作，包括年糕、清酒、嬰兒衣物，以及柴魚片。

出生第一週，她還沒取名[2]。太早了，當時許多嬰兒都沒能活過去[3]；要是不幸夭折，就會給家裡觸霉頭，彷彿在說這戶人家試圖緊抓著不屬於他們的東西，不肯放手。一旦這孩子安然度過這七天，那就值得慶祝了，得替她想個名字，歡迎她加入石神村這個大家庭。

過了七天緊張又焦慮的等待，右衛門與家人辦了一場小小的宴會。雖然沒有留下任何紀錄，但像這樣的慶生活動是村中的慣例[4]，作為寺院住持的右衛門一家也不免俗，照規矩邀請鄰居親友同歡。賓客包括石神村及附近村落的婦女，有體格強健的農婦、當初幫忙接生的產婆[5]，或許還有幾位名媛千金、寺院坊守[6]及村長夫人們。女嬰誕生不久，對這個世界還相當陌生，認不得任何她日後生命中所熟悉的老面孔。整場歡宴上，她始終睡得香甜；但從她長大後的個性看來，似乎也有可能仍在襁褓中的她曾悄悄睜開雙眼好奇張望，看著那群感情親密的女性，嚎啕大哭了起來。

女嬰的父母為她選了略顯高雅又不常見的名字：常野。這個名字不似常見的雙音節發音，唸起來有三個音，由兩個漢字寫成。這個孩子將是家族中唯一以此為名的人，也極可能是林泉寺周遭村落絕無僅有的一個。只要她不改，就永遠不會和別人撞名。

人生中的頭幾個月，常野什麼都不缺。她的家人用舊衣破布拼縫成尿布[7]，尿濕了隨時都能更換；她睡的是草蓆而非泥地，還有充足的柴火與木炭能在漫長寒冬裡生火取暖。她有個衣櫃，收藏著給嬰兒及學步小娃穿的寬鬆棉袍。夜裡，有油燈與蠟燭照亮寺內昏暗的房間。下雪天，她蓋著蓬鬆的百衲被睡覺；到了夏天，被褥上就會搭起蚊帳。她的母親也衣食無虞，能補充足夠的營養以便泌乳（嬰兒通常要喝到三歲左右），要是她無法或不願親自哺

1〔原注〕《林泉寺文書》，編號一〇一二。
2〔原注〕Bacon, *Japanese Girls and Women*, 2-3。
3〔原注〕當時未滿月的新生兒死亡率約四成。見 Drixler, *Mabiki*, 252。
4〔原注〕同樣的例子，見大口勇次郎，《江戸城大奥をめざす村の娘》，二七—二八。
5〔原注〕林泉寺的新生兒名冊上至少會列出兩名產婆，由村內婦女擔任，以金幣作為報酬。關於產婆的工作內容，見 Yonemoto, *The Problem of Women*, 247, n. 41。
6〔譯注〕淨土真宗僧侶之妻的稱呼。
7〔原注〕Horikiri, *The Stories Clothes Tell*, 16-17。

餵，家裡也能另找奶媽代勞，同時花錢請村裡的年輕女子當保姆；她會揹著常野，口中哼著悲悽的曲調[8]，而常野也能從她的肩膀上注視著這個世界。

常野要認識的東西太多了。首先她必須認得母親的臉、父親的聲音，以及哥哥義融的名字。接著，開始搖擺學步後，還有更多詞彙與規矩要學，包括「障子」（和紙拉門），拉動時嘎啦作響，相當脆弱，不能伸指去戳；「畳」（榻榻米）指的是鋪在地上的疊蓆，在她的赤腳底下起伏。她必須記住，不能動手拉扯那芳香的草莖。「簞笥」是梳妝櫃，爬上去會有危險；「火鉢」是炭盆，很燙，不能碰。「箸」是筷子。碗有兩個字：「御椀」指的是散發光澤、出奇輕盈的深黑木椀；「皿」則是光滑易碎的瓷器，使用時要小心。

常野還學會了一些社會規則，其中有些超出語言的範疇，使她意識到自己家族在村裡的地位。她可以從鄰居恭敬的鞠躬行禮和其他孩子欣羨的眼神中，察覺自己的身分與眾不同。大人知道得更多，少數有時間及空間去細細思考的人，便能勾勒出背後那段久遠悠長的故事。一百五十年前，常野父親的祖先還是石神村代代相襲的村役人，貧富農民就只有程度之分：有些是自耕農，有些則是佃戶，但大多數人同樣以務農維生，生活方式也相去不遠。不過到了常野的祖父出生時，情況有所改變。有錢人家找到新的投資地點與生財之道，犧牲的往往是鄰居的利益。他們開設布坊，生產越後縮布（以苧麻作為原料，在雪中晾晒、漂洗、乾燥而成的縐紗織布）或者成為布商，當起布坊與商家的中間人。他們在當地收購白米並釀成清酒，或是批發雞蛋再轉手賣到城裡。又或者如常野家一樣，投入宗教教育，建立寺院，為村民主持喪事並接受供養。賺到錢後，他們就開設當鋪，做起借貸生意，以及最重要的——投資土地。到了常野曾祖父那一代，石神村已有半數土地[9]落入外地人手中；在她小時候，沿著河川下游就能抵達的百間町有戶名叫山田的人家[10]，地產遍布近三十座村莊。

常野的雙親及祖父母皆善於投資理財。他們不得不這麼做，即使擁有萬貫家財，也可能因為作物歉收與管理不善而一夕成空。但像他們這樣的家庭，在日常生活的小細節上倒是毫不吝嗇[11]。他們買了成套的碗盤，一組要價好幾百文；此外也買書，除了自娛也讓鄰居借閱，還買了寫字用的矮桌。他們用沉甸甸的金幣買了被褥、厚被與密緻的蚊帳，還有重大場合穿的絲綢和服及腰帶，以及冬天的厚棉襖。剩下的一點零錢就給孩子買雪鞋和木屐。茶喝完了、碗盤壞了、外衣穿舊了，蚊帳破了，就再買新的。購物消費成了右衛門家永無休止的日常活動，屋裡堆積的物品愈來愈多，就交由孩子去清點。

8〔原注〕Tamanoi, "Songs as Weapons"。
9〔原注〕《頸城村史》，通史編，三九八。
10〔原注〕《頸城村史》，通史編，四〇二。
11〔原注〕高橋敏，《村の手習塾：家族と子供の発見》，一六—一七。

常野一家住在寺裡，有些日常所需就是用信徒[12]的香油錢來支應（他們捐獻現金、白米與蔬菜，以感謝佛祖的慈悲保佑）。雪國人民是出了名的虔誠，不僅因為生活相當困苦，也因為十三世紀初，受人崇敬的淨土真宗創教祖師親鸞上人[13]曾在當地住過一段時間。他因主張只要信佛就能獲得救贖（任何人只要誠心念佛，就能往生阿彌陀佛的淨土）而被視為異端遭到流放，被迫離開京城（當時的京都）。更嚴重的是（至少從佛門觀點看來），他拒絕遵守出家人不得結婚的戒律，取了一位越後女子為妻，名為惠信尼，從此確立僧侶之妻也能主持寺務的慣例。

其他宗派如禪宗、日蓮宗、真言宗等，仍然有些信徒對淨土真宗不屑一顧。那些謹守佛門戒律，認為和尚不該飲酒吃葷、娶妻生子的人，往往認為像常野父親這樣的淨土真宗僧侶，對世俗成就過於汲汲營營、太過貪戀財富，過度沉迷俗塵享樂。他們不僅能娶妻生子，生活方式也跟有錢的俗人沒兩樣，全靠信徒的饋贈接濟（曾有評論家寫道：「這是個對信眾貪得無饜的宗派[14]」）。即使那些對淨土真宗信徒不屑一顧的人，也見識到他們虔誠的力量。他們家中通常人口眾多，認為在當時農家相當普遍的殺嬰是種罪惡[15]。對某些人士來說，此舉表現出信徒對人倫義理的堅定信念，值得欽佩；但看在其他人眼裡，就成了非理性的宗教狂熱，甚至是野蠻的表現（不停生兒育女，把小孩當成貓狗豢養）。

常野父母所生的子女，最後有八人安然活過襁褓時期，順利長大。生兒育女是常野母親春真的使命之一，如同誦經祈福，是她信仰的核心。淨土真宗的學者教導他們，將孩子養大，日後栽培成住持或嫁給住持為妻，就是回報佛祖恩賜的供禮，相當於「三千世界所有的珍寶。」[16]所以春真一邊照料嬰兒，一邊看顧成長中的孩子，同時還得善盡住持妻子的職責。每天，她在供奉阿彌陀佛像的佛壇擺上供品和鮮花、打理家務、泡茶款待信徒、關心村裡的婦女等等。作為坊守，春真以實際行動教導兒女，虔誠是可以體現的；堅持與紀律就是信仰的證明。

常野和其他兄弟姊妹，跟自然而然學會打穀與撒網捕魚的農家小孩一樣，從小就學習用禮器拜佛。他們的童年生活總是繚繞著佛壇的薰香，不時傳來深沉空寂的鐘鳴。常野學會雙

12〔譯注〕江戶時期實施「寺請制度」，規定家家戶戶必須歸屬在某佛教宗派的寺院之下，成為「檀家」，所屬的寺院稱為「檀那寺」，信徒則稱為「檀越」或「檀那主」，意謂布施寺院、僧侶衣食，或捐獻香油錢舉辦祭典、法會的施主。

13〔原注〕Dobbins, *Letters of the Nun Eshinni*。

14〔原注〕Teeuwen and Nakai, eds., *Lust, Commerce, and Corruption*, 164。

15〔原注〕Drixler, *Mabiki*, 42-43。

16〔原注〕Tokuryū (1772-1858), *Bōmori kyōkai kikigaki*。英譯及引用見 Starling, "Domestic Religion in Late Edo-Period Sermons," 281。

手合十，將冰冷的念珠繞在掌間，一邊念經一邊掐捻；她記住了開頭最重要的「南無阿彌陀佛」，這句佛號就連剛學會走路的小孩都會[17]。

出了寺院，常野學到所有越後小孩都知道的東西。她從小說著越後口音[18]長大，跟身邊每個人一樣，習慣將「い」與「え」兩個音互換。到了冬天，她學會踩著踏雪板，在鬆軟如粉的雪地裡「划行」[19]，也知道剷除路面積雪時，動作要像挖土一樣，向下深掘。春天，當雪凍結成冰，她練就在冰上行走自如的好功夫，見到弟妹滑倒還會放聲嘲笑。她或許明白打雪仗的祕訣，也知道如何用雪蓋出城堡；並學會在雪地上挖洞，先於底部鋪上一層米糠，再放入火種生火。要是她不懂的，她的哥哥肯定會。

常野有個哥哥名叫孝德[20]，自小被附近高田的某個醫生收為養子。高田是當地藩主的城堡所在，也就是所謂的「城下町」。鎮上人口約兩萬多人，大多住在陰暗窄仄、屋簷綿延相連的町屋裡。冬天時，他們得爬上屋頂鏟雪，再將雪倒在路中央。孝德說不定也教過常野怎麼爬上這些雪堆。隆冬時分[21]，積雪堆得相當高，從上面可以俯視屋頂，遠眺群山。

高田城門前立著一丈高（約三公尺）的雪竿，在嚴冬天候最惡劣時，完全淹沒在豪雪之中。越後的孩子早已對暴風雪與被凍死的馬匹司空見慣，就算家裡冒出巨大冰柱，從屋椽垂掛而下、幾乎就要觸地，他們也見怪不怪。孩子早就習慣摸黑過上連續好幾天不見天日的生活，因為門窗都深埋在雪中，根本無法清理。小女孩們邊唱歌邊打拍子，玩著遊戲，不然就是用童話來填補這段枯燥的時光：很久很久以前，有個名叫浦島太郎的漁夫救了一隻海龜，樵夫與妻子在竹林內某段中空的竹節裡發現了一名只有巴掌大的女嬰，以及織女愛上牛郎的故事等等。外人可能會覺得北國的冬天充滿古意，甚至十分溫馨；孩子或許也不以為意，但對大人來說，嚴酷的冬日一點也不浪漫，根本不值得開心。這是人們生存耐力的考驗。越後最著名的散文家鈴木牧之[22]曾寫道：「吾越後之地，年年積雪數丈，何樂之有？吾等精疲力

17〔原注〕關於幼兒是否需要學習念經，至今仍有爭議。見 Drixler, *Mabiki, 54*。

18〔原注〕從常野的手稿中可以發現，她習慣將「えど」寫成「いど」，或將「まいる」寫成「まえる」。關於女性在書信中使用方言的探討，見藪田貫，《女性史としての近世》，二七五—九一。

19〔原注〕鈴木牧之，《北越雪譜》，一三—一六，一四九，一六八。

20〔原注〕常野家人以井澤孝德稱之，後來繼承家業，成為醫生。出自《林泉寺文書》，編號二一一一。常野稱他「兄長」，《林泉寺文書》，編號一七〇九。

21〔原注〕鈴木牧之，《北越雪譜》，一三—一六。

22〔譯注〕生於明和七年，卒於天保十三年（一七七〇—一八四二年），代表作品為《北越雪譜》。鈴木牧之從自然科學的角度描繪雪的各種面貌，堪稱日本科學期刊的先驅。此書同時講述越後的產業與生活形貌，是研究當時經濟及民俗的珍貴史料。

竭，傾家蕩產，飽受千辛萬苦，皆為豪雪所害。」[23]

至少每個人都心裡有數，就像老一輩所說的：「秋分到春分這段期間，是天寒地凍的時候。」[24]有時農民得先下田將雪剷清才能插秧。然而冬天終究會過去，河川會解凍，山谷冰雪消融，到了四、五月，大地將再度百花盛開，一下子同時綻放。

夏季短暫，已不見任何殘雪，常野得以看清村落的輪廓。石神村與大池及小池兩座埤塘[25]接壤，它們供應春天灌溉稻田所需的水源。跟村裡所有小孩一樣，常野最初是以步伐與時間來量測距離（只需一個上午，她就能將大池走完），而身邊的大人則是將距離換算成數字記錄下來。在常野眼中，大池就只是個一望無際、波光粼粼的湖泊，但對父親這樣的大人來說，更重要的是堤壩高度、湖水面積、雨量、日曆上預計放水灌溉稻田的日子等各種資訊。

正當石神村民忙著測量、用鮮艷的色彩畫出稻田阡陌的地圖[26]時，此刻也有人走遍日本國土，測繪更加精準的全國輿圖。早在常野出生前，製圖師伊能忠敬[27]便帶著羅盤及六分儀，憑藉豐富的天文知識完成了越後地區的測量。他沿著日本海海岸從本州北端一路南行，抵達越後的直江津港後轉進位於內陸的高田，從那裡進入山區，為沿途所經的村莊命名，並記錄每個村落的屋舍數量。後來他將這份測量日誌[28]繪製成越後南部的地圖[29]獻給將軍。他鉅細靡遺地呈現路上所見，包括日本海沿岸的港灣曲折、高田町鎮、北國街道沿途所有聚落，以及每當雲霧散去，妙高山拔地而起的絕景。但石神村實在太小，又是窮鄉僻壤，根本不值一提（就連大池小池也是一片空白）。得再等上幾十年，新政府將越後改為新潟縣後，石神村才會出現在完整的地圖上。

村裡的小孩也能畫出自己的地圖，那是大池周遭的樹林及田野。他們還注意到草叢中沸騰的蟬鳴，以及盤旋水面、嗡嗡作響的黑蜻蜓。岸邊圍繞著成排的雪松，荸薺與睡蓮緊貼湖面，依水而生。此外，還有不知名的神祕妖怪蟄伏在漆黑的森林及湖水深處。常野雖然看不見也摸不到，但她知道祂們就在那裡。所有孩子都知道祂們的存在（這是眾所周知的祕

23〔原注〕見《北越雪譜》。原文為「けれど、これは雪の浅い所の楽しみなのである。我が越後のように、毎年幾丈もの雪を見ている者にとって、何が楽しいことがあるものか。雪のために、からだは疲れ果て時間は使い果たし、財産を費やし、あらゆる苦労を重ねているのだ。」

24〔原注〕《頸城村史》，通史編，五三。

25〔原注〕《頸城村史》，通史編，三三六。

26〔原注〕《林泉寺文書》，編號一四五一；《林泉寺文書》，編號一四五二。

27〔原注〕Wigen, *A Malleable Map*, 93-97; Frumer, *Making Time*, 94-101。

28〔原注〕佐久間達夫校訂，《伊能忠敬測量日記》，六九。

29〔原注〕伊能忠敬，〈越後：越後，田切，高田，外波〉，《大日本沿海輿地全圖》，第八〇卷（一八二一年）。檢索自 National Diet Library Digital Collection, http:// dl.ndl.go.jp/info:ndljp/pid/1286631?tocOpened=1。

密）。名為河童的水妖在大池裡濺起水花，有著紅色長鼻的天狗在林間飛梭。就算是普通動物，也有不為人知的一面（狸貓會變戲法捉弄人類，狐狸幻化成美女迷惑人心；盈月上住著一隻勤勞的兔子，每晚忙著搗年糕）。

但在書中，森林不再神祕。所有動植物描摹精確的插畫，呈現在流動書商販售的厚重縝密圖鑑裡。日本的自然科學家[30]跟製圖師一樣，對常野童年生活的世界進行了詳細的觀察與調查，並以圖像記錄下來。他們受到中國文獻[31]的分類命名啟發，將植物分為藥草、「物產」或天然物。但這項做法很快就會改變。當時在遙遠的備前國，有位年紀比常野稍長的男孩[32]正在學習「蘭學」（西學），苦心思索著荷蘭書中的外國字音與文字。後來他寫出《植學啓原》，主張日本應該採用瑞典植物學家林奈（Carl Linnaeus）的分類系統。湖畔林間的雪松與小池裡的蓮花在日本首次被冠上植物的稱號。

常野不懂什麼是「植物」，對她來說，書中還有其他知識等著她去探索。大概到了七、八歲[33]，她可以正襟危坐、不把墨汁灑出來時，便開始接受正規教育（這在越後的鄉下地方並非理所當然的事）。常野出生的幾年前，附近村子有名婦女因為浪費時間學習讀書寫字，而被迫向公婆謝罪[34]。大家閨秀[35]或是想嫁入佛寺、村長家當媳婦的女性，必須能寫出一手好字、吟詩作對，有時還得管理家計。常野未來的婆婆自己有沒有一本家務手帳，並要她看著內容照做呢？不知道碗碟在托盤中該如何擺放時，她會不會想從中尋找答案？社會上總是認為女性應該具備某些能力，常野當然也得滿足這些期待。周遭家長都買了字帖、聘請家庭教師；女孩們也忙著練習讀寫：給朋友寫簡單的信、學習記帳、以簡短的篇幅記下日常瑣

30〔原注〕Marcon, *The Knowledge of Nature and the Nature of Knowledge in Early Modern Japan*, 256-59。

31〔譯注〕十九世紀初，日本植物學家岩崎常正根據中國《本草綱目》、《救荒本草》增補修訂，著有《本草圖譜》，將植物分為十六部二十八類。書中描摹近二千種植物，繪製成圖文並茂的彩色版畫，為日本最早的植物圖鑑。

32〔譯注〕宇田川榕庵（一七九八—一八四五），江戶時代著名西學家，是日本近代新型知識分子的代表，亦為日本近代植物學及化學的先驅，著有《植學啓原》、《舍密開宗》。

33〔原注〕關於當時女孩接受教育的其他實例，見高井浩，《天保期、少年少女の教養形成過程の研究》，二一；出身越後武家的女作家杉本鉞子稱之為「六歲以後念的學校」，見《*Daughter of the Samurai*》（武士の娘），一七。關於當時女孩的就學率及教育，見 Rubinger, *Popular Literacy in Early Modern Japan*, 120-24, 133-36；Kornicki, "Women, Education, and Literacy," in Kornicki, Patessio, and Rowley, eds., *The Female as Subject: Reading and Writing in Early Modern Japan*, 7-38；Corbett, *Cultivating Femininity*, 37-41。

34〔原注〕Kornicki, "Women, Education, and Literacy," 12。

35〔原注〕高井浩，《天保期、少年少女の教養形成過程の研究》，二四—二五；Yabuta, "Nishitani Saku and Her Mother: 'Writing' in the Lives of Edo Period Women," in Kornicki, Patessio, and Rowley, eds., *The Female as Subject*, 141-50。

事。

常野第一次端坐桌前、拿起毛筆蘸墨寫字時，大她四歲的哥哥義融已經開始上學了。他們唸的或許是同一間寺子屋（私塾）[36]，有些地方的老師是男孩女孩都教；也有可能其中一人，或是兩人都在家裡跟著老師學習。即使並肩而坐，他們學的課程也不一樣。兄妹倆都從五十音開始，這些文字看似簡單但其實相當難上手，因為每個音標都有許多寫法[37]。義融或許會接著繼續研讀《苗字盡》（人名入門）[38]，將來就能正確唸出「耕平」、「傳八」、「甚平」這些普通鄉下人的名字。接著他會學習外地各國[39]、越後的藩國郡縣[40]以及鄰近村莊等地名的寫法。他已經知道這些地方有著廣闊的山林原野，屋舍稠密（因為這是他的家鄉），但他現在要學的是政府官員如何看待這些地區並加以劃分。最後，這些漢字會變得像地平線上的山脈一樣熟悉。當他看見自己名字（「越後國頸城郡石神村林泉寺義融」）出現在官方文書中，幾乎不用多想就知道筆劃該怎麼寫。

為了認識日本以及家鄉，義融還得瞭解這個國家的政治結構。他隱約知道，自己所在的越後是眾神的國度[41]，住著大大小小的神明，從神話中日本天皇的先祖——天照大神，到當地山林湖泊的守護神，不一而足。義融雖是佛教徒，但對神道教的多神信仰不以為意。一般人大多神佛不分，崇拜日本神祇不會影響他們對佛的虔敬之心。

諸神的領域虛無飄渺，義融或許以為範圍就跟天皇領地差不多，皇室統治日本已有千餘年的歷史。史書典籍及文學作品都會提到天皇，但在義融的時代，天皇在政治上的地位並不高；他隱居在京都皇居，平日吟詩作對，並主持神祕的祭祀儀式。真正掌握實權的是幕府將軍，以江戶城為據點，君臨天下。日本約有三分之一的國土直屬他管轄，包括義融所在的石神村（義融父親所繳的年貢全都進了江戶幕府的金庫）。將軍領地以外的國土，則分屬不同

36〔原注〕關於當時的教育概況，見Rubinger, *Popular Literacy in Early Modern Japan*, 127-36；高井舉當時桐生某位男女兼收的女講師為例，見高井浩，《天保期、少年少女の教養形成過程の研究》，二〇—二四。義融的長子喜博（後改名義淵）長大後跟隨越後某位老師學習中國的四書五經，見《林泉寺文書》，編號一六四五。

37〔譯注〕日語的表音文字稱為「假名」（仮名），主要有平假名、片假名、萬葉假名等不同表記法。

38〔原注〕日文為「名頭字尽」，見高橋敏，《村の手習塾：家族と子供の発見》，二九—三〇。

39〔譯注〕在此指「令制國」，為古代基於律令制所設的地方行政機關，又稱「律令國」，是日本傳統地理區劃分的基本單位。

40〔原注〕這些「往來物」（教科書）僅介紹當地知識，所以頸城郡的私塾會自編《村名字尽》（村名入門），介紹鄰近村莊、山岳等地名。另有專門教科書介紹日本各地的藩國。見Koizumi Yoshinaga, "Learning to Read and Write: A Study of Tenaraibon," in Hayek and Horiuchi, eds., *Listen, Copy, Read*, 100；高橋敏，《村の手習塾：家族と子供の発見》，三〇。

41〔原注〕關於神道教的各種神佛以及與民間宗教的關係，見Hardacre, *Shintō: A History*, chapter 9。

藩主或「大名」[42]的勢力範圍，由地方諸侯治理，並可自行向人民收取稅貢。即使所有諸侯每隔一年就得前往江戶待在將軍身邊辦公[43]，還是有些大名相較之下對將軍更為順從[44]。全國各地的大名加起來將近三百位，義融根本記不住，加上大部分藩國交界破碎，互不接壤，他無法從地圖上看出各藩的輪廓。但他起碼必須認識越後國的重要藩領，尤其是高田藩，因為那裡離石神村最近。

由於義融註定得繼承家業，因此他也學了一些基本的佛教教義。日後他就會到某間大寺剃度出家。此刻的他在家裡對著公文書函埋頭苦思，信中日文與漢字夾雜，寫成某種奇怪而古老的文言文，如今已無人使用：那是過去漢字作為唯一官方文字的時代遺緒。日文與中文雖然使用同一套複雜的漢字系統，但語法各異，是兩種截然不同的語言。義融有時得將字序重新排列才讀得出來。例如，在學習官方陳情書的引言寫法時，他身子向後半傾，大聲唸出：「草民戒慎恐懼，今有事相求如下……」；在撰寫日常協議切結的書狀及契約時，他一樣採取日漢夾雜的行文風格，但少了幾分諂媚奉承，例如「徵召協議書」、「借貸協議書」、「售地協議書」等。這類文書皆須遵循正確格式，幸好有手冊可以查閱，十分方便[45]。

義融後來還直接學習古漢文，因為那是古代史書及哲學典籍所使用的語言。他能仿效漢文體例創作詩詞，對此相當自豪。他將自己的作品裝訂成冊[46]，並在封面上以粗體署名。從他日後信中提到的部分內容看來，他對儒家典籍很有興趣，這些經典是中國古代哲人的智慧結晶，闡述修身養性、良君賢德、倫常之道等各種道理。為人子女必須敬重並聽從父母，弟妹也須尊重兄長，這對身為長兄、下有八名手足的義融來說相當適切。

常野與年紀相仿的妹妹清見，也跟著義融與其他兄弟接受部分教育。她們學會基本的漢字讀寫，能寫出「石神村」和「林泉寺」等地名，但無須學習公文短箋那種文謅謅的官樣文章，也不用抄寫請求減免稅賦的陳情書。她們對於古漢文的涉獵或許也不深，雖然可以確定常野對於《孝經》有一定的瞭解。《孝經》是中國古代的經典，據說是孔子與某位弟子[47]的對談錄，內容闡述孝道，強調孝敬父母的重要。多年後，義融怒氣沖沖寫了一封信給常野，

42〔譯注〕日本封建時代對較大地域的領主之稱呼，形同地方諸侯。

43〔譯注〕即「參勤交代」，亦作參勤交替。指各地諸侯（大名）必須定期前往江戶易地辦公（參勤），為將軍工作（為期一年）；翌年再返回領地執行政務（交代），周而復始。此為大名對幕府應盡的義務，同時也是將軍對地方諸侯的控制手段，有助鞏固主從關係。

44〔原注〕關於諸藩大名如何表現對幕府的順從，見 Roberts, *Performing the Great Peace*。

45〔原注〕高井浩，《天保期、少年少女の教養形成過程の研究》，三一—三四。

46〔原注〕《林泉寺文書》，編號一五二一。

47〔譯注〕《孝經》為先秦十三經之一，關於作者眾說紛紜，最常見的說法是孔子親自撰寫並傳授曾參（曾子），另有一說是曾子筆記孔子所言。目前學界普遍認為是戰國晚期的儒者所作。

信中引用[48]該書開宗明義的名言，並相信她會明白其中涵義。

姊妹倆也接觸了不少其他兄弟沒有學到的東西。她們一定看過專為女孩所寫的啟蒙讀本，這些讀物相當受歡迎，其中最膾炙人口的甚至不斷再版[49]，重印了好幾百次。但這類書籍內容往往千篇一律，且枯燥乏味，充滿說教。例如《女大學》[50]一書以典雅優美的漢文寫道：「女者，唯以和、順、靜為淑。」[51]意謂只有柔順、貞潔、慈憫、文靜，才是最符合女性的美德[52]。幸好，書後有些附錄提供了更有趣的內容。《女大學寶箱》以插圖呈現十一世紀日本文學經典《源氏物語》的著名篇章；《女萬歲寶文庫》[53]則以一整個章節的篇幅介紹各種除汙去漬的方法，例如除漆要使用味噌湯，塗染黑齒的牙粉則要用溫醋。

另外還有一頁又一頁的圖畫[54]，描繪貴族千金、武家之女及平民婦女等當代各種背景的女性群像，她們在從事女性傳統的日常活動或消遣時，看起來美得令人驚嘆：端莊體面的母親教孩子寫下人生中第一個字；年輕愛美的女子攬鏡自照；勤勞的農村婦女忙著紡紗或用大竹盆洗衣；身形瘦弱的女孩在海邊耙鹽；強悍的江戶婦女在城裡晒麵、染紙、串念珠；赤裸的海女縱身跳入浪中捕撈鮑魚，一襲長髮隨波飄舞。偶爾還有面帶慍色的小女孩看著母親忙碌，在旁繃著臉生悶氣。此外還有歷史人物及文學角色：《源氏物語》的女主角們，相貌圓潤、細緻嬌貴，穿著繁複厚重的「十二單」[55]；有時甚至還見到外國臉孔：來自中國古代的仕女，象徵女性的美德典範，戴著造形奇特的金飾，周圍就是嶙峋陡峭的山巒，身旁通常伴隨著體面的蓄鬍老翁。

書中每一頁都是全新的課堂，展現女性豐富精彩的體驗，偶爾穿越時空，帶領讀者窺見不同地方各種人們的生活樣貌。那些平凡無奇的店鋪與風吹日晒的鹽田；坐擁庭園山水、陳設華美的房間；城內婦女晒麵的院落，甚至漁船——這些都是來自內陸越後、備受父母呵護的女孩從未見過的景象。常野自知親眼見識這些事物的機會相當渺茫，難度可比回到中國古

48〔原注〕《林泉寺文書》，編號一七二六。

49〔原注〕Yonemoto, *Problem of Women*, 6。

50〔譯注〕闡述女子道德教育的書籍，流行於江戶時代中期至現代二次大戰結束，係根據十七世紀日本教育家貝原益軒撰寫之《和俗童子訓》，編號五卷〈教女子法〉改編而成，一般認為並非貝原所著，編者身分不明。

51〔譯注〕原文為「女は、唯和き、順かひて、静なるを淑とす」。

52〔原注〕《女大學》英譯為 *The Greater Learning for Women*, 見 Chamberlain, *Things Japanese*, 455。

53〔原注〕〈女万歳宝箱〉（一七八四），江森一郎編，《江戸時代女性生活絵図大事典》，4:174。

54〔原注〕Yabuta, "Onna daigaku no naka no 'Chūgoku,'" in Cho and Suda, eds., *Hikakushitikeki ni mita kinsei Nihon*, 141-62。

55〔譯注〕官方正式名稱為五衣唐衣裳，是日本女性最高等級的和服，古代貴族女子所穿的服飾，通常由十五至十六套衣裳組成，為了表示件數之多而稱為「十二單」。

代與聖賢哲人對談，因為她長大後就會被許配給門當戶對的人家。誠如《女大學》開宗明義所示，女子除了結婚不該有任何想望：「有女長成，之子于歸。」[56]意即「女大當嫁」，除此之外別無他想。因此，正當兄弟忙著學習幕府轄地的行政實務與淨土宗神祕玄奧的佛理時，常野也在腦海中想像著兩種截然不同的世界：一邊是婚姻的牢籠，必須勤儉持家、謹守三從四德；另一邊則是金碧輝煌、妝點著洋溢異國風情的印花紋樣與錦緞，能夠盡情展現女性之美的大千世界（起碼在理論上，這是每個小女孩夢寐以求的願望）。

不管在哪個世界，常野若想走出自己的路就必須學會縫紉。幸好縫製沒有襯裡的單衣和服[57]不算特別困難，大部分都是直縫，布料只有一種標準尺寸，布片的拼接也很簡單，僅有正方形、直角三角形及矩形三種。但縫紉的方法也有對錯之分[58]，就跟睡覺、走路和開門一樣：女孩子睡覺，手腳必須緊貼著身體；走路時幾乎不能讓人聽見腳步聲；開門得盡量避免發出聲響。縫紉則是另一種自律與修身養性的方式，對於寧願翻書看圖或到外頭玩雪的小女孩而言，這可能會讓她失去耐性，煩躁不已。正如倍受尊崇的《女大學書》以及其他讀本所反覆強調的：「女子之事，首重婦功。」[59]意即女性必須具備的諸多技藝中，最重要的是針黹女紅等縫紉功夫。多年後，某位女性回想農村的童年點滴時，如此說道：「我從小就不擅縫紉寫字[60]，因此在家經常被罵『妳這樣成何體統！』」。縫製和服，不能縫得太緊[61]：針腳要鬆散才容易拆開以便清洗；縫手巾則要用細密的藏針，讓人看不出縫線。至於棘手的真絲縐綢，由於可能受到拉扯而變形，得沿著布料邊緣直縫，不能有任何歪曲；絲綢要是起皺，在縫製前要先用濕巾抹平。厚實的布料要以麻線取代絲線。縫紉時不可交談並全神貫注，如此一來才能將針腳收得整齊漂亮。要注意別讓線纏成解不開的死結；測量尺寸要謹慎小心，以免將布料剪壞，這樣一來母親就無須將報廢的布料重新整平，當作拼布縫成外衣或新生兒的尿布。

56〔原注〕《女大学宝箱》（*The Treasure Chest of the Greater Learning for Women*），作者藏書。〔譯注〕原文為「夫、女子は、成長して他人の家へ行」。

57〔原注〕Dalby, *Kimono*, 20-21, 70；見翻印之說明示意圖，江森一郎 編，《江戸時代女性生活絵図大事典》，四：一〇九—一一四。

58〔原注〕關於自我修養及女性舉止等相關教導，見 Yonemoto, *Problem of Women*, chapter 2，概括說明見頁五一—九二，實例見杉本鉞子，《*Daughter of the Samurai*》（武士の娘），二四；高井浩，《天保期、少年少女の教養形成過程の研究》，四二—四四。

59〔原注〕引用於 Yonemoto, *Problem of Women*, 67。〔譯注〕原文為「女子の第一にたしなひべき事は、ぬひはりのわざ也」。

60〔原注〕引用於 Gordon, *Fabricating Consumers*, 70。

61〔原注〕〈女万歳宝文庫〉（一七八四），江森一郎 編，《江戸時代女性生活絵図大事典》，一：四，一一二—一一三。

常野與清見底下有三個弟弟，所以使用針線必須相當小心，不能亂放以免被還在搖擺學步的他們拿到。針相當尖銳[62]，而且價格不斐，因為只有技術純熟的工匠才鍛造得出來。斷掉的針必須謹慎處理，甚至供在佛祖面前，象徵它已經圓滿完成使命。此外還有一些普通的工具，例如木製扁尺、裁布刀、蓬鬆的針插，以及銳利的拆線小鉤針。這些工具平常不用時就收在漆盒或有著小抽屜的針線櫃裡，但幾乎每天都會派上用場，因為常野她們總是有各種針線活得做。遇上不同難度的工作，足以讓小女孩手忙腳亂，這些工作包括縫製、洗衣及補綴：她們要縫的東西包括童裝、小布袋、錢包、前掛（圍裙），以及加上襯裡的冬衣與被單；洗衣作業則是將拆開清洗的和服再重新拼接起來；定期的補綴作業，意謂著將織品的縫線拆掉，更換袖口、摺邊及襯裡，並補綴破洞。

這些縫紉工作大多是日常的針線活，在這種不時興購買成衣的鄉下大家庭，是稀鬆平常的家務。而這樣做也是為了女孩的將來打算，不管常野三姊妹給自己做了什麼，這些東西總有一天都會成為她們的嫁妝。在婚禮上，她們親手縫製的外掛（外套）、和服、足袋（襪子）及手拭（手巾）等，都會在夫家展示[63]，供左鄰右舍欣賞。其他嫁妝還包括鞋子、家具、被褥、染黑齒的牙粉盒、新鮮的墨硯及書紙，甚至還有一盒塗金的蚌殼，內側畫有著名和歌的詩句。這是一種配對遊戲，要找出詩歌的首尾句，使之成對，象徵新郎與新娘在新婚之夜的結合。此外每個女兒的嫁妝箱裡都準備了針線盒，意味著她們告別父母手足，正式建立自己的家庭，從此展開新生活。

然而，對已經習慣的小女孩來說，這些縫紉技能的養成也為她們帶來更多不一樣的未來。擁有縫紉這項一技之長，出路相當多元（不少人到大戶人家裡當裁縫）；在城裡，貧困的女性能夠靠著替人縫補衣服養活自己。會紡織的人可以去上野國[64]的桐生[65]，那裡有許多大型的絲織工坊。但對從未想過要工作賺錢的女孩而言（這時的常野根本不相信自己有朝一日也得獨立賺錢謀生），即使只是想像，縫紉也為她們開創了許多新的可能。將一件又一件拆開的和服重新拼接起來相當枯燥乏味，但她們總能想像自己正在縫的，是件美麗的薰衣草紫色絲綢，點綴著細緻的白色櫻花圖案，配上幾何紋樣的紅色襯裡，也許再添上一件淡粉色的襦袢（內襯衣）；或者是海綠色的方格和服，紫色圓點摺邊再加上深茶色的腰帶。

啟蒙讀本的插圖沒有色彩，但那些傍著庭園讀書的優雅女子必定也穿著類似的錦衣華服，甚至更高級，遠超乎石神村任何人所能想像。她們在讀什麼？談論什麼？接下來又會去

62〔原注〕Guth, "Theorizing the Hari Kuyō"。

63〔原注〕Lindsey, *Fertility and Pleasure*, 82-83, 181-82。

64〔譯注〕日本古代令制國之一，又稱上州，大約位於現在的群馬縣一帶。

65〔譯注〕今群馬縣東部的城市，歷史悠久，素以紡織聞名。

哪裡？

常野要是也能打扮成這樣，她會過著什麼樣的生活呢？

常野在練習縫紉的同時，也在拼湊著日本過往與世界接軌的歷史遺緒。在她告別童年之際，她的衣櫥已經裝滿幾十件衣裳[66]，塞不下的就堆在木櫃與籃子裡。她有一件紫藤色的絲縐內襯和服，上面印著細緻的花紋；另一件黑色和服，圖案不同卻也相當精美；還有一件條紋花樣的，內襯是秩父[67]的絲綢；另一件則以粗絲織成。此外她還有十幾件冬天的鋪棉和服，包括淡紅的「鷹褐」、深沉的「茶棕」、白緞及各種條紋圖樣等不同花色；外層的罩衫（外掛）有淺粉色的錦緞及深黑色的緞綢兩種。夏季則是沒有襯裡的單層和服，以絲綢及棉布製成，上面印著條紋及各種圖樣。這些衣服雖然都在國內生產，但要是沒有全球貿易的興起，就不會有它們的存在[68]；而這個時代，早在常野學會縫紉之前就已經過去很久了。

常野大部分衣著所使用的棉布原料（棉花）並非日本原產，而是十五世紀從南亞經中國與朝鮮引進，十六世紀開始廣泛種植，但產量依然無法滿足衣料的需求。雖然日本自古以來就產絲，不過絲綢布料同樣供不應求，因此日本開始大量從中國輸入生絲。在動盪不安的戰國時代[69]，日本人是東亞地區惡名昭彰的海賊，同時也是野心勃勃的貿易商，他們從瀨戶內海出發，劫掠中國沿海，勢力範圍遠達東南亞，並在當地以樟腦、米、白銀換取槍炮、鹿皮、火藥、布料及糖。作為貿易資本的珍貴銀礦，在新開的礦山以驚人速度開採；日本各地異軍突起的新興城鎮如雨後春筍般湧現，聚集了貪得無饜的淘金客、盜匪及不堪其擾的地方官員。本來僅限於南中國海一帶的區域貿易（以中國生絲換取日本白銀），在十七世紀初發展成全球性的國際貿易。新成立的荷蘭東印度公司在印度洋與東南亞建立據點，開始派船運載絲線及印度棉織原料，輸往日本。

但十七世紀中葉，德川幕府定都江戶之後，日本便退出國際舞台，遠離動盪的全球政治及軍事紛爭。到了一六三〇年代（寬永年間），幕府愈來愈擔心西方基督宗教在國內的影響

66〔原注〕《林泉寺文書》，編號一六八〇。
67〔譯注〕位於今日埼玉縣，自古盛行蠶業，是日本知名的生絲產地。
68〔原注〕Fujita, "Japan Indianized"。
69〔編注〕一般從室町幕府的應仁之亂（一四六七年）算起，到織田信長流放將軍足利義昭（一五七三年）為止，大致與明帝國相當，日本經歷長達一百二十多年的群雄割據，最後由豐臣秀吉統一天下，開啟安土桃山時代。

力，認為那是外國的邪教，因為有群反抗者在南部九州發動大規模起義[70]，其中包括某些改信天主的知名人士。當局於是下令鎖國，禁止西方商賈及外交使節踏上日本國土，僅開放荷蘭新教徒在九州的長崎港市進行貿易。荷蘭人之所以享有特權，是因為他們說服了日本人，他們與其他信仰天主教的競爭者不同，對於傳教沒有興趣。大約同一時間，幕府也頒布了渡海禁令，限定本國人民渡航範圍南以琉球群島（沖繩），西以朝鮮為界，不得踰越。也就是說，禁令頒布當下，人在海外的日本人實際上已經遭到流放。

幕府在實施海禁的同時，也試圖維持甚至擴大對外貿易。但日本的礦源日漸枯竭，不出數十年，幕府人士開始擔心輸出海外的貴金屬供不應求。一六六八年（寬文八年），幕府全面終止白銀出口，接著在一六八五年（貞享二年）限制了銅的輸出[71]；另一方面又頒布法令，限制中國絲綢進口[72]。幾十年內，日本先後生產的絲綢與棉花已可滿足國內市場的需求。雖然荷蘭與中國的商船依然滿載著奢華的紡織品來到長崎，但此時的貿易主力已經轉為日本無法自行生產的人參、糖、藥材及外國書籍。

然而，過了百餘年後，早期全球紡織貿易時代的這段過往，仍然不經意地顯露在常野的衣櫃裡。她有一件俗稱「南京縞」[73]的條紋和服，該式樣以中國絲綢的主要產地（南京）為名。此外還有幾套「棧留縞」[74]直紋和服，亦以十七世紀葡萄牙在馬德拉島附近的殖民地聖多美得名。在荷蘭東印度公司來日貿易之前，日本人根本沒有穿條紋衫的習慣，就連代表條紋布的「縞」一詞[75]，也是從「島」字衍生而來[76]，意謂這種織品設計源自國外。

在常野生活的世界，亦可見十七世紀國際貿易的軌跡。石神村鄰近村莊種植的菸草原產自美洲新大陸，如今裝填在精明幹練的女性手中的長煙斗裡；日照充足的丘陵地栽種的地瓜也是外來種，成了貧苦農民的補充食糧，並在城裡販賣；有錢人家裡擺著參考歐洲仿製改裝而成的國產時鐘[77]。此外還有各式各樣近年輸入的舶來品，大多所費不貲，包括繽紛的碎花

70〔譯注〕一六三七年（寬永十四年），九州西部的島原地區發生「島原之亂」：當地人民不滿藩主強加賦稅、鎮壓天主教徒等苛政，因而發動起義，以天草時貞（天草四郎）為首，率領三萬數千名天主教徒占領原城，後來不敵幕府大軍鎮壓，被悉數殲滅，結束了這場號稱日本史上最大規模的人民起義。

71〔原注〕Jansen, *China in the Tokugawa World*, 40。

72〔原注〕Wigen, *The Making of a Japanese Periphery*, 97-98; Morris-Suzuki, *The Technological Transformation of Japan*, 29。

73〔原注〕《林泉寺文書》，編號一六八〇。

74〔譯注〕日文為「サントメ縞」（音同「聖多美」），係以細棉線織成獨特的直條紋布料，又稱「唐棧縞」（「唐」為舶來品之意），在江戶時代中後期相當流行。

75〔原注〕Fujita, "Japan Indianized," 190-91。

76〔譯注〕「縞」在日文中讀作「shima」，與「島」同音。

77〔原注〕Frumer, "Translating Time"; Jansen, China in the Tokugawa World, 36-37。

棉布，拼接成時髦女性身上的絢麗和服；城裡商店所賣的眼鏡[78]，偶爾可見鄉間小販四處兜售；估價師用來檢查刀劍瑕疵的放大鏡；雄心壯志的天文學家藉以研究天象的望遠鏡，以及傳授製圖師伊能忠敬測量知識，並在日後啟發宇田川榕庵寫出《植學啓原》的荷蘭書籍。

受到早期全球化連結的影響，加上少數不可或缺的商品貿易並未隨著鎖國中斷，日本的日常生活仍然與世界各地的物質文化緊密相連。當時不管在歐洲或北美，年輕女性工作時都穿著廉價的印花棉布，有錢男性身上帶著懷錶，人們喝茶習慣加糖。但在日本，女性用印花棉布做成和服，搭配寬大的絲綢腰帶；男人的懷錶則是採用以傳統十二地支（生肖）為時辰命名的「不定時制」[79]，例如狗（戌）時、馬（午）時等；人們用糖加上米粉做成色彩繽紛的和菓子，搭配不加糖的抹茶一起食用。十七世紀末的德國醫生坎普法（Engelbert Kaempfer）曾在長崎的外國人居留地（出島）住過兩年，形容日本是個「封閉的帝國」[80]，雖然這項說法不盡正確，但當時的日本在幕府保護下，的確形同與世隔離，斷絕與大多數外國勢力的往來，遠離了全球市場。它所保留的文化習俗，正好反映出這種遙遠的距離。

在常野的幼年時代，世界變得愈來愈近。大池裡只有當地漁民的小舟，但日本周圍海面上卻擠滿了各式各樣的船隻。全副武裝的艦艇將鴉片[81]從印度加爾各答運往中國南部沿海，停泊在當地海灣，等人划著小艇前來接應，將那些黑色黏稠的膏狀物偷運上岸。在北美洲，獨木舟沿著海岸線從北極划到上加利福尼亞，船上載滿海獺皮，等著賣給海上的美國商人，其搭乘的船隻桅桿高大、索具複雜。這些貨船往來北美與亞洲之間，將海獺皮運往夏威夷及廣東，將北美的人參銷往中國，斐濟的乾海參輸往菲律賓馬尼拉，並將卡盧安的木料運至夏威夷檀香山。備有標槍及大鍋的捕鯨船在北太平洋上追捕獵物；海豹獵人駛入海灣，將海豹從岩石上抓起，以棍棒敲擊致死[82]。與此同時，還有各式各樣的船隻載著人類遠渡重洋來到世界彼端，有時並非出自這些人的意願：商船將印度囚犯關在貨艙中，將之送往位於馬來西亞檳榔嶼的流放地；英國大型船隻則利用大西洋奴隸貿易的販奴技術，以鐐銬、枷鎖、鐵鍊等工具，將倫敦罪犯[83]載往澳洲的植物灣。

當這條航線繞行到日本列島附近，就在伊能忠敬詳細勘查過的沿海地帶，當地的孩子開始接觸到從未見過的大型船隻，上頭掛著三角形的風帆與奇怪的旗幟。一八〇七年（文化四

78〔原注〕Screech, *The Lens Within the Heart*, 182-83。

79〔譯注〕一種古老的日式時制，日夜各占六個時辰（十二個小時），日出後屬於白天時辰，日落後為夜間時辰，因此日夜長度會隨著季節變化而有所消長。

80〔原注〕Bodart-Bailey, ed., *Kaempfer's Japan*, 29。

81〔原注〕Spence, *The Search for Modern China*, 131-32。

82〔原注〕Igler, *The Great Ocean*。

83〔原注〕Anderson, "Convict Passages in the Indian Ocean"。

年），毗鄰太平洋的常陸國[84]居民在外海發現外國船隻的蹤影，是當地自一六一一年（慶長十六年）以來的首例；其後四十年內，又陸陸續續目睹百餘艘。大部分進入日本海域的都是在北太平洋「日本獵場」作業的捕鯨船。對日本情有獨鍾的美國作家梅爾維爾在《白鯨記》中寫到這些船及船員，他說：「向來閉關自守的日本[85]之所以對外開放，功勞都得歸於捕鯨船。」但也有冒險家與測量家，包含一群環遊世界的俄國人[86]，靠著堪察加半島的野蒜與鹽醃馴鹿肉補充體力，渴望以俄國的戰爭英雄來為日本的岬角與山脈命名。

這些船大多沒有登陸，少數捕鯨船[87]為了尋求補給而試圖上岸，尤其是新鮮蔬果，以避免壞血病。當地居民接觸這些外國人後，了解到他們喜歡酸梅，討厭炸豆腐，而且身上散發著難聞的氣味。相較之下，俄國人處境沒那麼糟，而且物資充足；他們想與日本交涉通商，但與之接觸的官員都清楚他們相當傲慢跋扈、要求很多，且對於質問的態度相當不友善。當地人給了這兩方擅自闖入的不速之客簡單的食糧後，就打發他們離開，要他們別再來打擾。

另一方面，日本建造的船隻愈來愈大且堅固，船員[88]帶著充分的補給出航，也會發生在海上遭遇外國船或漂流到遙遠異國的意外。萬一遇上猛烈的暴風雨，他們會砍斷船桅以防船身傾覆，但這樣一來整艘船就失去了動力，只能任憑洋流擺佈。有些人在海上漂流了好幾個月，靠著鮮魚、海鳥及僅存的物資維生，最後竟然在菲律賓群島、阿留申群島，甚至是美國西岸的奧林匹克半島等地登陸。另外也有人被路過的船隻救起，才赫然發現船上都是講著英語、俄語或西班牙語的外國人。少數人搭著外國人的船幸運回到日本，但有些船長是別有居心才出手相救，例如想趁機與日本建立貿易關係。平安歸國者必須接受武家官員長時間的審訊以蒐集異國資訊，且往往不被准許透漏自己的所見所聞。

十九世紀初，日本當局人士對於外面世界的焦慮不安，隨著外國船艦的侵門踏戶及新知識的刺激而日益高漲。與常野同樣出身越後的武士學者本多利明[89]曾語出驚人，寫過好幾本精彩的著述，敦促日本開始積極探索、擴張並對外貿易。他建議與俄國建立商業往來關係，並派遣日本商船遠渡重洋。他想仿效英國這個「和日本差不多大小」卻已然建立起海上帝國的國家，將最北端的樺太島（今庫頁島）變成日本的殖民地。但本多利明本身是主張破除傳

84〔原注〕Howell, "Foreign Encounters and Informal Diplomacy in Early Modern Japan," 302。〔譯注〕日本古代令制國之一，屬於東海道，範圍約在大部分茨城縣境內，不包括西南部。

85〔原注〕Melville, *Moby-Dick*, 127。

86〔原注〕Krusenstern, *Voyage Round the World in the Years 1803, 1804, 1805 and 1806*, 210-50。

87〔原注〕Howell, "Foreign Encounters," 304-8。

88〔原注〕宮地正人，《幕末維新変革史（上）》，七七—九四。同時感謝安妮・沃爾索提醒我關注齋藤善之有關此主題的未發表作品。

89〔原注〕Keene, *The Japanese Discovery of Europe*, 91-112。

統舊習的革新派，與常野認識的人一點都不像。他認為和尚用梵語唸誦的經文聽起來就像「青蛙在鳴叫」，並認為佛教「陷人於蒙昧無知，浪費時間」。此外，他還主張漢字過於複雜，人們傾向視為藝術愛好來欣賞，因而建議日文應該全面改以表音文字書寫。幕府人士雖然確實讀過其論著，卻認為他思想古怪，而未採納他的建議。

拿破崙戰爭的戰火終於化身為英國軍艦延燒至日本時，幕府當局並未做好準備。一八〇八年（文化五年）初秋，一艘掛著荷蘭國旗的船直接駛入長崎港[90]，負責海防的日本武士以為是荷蘭東印度公司的船艦，因此解除了戒備。不料該船船員下船後，竟劫持荷蘭商館人員作為人質（當初兩國在歐洲是死對頭），日本人別無選擇，只好提供物資補給以換取人質平安釋放。這艘船裝備精良，堅固無比，看在日本人眼中仿如一座海上城堡。最後，長崎奉行為此滔天大錯自責不已，因而切腹謝罪[91]。與此同時，俄國企圖打開對日貿易卻遭到拒絕[92]，於是在偏遠的北方蝦夷地展開一連串的襲擊，燒毀村莊，破壞當地漁業。有一次，他們企圖綁架樺太島上的日本人，並將之送往阿拉斯加以建立殖民地。雖然這項詭計並未得逞，卻驚動了幕府人士並開始正視外來威脅，認為不能再掉以輕心。一八一一年（文化八年），俄國軍艦「黛安娜號」[93]來到北海道北部外海某座小島，島上居民將船員扣為人質，囚禁長達三年，期間不斷調查俄國對北方究竟有何意圖[94]。

最後，江戶幕府終於在一八二五年（文政八年）頒布《異國船驅逐令》，下令全國各地，若有西方船隻企圖停泊在長崎以外的任何港口，一律開火驅逐；登陸者則放火焚毀，船上人員悉數處決。

世界上除了日本，各地的小女孩都懂得害怕鐵鑄大砲、會傳染神祕疾病的「瘟船」[95]，

90〔原注〕Wilson, *Defensive Positions*, 113-21。

91〔譯注〕史稱「費頓號事件」（フェートン号事件）。英船「費頓號」（HMS Phaeton）假裝荷蘭船入侵長崎港，挾持荷蘭商館人員作為人質以要脅物資。當時長崎奉行所與佐賀藩兵力不足以對抗，被迫就範，最後導致長崎奉行松平康英引咎自盡。

92〔原注〕Shmagin, "Diplomacy and Force, Borders and Borderlands," 100-34。

93〔原注〕Golownin, *Narrative of My Captivity in Japan*。

94〔譯注〕史稱「戈洛夫寧事件」（ゴローニン事件），當時俄國海軍中將戈洛夫寧（Vasily Mikhailovich Golovnin）率領該艦在千島列島進行測量，登陸國後島被江戶幕府官員逮捕，並送往箱館（今北海道函館市）囚禁。

95〔原注〕Igler, *The Great Ocean*, 65。

以及會將她們綁架上船的「相貌恐怖的白人」[96]。但常野沒有太多時間去擔心這些紅鬍子的外國人，他們在石神村根本不值一提，也未曾出現在她聽過的故事中。相較之下，穿梭林間的天狗和大池河童的存在感肯定真實許多。無論如何，總是有其他事情更令人害怕，比方說夏天飢腸轆轆的野熊、冬天突如其來淹沒整個村莊的雪崩，以及導致家破人亡的麻疹、天花等傳染病。一八一五年（文化十二年）初春，常野出生僅三週的小妹梅香[97]不幸在林泉寺去世，當時常野只有十一歲。么妹出生時，父親右衛門不在家中，因此從未見過她；家中大小事全由十五歲的長兄義融照料，這是他首次接替父親承擔起一家之主的責任。他委託其他寺院來處理梅香的後事，接受鄰居送來的蠟燭、蔬菜、奠儀等慰問品，並記下購買白米及豆腐以設宴款待親友的金額。

正當全家誠心為梅香祈禱，願她回歸西方淨土、早日重生時，常野的思緒卻飛往另一個同樣令人嚮往而遙遠的世界——幕府所在的江戶，當時日本的首善之都。她父親的藏書大部分是在江戶出版的；每逢冬天，村民都會前往江戶打工，從事幫傭或勞力工作；同時，越後的絲綢業者也會將縐綢運往江戶，賣給城裡的批發商。在江戶，光是一個丁目（街區）的人口就比石神及周遭兩個鄰村加起來還要多。

常野所在的石神村地處越後一隅，看似偏遠，但翻山越嶺到江戶只需大約半個月的路程，且城裡的資訊不只透過書籍、印刷品及地圖等形式傳到村中，那些在春天經由驛道返鄉的村民，也會帶回最新的小道消息及大把大把的金幣。他們向村里婦孺分享當地的奇風異俗：江戶幾乎不下雪，大晦日（除夕）之夜，大街上會出現黑鬼[98]四處逡巡，身影清晰可見；法師將之制伏後，一把丟入海中。另外在初春時節，河岸開滿雪白燦爛的梅花，配上翠綠垂柳的美景，令他們讚嘆不已；又或在冬日夜晚冒險外出時，看見年輕木匠赤身裸體[99]在街上奔走，口中唸著阿彌陀佛，並不時停下腳步，用冷水潑灑身體，以瞬間的痛苦磨難證明自己堅定的信仰。但在越後，一般人再怎麼虔誠也不會這麼做——除非想被凍死。

最重要的是，透過這些返鄉村民[100]的描述，其他人得以一窺江戶的熱鬧繁華：連綿不絕的商店街，朝四面八方延伸數十里；小販聚集成群，兜售他們前所未見也不曾想像過的商品；深長的町屋商家；眾多的理髮店、清道夫、蒐集夜壺糞尿的水肥業者及洗衣婦等民生行業隨處可見，為大眾提供服務，賺取小費維生。在江戶，可以買的東西多到難以想像，而賺錢的方法更是不勝枚舉，有時很難區分到底是出賣勞力、娛樂消遣，還是敲詐勒索。

96〔原注〕Olaudah Equiano，引用於 Rediker, *The Slave Ship*, 108。
97〔原注〕《林泉寺文書》，編號一〇一五；《林泉寺文書》，編號一〇一六。
98〔原注〕鈴木牧之，《北越雪譜》，一五一—五二。
99〔原注〕鈴木牧之，《北越雪譜》，一三二。
100〔原注〕塚本學，《小さな歴史と大きな歴史》，一四四。

常野家的男丁對江戶並不陌生，談起城裡的友人、寺院及街區如數家珍，宛如江戶通；他們與天皇所在的都城（京都）也頗有淵源，因為淨土真宗的總本山（總寺）就在那裡，他們曾回去朝拜過好幾次。右衛門年輕時待過京都[101]，常野的大哥義融也在一八二一年（文政四年）出家後不久就去了[102]。但他們家與江戶的關係更加密切，除了距離近，在多數越後人的心目中，江戶的地位也較高。常野的叔父[103]算是她父親那一輩的特例，在她出生前幾年就被送給淺草鬧區的寺院住持當養子，該戶人家與江戶的幾間寺院始終保持往來。常野的弟弟義仙將來也會被送到那裡學習佛法，他不會繼承林泉寺，因為上面有太多哥哥，但他可以受到很好的教育；況且他要是能在各大淨土真宗的寺院待上一輪，隨時掌握城裡的最新動態，對家裡也有幫助。

至於常野家的女眷則從未有人去過江戶，即使去過，在林泉寺的文書資料中也不會留下任何紀錄。但首都江戶對她們而言別具意義：對於終其一生都不曾離開鄉下的女性來說，「江戶」激發了她們對另一種生活的憧憬。在村姑心目中，「江戶」形同時尚與高雅洗練的代名詞，她們梳著「江戶頭」[104]，儘管與城市女性實際上的髮型相去甚遠；冬天夜裡，母親與女兒坐在圍爐前，向遠道而來的賓客打探城裡的人如何過年，聽得津津有味[105]。對於經常被江戶出身的老師嫌棄腰帶綁得太低、講話太粗魯、與客人打招呼不得體，甚至連路都走不好的年輕女性而言，這既是學習的大好良機，卻也是無法企及的高標準[106]。最重要的是，對那些叛逆不滿、自覺早已一無所有的絕望女性來說，「江戶」成為逃離現狀的夢想寄託。

例如越後鄉下有個名叫美代[107]的女孩，因為討厭哥哥為她安排的對象，懇求家裡讓她到遙遠的外地工作，或許是希望將來也能跟許多進城打拚的鄰居一樣，到江戶發展。相模國[108]某個不幸的婦女利代[109]，拋下丈夫，獨自帶著兩歲的幼兒前往江戶，後來在武家擔任乳母，展開全新生活。武藏國[110]某家當舖的女兒阿瀧[111]由於丈夫與岳父母不合，兩人私奔到江戶，

101〔原注〕《林泉寺文書》，編號一〇七二。
102〔原注〕《林泉寺文書》，編號九三五。
103〔原注〕《林泉寺文書》，編號八五九。
104〔原注〕Iwabuchi, "Edo kinban bushi ga mita 'Edo' to kunimoto," 63。
105〔原注〕鈴木牧之，《北越雪譜》，一五一—五二。
106〔原注〕高井浩，《天保期、少年少女の教養形成過程の研究》，六一—七五。
107〔原注〕"Aiwatase mōsu issatsu no koto"，寬政十年七月，長谷川家文書，新潟縣立文書館。
108〔譯注〕日本古代令制國，屬於東海道，範圍大約為現今神奈川縣（東北部分除外）一帶。
109〔原注〕Katakura, "Bakumatsu ishinki no toshi kazoku to joshi rōdō," 87。
110〔譯注〕日本古代令制國之一，屬於東海道，範圍大約等同現今的東京都（不含外島）、埼玉縣以及神奈川縣東北部。
111〔原注〕齊藤博，《質屋史の研究》，一五五—二〇六。

在貧民窟的陋巷裡賃屋而居。出身常陸國的農家女孩阿澄[112]與男人私奔，對方答應要帶她去江戶。她哥哥找上門時，她表示只要能留下來，從事任何工作都無所謂，但她死也不會離開江戶。另一個被送進藩府奉公的農家女子美智[113]則斷然拒絕回家，表示鄉下沒事可做，於是嫁給江戶武士，從此定居下來。

日本之外，在難以想像的天涯海角，異國女性也有著同樣的決心：她們翻閱圖片、聽著故事，對自己的兄弟手足欣羨不已，決定密謀出走——從十七世紀離開農村前往倫敦的英國擠奶女工，到該世紀末隨著瘟疫流行而湧入威尼斯的農村婦女，以及十八世紀啟蒙時代蜂擁來到巴黎的鄉下女孩，這在十九世紀初已經成為西方女性悠久而廣泛的傳統[114]。一六一六年，英國某位女傭坦言當初她「不顧父親反對[115]，離家來到倫敦工作。」一六四四年，芬蘭有個女孩[116]逃離了她憎恨的丈夫，來到斯德哥爾摩幫傭；後來丈夫找上門，她便與雇主一起逃走。法國的瑪莉．安妮．拉法吉（Marie-Anne Lafarge）[117]在一七八〇年代從鄉下來到艾克斯，因為她認為父母偏愛家中其他小孩。與常野同時代的俄國農村女孩安娜舒卡（Annushka）[118]，拋下家鄉的薄情郎，到聖彼得堡為法國女主人幫傭。

而在日本，對許多不滿現狀的女性而言，例如討厭鄉下小伙子的年輕女孩，遭父親施暴的女兒，再也受不了成天緊盯著麥田、牛舍、稻田的無聊農婦，幻想穿上畫裡美麗衣裳的白日夢少女，丈夫太無趣、性情暴戾或年紀太大的婦女，以及對新婚之夜心灰意冷的新娘等，江戶彷彿一座燈塔，象徵著另一種可能。她們不斷在腦中想像，在那擁擠的無名之地會發生哪些故事；那裡並非每個人都務農，沒有人認識她們的家人，她們可能會暫時消失，然後以全新身分重新出現，捨棄過去的自己，判若兩人。市場經濟興起，拓展了鄉下女性的想像版圖。她們毫不戀棧，哪裡有錢哪裡去，因為她們相信遠方有不一樣的機會（更好的前景）在等待著。

上述種種女性群像是常野想像不到的，儘管與她們確實身處同一個世界。這些女性也

112〔原注〕Hayashi, "Kasama jōkamachi ni okeru joseizō"，近世女性史研究會 編，《江戸時代の女性たち》，二六二—六六。幾個月後，阿澄淪落板橋宿，成為娼妓，後來哥哥替她贖身，並將監護權轉讓給淺草的舊衣商人。

113〔原注〕Walthall, "Fille de paysan, épouse de samourai"; 見 Masuda, "Yoshino Michi no shōgai,"，近世女性史研究會 編，《江戸時代の女性たち》，一一五—四六。

114〔原注〕Stanley, "Maidservants' Tales"。

115〔原注〕引用於 Hubbard, *City Women*, 22。

116〔原注〕Moring, "Migration, Servanthood, and Assimilation in a New Environment," in Fauve-Chamoux, ed., *Domestic Service and the Formation of European Identity*, 49-50。

117〔原注〕Maza, *Servants and Masters in Eighteenth-Century France*, 41。

118〔原注〕Martin, *Enlightened Metropolis*, 249-50。

學過針黹，會用絲線與棉線縫紉（但識字的人或許不多）；她們同樣身穿條紋和服，喜歡喝茶，有錢就會買糖吃；她們沿著類似的小徑走過不同風景，穿梭常野此生無緣造訪之地，說著她從未聽過的方言。但常野此刻心裡就只想著身邊熟悉的人事物，例如令她又愛又恨的兄弟、年年降下的豪雪、大池的蜻蜓、父親書房的藏書、母親針線盒裡的針黹工具、收藏在衣櫃裡的絲綢和服、佛壇的薰香等等。當時石神村尚未出現在越後地圖上，雪松也還沒被冠上「植物」這稱號。

不知何故，儘管心事重重，身處界定不清、方位未明的偏鄉，在國家的天然輪廓被重新勾勒、新帝國時代的利益爭逐日漸明晰之際，常野也會抬頭仰望，想像著另一種截然不同的生活。是受到圖書插畫的影響？還是自小耳濡目染，對西方淨土的憧憬激發了她對遙遠國度與美好可能的想像？又或者是無意間聽到父母提起江戶，說不定跟弟弟義仙將來的安排有關？但也許就只是隱約感覺到，她絕不想像母親那樣平淡無奇地過完一生。

或許要到多年以後，原本打算遵循傳統的常野在人生規劃澈底瓦解之際，凝視眼前難以承受的未來驟變，這個想法才在腦海中成形。無論原因為何，她從某個時刻起就認清了自己的人生課題，並將之視為存在已久的事實。那是她在某封家書中所寫下的第一件事，在這之前她已向家裡多次表明，最後不得已才透過紙筆重申：「我想去江戶[119]，但您不肯放行。」

119〔原注〕《林泉寺文書》，編號一七一六。這句話在常野信中不斷重複，就連叔父也提及此事，見《林泉寺文書》，編號一七一〇及一六九七。

第二章　越後歲月

Half a Lifetime in the Countryside

一八一六年[1]（文化十三年），常野第一次離開林泉寺。她的目的地不是江戶，也不是什麼令人期待的異地，而是北方出羽國[2]的內陸城鎮大石田[3]，雖然方向不完全與江戶相反，但也相距甚遠。在越後，沒人聽過大石田這個地方，除非是製圖師或探險家那種對險峻的高山、有熊出沒的森林荒野感興趣的人，才會想去出羽。那裡甚至比越後還冷，一到冬天，被豪雪覆蓋的冷杉看起來就像凍結在半山腰上齜牙咧嘴的怪物。

從石神村到大石田得跋涉一百八十多里，路程相當艱辛。常野可以選擇搭船經日本海北航，登岸後再溯河而上；或者沿著海岸線翻山越嶺，追隨當代俳句大師松尾芭蕉[4]一六八九年（元祿二年）的足跡，徒步前往。芭蕉與另一位俳人結伴同行，追尋某種近似於悟道的人生漂泊之感。他曾在書中寫道：「日月者，百代之過客，行年亦為旅人也。」[5]他不想被束縛，因此裝備相當簡便，只有舊斗笠、簑衣及筆墨。但常野就不同了，她帶著隨從與行李，滿懷期待踏上旅程。她此行是為了履行婚約——常野即將嫁為人婦，此時的她只有十二歲。

常野從小就知道自己總有一天會嫁人，每個女孩都知道[6]。她也知道自己幾乎無從選擇：像她這種稍有地位的女孩子無法自己挑選對象，而是交給父母安排，決定未來的歸宿。常野還在忙著學習縫紉和讀書時，她的父母（右衛門及春真）已經在為她尋覓合適的對象。他們透過書信往返、找人說媒、交涉聘金、互相送禮，並添購鏡子、脂粉、衣服及家具。這些嫁妝在打包時必須相當慎重，因為常野即將嫁到遙遠的外地，但由於路程太遠，她無法遵照習俗在婚後滿月時歸寧。出嫁後，常野雖然還是能寫信與家裡聯繫，但終究只能隻身待在陌生異地，與新的家人相處。

這並不是常野的父母無情或欠缺思慮。雖然年僅十二歲的常野要談結婚還太早[7]，但她

1〔原注〕常野於一八三一年被送回林泉寺，當時距離她結婚已經過了十五年，據此回推得知，見《林泉寺文書》，編號一七七七。

2〔譯注〕日本古代令制國，屬於東山道，範圍大約為現在的山形縣及秋田縣，但不包含後者東北隅。

3〔譯注〕今日山形縣大石田町，有最上川流經，在江戶時代是當地內陸河運樞紐，以盛產紅花著名。

4〔譯注〕生於一六四四年（寬永二一年），卒於一六九四年（元祿七年），江戶前期著名的俳句詩人，被譽為日本「俳聖」。《奧之細道》為代表作，記述芭蕉與弟子河合曾良在元祿二年從江戶出發，遊歷東北、北陸以至大垣（岐阜縣）等地，以俳句寫下沿途見聞及有感而發的人生喟嘆，是日本重要的紀行文學代表。

5〔原注〕見《奧之細道》，一九。（原文為「月日は百代の過客にして、行かふ年も又旅人也。」意謂「光陰是永恆的過客，來而復往的年歲亦為旅人。」）

6〔原注〕Cornell, "Why Are There No Spinsters in Japan?"; Walthall, "The Lifecycle of Farm Women"。

7〔原注〕常野父母承認她年紀還太小，並感謝淨願寺答應這門親事。見《林泉寺文書》，編號一七七七。人口統計學家速水融推估，十九世紀中後葉，越後女性的結婚年齡平均約十九歲，但他也發現北方藩國在十八世紀初甚至有十歲就嫁人的情形。見 Hayami, "Another Fossa Magna: Proportion Marrying and Age at Marriage in Late Nineteenth-Century Japan"。

的叔母千里也是在十三歲就嫁作人婦[8]。與年紀更長的女孩相比，這麼小就出嫁或許更容易想家，但通常會有一段時間來讓她們適應夫家（以及丈夫）的要求與規矩。才十二歲，大部分的女孩都還沒來初經[9]。一般認為女孩子未滿十四歲，不適合體驗男女之事[10]。就這一點而言，右衛門和春真倒是大可放心，因為他們為常野安排了最理想的夫婿，找到值得信賴的親家。對方跟右衛門一樣都是淨土真宗的住持，兩家是世交[11]，互有往來。常野的夫家淨願寺是當地名剎，所在的大石田也算繁華熱鬧，人口約千餘人[12]——某種程度來說，地位在林泉寺與石神村之上，儘管與國內各地大都市相隔更遠。

大石田以出產紅花[13]聞名，南邊山谷有一大片滿山遍野的金黃花田，生意盎然。十七世紀時，松尾芭蕉造訪此地[14]，描述當地俳人保存了古老的俳句傳統並發揚光大，彷彿幾乎被遺忘的種子開出美麗花朵。實際上，種花是偏遠鄉下花農的工作，他們在初夏霧氣瀰漫的清晨外出採收，這時紅花的尖葉上還沾著朝露。他們摘下花朵，加工壓製成橘黃色的圓餅，賣給中間商後再以馱馬運往大石田的倉庫。鎮上另一組工人將貨物捆綁上船，沿最上川順流而下，進入日本海。最後這些紅花會抵達天皇所在的都城（京都），成為製作脂粉與織布的染料。在大石田周圍務農維生的農民之間有首歌是這麼唱的：「俺也想上京啊，騎黑馬，載著紅花。」[15]

常野雖然在越後石神村的稻田裡出生長大，最後卻是在大石田的黑瓦倉庫及白帆見證下邁入成年。她嫁來淨願寺的年紀，即使以當時標準來看也算相當年輕；如今她已經成為獨當一面的大人了。這就是婚姻之於女性的意義[16]，而男性則不然。在農家，男孩與男人的區分是以成年禮[17]為界，這時他們必須剃髮、改變穿著，並另取新名。此後每逢慶典，他們就能跟大家一起抬著神轎在村子裡遊行，有時還能主持婚禮。至於常野的兄弟，由於生在寺院，將來註定要當和尚，他們象徵成年的時間點不同於一般人，係以剃度出家為分野。但對女性

8〔原注〕《林泉寺文書》，編號九〇六。

9〔原注〕Drixler 認為前工業社會（preindustrial societies）的女性來初經的時間較晚，見 Drixler, *Mabiki*。

10〔原注〕實例見 Stanley，《*Selling Women*》第六章，提到有位十四歲的雛妓被認為「年紀太小」。

11〔原注〕見《林泉寺文書》，編號一九七八之信封（地址由當時人在淨願寺的常野祖父所寫），但裡面裝的卻是由常野弟弟義倫所寫的信。

12〔原注〕大石田町教育委員會編，《大石田町立歷史民俗資料館史料集》，第七集：宗門人別帳。

13〔原注〕菊地和博著，《紅花繪卷》。〔譯注〕某種菊科植物，外形近似菊花，為常用藥材。

14〔原注〕見松尾芭蕉《奧之細道》（原文為「爰に古き俳諧の種こぼれて、忘れぬ花のむかしをしたひ」）。

15〔原注〕Nishiyama, *Edo Culture*, 105。

16〔原注〕Nagano, "Nihon kinsei nōson ni okeru maskyurinitī no kōchika to jendā"。

17〔譯注〕日本古代男子的成年禮稱為「元服」，一般在十三至十六歲舉行，主要內容為改變髮型（剃除前額至頭頂的頭髮，俗稱「月代」，再將剩餘的頭髮梳成髮髻）、換穿成人服裝，以及捨棄乳名、另取新名，作為終生沿用的名字。

來說（無論出身農戶、武家、寺院或商家），普遍都是以結婚作為分水嶺。不管家庭背景、身分來歷為何，女孩一旦結婚就成了女人。她們必須小心翼翼地用帶有金屬味的鐵粉將牙齒染黑，以標示新身分；或許還會換上已婚女性所穿的留袖（短袖和服），梳著圓潤的丸髻。這些裝扮即使後來失婚恢復單身也不會改變。

除了外貌上的改變，常野內心同樣也起了莫大的變化。起初她對這個突然成為丈夫的陌生人肯定相當著迷；隨著她日復一日，在晨鐘暮鼓、誦經禮佛等熟悉的寺院作息中（猶如將童年的生活規律原封不動搬到新的環境）逐步摸索，想必她也仔細觀察過對方的動作、飲食與鼾聲。她端詳他的臉龐，在他每次靜默時側耳傾聽，思索著他一切的喜好與習慣，將他與父親兄長作比較。她必須設法滿足丈夫的要求，即使看起來再怎麼奇怪彆扭也得照做。這是年輕媳婦應盡的本分，所有女孩教科書的諄諄教誨，即使是最任性執拗的十二歲小孩也難以違抗。常野在追求平凡人生（至少不像母親那麼索然無味）的過程中，肯定也學會並改變了自己。

只是常野後來雖然透過文字，深刻且生動地描繪了自己一路走來的艱辛掙扎，卻從未提及當初遠嫁陌生異鄉前幾年的生活。等她開始動筆時，距離第一任婚姻已經恍如隔世，又或者早已深埋在記憶深處，不堪回首。

在常野嫁到大石田這段期間，其他兄弟姊妹也先後嫁娶，各自為了婚姻而煩惱。與她年紀最近的妹妹清見也嫁到了某間淨土真宗的寺院家中，但夫家的村子離娘家不遠，只有幾步之遙，近到她可以回家跟母親借米糠桶[18]、丈夫與義融寫信討論他們僱人鏟雪所支付的工資[19]。清見婚後的生活幾乎與過往無異，一切還是如此熟悉：村裡的寺院、不變的鄰居與朋友圈。但婚姻終究不是件簡單的事。

清見講話相當尖刻[20]，稍微受到批評就會不高興，對此她的丈夫頗有微詞。她照料佛壇不夠用心，達不到他的標準；對信眾也相當冷淡。他這個住持愈來愈難為，無法善盡職責，因為管理寺院不能光靠一個人苦撐，必須仰賴夫妻倆通力合作。實際上，這種情況使他開始懷疑是否自己識人不明。他寫信給義融，表示已經忍無可忍。義融有辦法勸導清見嗎？還是婉拒了這項請求？或者更有可能的是，義融的介入根本起不了作用。

18〔原注〕《林泉寺文書》，編號一七六七。
19〔原注〕《林泉寺文書》，編號一七六三。
20〔原注〕《林泉寺文書》，編號一七六四。

最後，清見早已不問寺務的公公決定親自出馬。他寫道：「清見所為與犯罪無異[21]，老夫不容她放肆，將備妥木籠，現已著手打造。」對一個任性傲慢的妻子而言，這並非最難以想像的懲罰——即使是橫行霸道[22]的藩主大名也可能被關進囚籠，隔著柵欄享受美食並低聲道歉。這種手段令人顏面盡失，相當羞辱，形同公然強硬地展示家法。他們會將木籠放在院子裡[23]或前廳示眾，讓全村的人看到。事實上，這樣做的另一個用意，就是展現該戶人家懲處的決心，以挽救家族聲譽。

多年下來，清見終於認清自己的本分。她跟在丈夫身邊，至少育有兩子。孩子出生時也收到各方賀禮，並開心對外宣布。她依然是寺院的坊守，但此後只要有木匠來到家中，就會讓她想起嚴厲的公公，木籠柵欄彷彿現於眼前，令她不寒而慄。

義融的婚姻[24]同樣辛苦且令他蒙羞。他於一八二八年（文政十一年）初次結婚，父親右衛門在他新婚不久後就出遠門參拜去了，留下他一肩扛起林泉寺的大小事務。這時義融只有二十八歲，卻已經當了五年的一家之主兼住持[25]。這段時間的歷練足以讓他學會獨當一面，知道自己該坐在哪裡、說些什麼，以及誰又該聽他的。但他尚未建立起自己的權威，尤其在父親離家期間，他必須獨自管教家中五名年幼的弟妹，卻很難展現長兄如父的威嚴——他們一察覺到有機可趁，就會得寸進尺。弟弟們試圖爬到他頭上去，他吩咐他們去買柴薪，個個充耳不聞；幼小的妹妹伊野當著信眾的面嘲笑他；同時他還得教導新婚妻子操持家務。義融深切感受到自己肩上的責任重大。

婚後首月正如他預想，過得還算順利，至少沒有發生什麼不尋常的事是嚴重到必須記錄下來的。但就在妻子遵照習俗返家歸寧後，情況突然不對勁：她回來時，態度出現一百八十度的轉變，簡直判若兩人。她開始與義融唱反調，拒絕聽從任何指示，對他引用佛教及儒家的道德說教也視若無睹。她荒廢日常家務，並刻意疏遠年野及伊野這兩位年紀最小的妹妹，兩人因而向母親春真大發牢騷。義融當面找她懇談，她卻一臉不悅地說：「今後我們互不干涉，想做什麼就去做。你要是不高興，想召妓或納妾就請便——我無所謂。」

義融簡直不敢相信自己的耳朵，這不是女人家說話的方式，年輕的妻子絕對不該用這種口氣對丈夫講話。他與妻子談到「荒廢家務」，可能是在暗示房事。的確，為人妻者理當滿足丈夫這方面的需求，但她卻以粗魯露骨的言詞當面拒絕，令他錯愕不解。

義融決定休妻，儘管有諸多考量讓他百般不願，包括：父親出門在外尚未返家，而且才

21〔原注〕《林泉寺文書》，編號一九三九。

22〔原注〕Kasaya, Shukun 'oshikome' no kōzō。

23〔原注〕Yamakawa, *Women of the Mito Domain*, 184-89。

24〔原注〕以下內容完整出自義融所寫的〈ないらん いちじょう〉，見《林泉寺文書》，編號二七五八。

25〔原注〕《林泉寺文書》，編號二八五二。

剛新婚就離緣，無疑會讓他顏面無光，何況家裡為了這樁婚事也花了一大筆錢。重點是女方似乎已有身孕。但他還能怎麼辦呢？總不能指望他忍氣吞聲，接納如此大逆不道、惹人生厭的惡妻吧。最後，他終於鼓起勇氣告知妻子這項決定。他打算隔天一早就找人傳話，告知女方雙親：這段婚姻已經劃下句點。

義融本來以為對方會無言以對或心有不甘地默默接受，甚至發假誓改過自新，但她實際上的反應卻出乎意料。這幾個月以來始終處處與他作對的妻子痛哭失聲，不能自已。等她好不容易恢復平靜，才娓娓道出他無法接受的可怕真相：該年五月，就在她歸寧省親之前，她因為身體不適待在房裡休息，這時有個男人闖入並侵犯了她。

吐露這番驚人真相後，義融的妻子從憤怒轉為絕望。此後兩天，她不吃不喝，只是不斷啜泣，哭求義融的原諒。義融內心動搖了，他沒有找人傳話，也未準備離緣狀（休書），而是耐心等待。事實證明，妻子確實懷了身孕，但無法確定是否為他的骨肉，當時還沒有方法能準確推算受孕時間。對義融來說，這或許並不重要，誠如他後來所言，就算有充分理由相信妻子肚裡的孩子是自己的，他也早就打算休妻了。對他而言，妻子的為人及品行才是最重要的因素，畢竟他還得顧及林泉寺。就跟他的妹夫一樣，住持若沒有賢內助通力合作，很難撐起一間寺院。

對他的妻子來說，那年的秋冬肯定相當痛苦。當院子的水窪覆上了薄冰，她感到身體的重心逐漸轉移，每天都得將腰帶往上綁在接近肋骨的地方。也許她悔不當初，不該一時衝動坦白，要是當下能沉住怒氣就好了。又或者，她依然我行我素，死氣沉沉，充滿敵意，想藉此逼義融將她趕走，好離開這個傷心地，重新開始。也有可能兩人相敬如冰，達成某些祕密協議，但從未記載在文書中。她或許知道在林泉寺的日子所剩不多了，靜候著那一天到來。

翌年初春，事件發生約莫九個月後，義融的妻子回娘家待產。起初誰也看不出任何異狀，新手產婦通常會回家讓父母照顧，度過產後焦慮不安的那段日子。但她一待就是好幾週，也不見義融派人去接，甚至對孩子不聞不問。這時父母才知道她在夫家做了如此過分的事。他們差人去問義融、找人調解並表達歉意（他們或許還不知道真正必須道歉的緣由）。但義融什麼也不願透露，難道是想給妻子留一條後路？還是想保住自己的名聲？他僅語焉不詳地說這樁婚姻已經結束。最後，他還是寄出了離緣書。

義融從未追查侵犯妻子的凶手，因為他心知肚明（是他弟弟義倫）。但他實在無法將這件事記錄下來，而是寫在長篇備忘錄中自己留存。他將妻子遭受性侵與弟弟受到懲處的兩則記事並列，對於中間的關聯刻意略而不提。他寫道：「義倫去年五月的不當行為[26]在此無需說明。」接著他花了相當篇幅檢討自己管教手足的問題，最後避重就輕做出結論：與義倫的

26〔原注〕《林泉寺文書》，編號二七五八。

衝突不合「皆因吾妻惡行而起」。當時她早已離開，她與孩子的名字再也不會出現在林泉寺的文書記錄裡。

翌年，義融再婚[27]，第二任妻子佐野安然無事地度過婚後第一年，順利接任成為坊守，過著平靜清白的日子。她從未惹過嚴重到必須列入寺院文書的麻煩；雖然她會寫字，卻未留下任何手稿。她於一八五九年（安政六年）去世[28]，死後被授予義融的「勇」字作為法名。看來佐野與他確實是天作之合。

但又有誰清楚他們婚姻長久的關鍵究竟是什麼呢？可能是某段不為人知的過去，在佐野心裡留下創傷，使得她始終如履薄冰。又或許是在她提起義倫時，察覺到當下瞬間凝結的靜默，知道在詭異的停頓與閃避的眼神背後想必另有隱情；也許她早已聽過義融前妻以及其他人的事，因為林泉寺的女性彼此無所不談[29]。佐野嫁來時已經二十五歲了[30]。她的閱歷豐富，對男人有一定的瞭解，知道他們能有多忠誠，以及為了自保會做出什麼事來。長到這年紀，她很清楚禍從口出的道理。

於是，佐野始終保持緘默、認真做事，善盡妻子的本分。一八三二（天保三年）至一八四二年（天保十三年）間，她陸續生下五個孩子，雖然家裡有傭人、小姑以及依然硬朗的婆婆幫忙，但她的生活全被育兒、洗衣、小孩發燒流鼻水、鬧脾氣、打破碗盤等瑣事佔據，忙得不可開交。家中有房間要掃、有傭人得管，有丈夫得伺候，還得拜訪街坊鄰居；佛壇上要擺放的供品有增無減。那些年裡，佐野成了家中最重要的支柱，每人都靠她辛苦打點，努力照顧。但她肯定知道自己相當幸福：不僅婚姻穩定，孩子也都平安長大，無人夭折。家裡經濟無虞，她不用下田工作，也無需擔心買不起味噌、米酒與燈油。要是覺得還不夠，偶爾在誦經念佛時，她的腦海中會迴盪著刺耳難聽的話語，但不會說出口。

佐野被各種束縛牢牢綁住，難以掙脫：身為妻子的職責與日常工作、需要母親的孩子、平順長久的婚姻，或許還有愛。在林泉寺，雖然氣氛有時會陷入緊張的沉默，但不管是兄弟姊妹或父母子女間，還是不吝於表達關愛。常野寫給母親的家書充滿孺慕溫情[31]，還不時問候佐野。家人生病，她也不忘送禮慰問，表達關心。義融對弟妹相當友愛，至少他認為手足

27〔原注〕《林泉寺文書》，編號一八二三。
28〔原注〕《林泉寺文書》，編號一〇三九。關於死後的法名，見 Williams, *The Other Side of Zen*, 26-29。
29〔原注〕義融認為母親及妹妹清見在他婚姻失敗後刻意造謠中傷，對此頗有微詞。見《林泉寺文書》，編號二七五八。
30〔原注〕佐野的年紀推算自《林泉寺文書》，編號九一一。
31〔原注〕《林泉寺文書》，編號一六九九；編號一七二五；編號一七一二。

必須互愛互敬[32]。多年之後，常野在信件中也表示認同：無論再怎麼不合[33]，義融始終是她的長兄。

若是佐野與義融真的彼此相愛，他們的感情就應該發生在林泉寺恆久的靜寂裡某個不為人知的片刻，而不見存於文獻紀錄中。

一八二九年秋（文政十二年），常野結婚已經邁入十三年，弟弟義倫突然來到大石田[34]，她覺得事有蹊蹺。他已經到了成家獨立的年紀，卻成天跟在他丈夫身邊學習並幫忙誦經禮佛，看來沒有下一步的打算。

不過常野自己也忙得無暇他顧。她才剛和婆婆與母親一起從京都歸來[35]，此行長途跋涉將近五百里，去程還順道造訪了石神村。好不容易抵達京都，她終於親眼見識到大城市的繁華：不只是三条大橋上打扮得光鮮亮麗的人們，更有幸一睹淨土真宗總本山（東本願寺）壯闊莊嚴的風采。或許是被人生首次長途旅行的興奮沖昏了頭，常野並未注意到義倫其實相當痛苦，深陷自我厭惡的糾結。他始終無法揮別心中的陰影。他在寄回林泉寺的家書[36]中提到，一想到自己荒唐的人生（那些犯下的大錯、撒過的謊，以及內心的悔恨），他就寒毛直豎。信中並未提及義融的第一任妻子，但也沒有必要。義融心裡有數。

義倫來到大石田的第二年，淨願寺發生大火[37]，整座寺院付之一炬。當時要是能查明起火點或察覺任何可疑之處，這件事就不會被寺方記錄下來。任何怪罪或指責不是曇花一現，就是被小心翼翼地隱瞞起來，僅留下財產建物的災損情況：淨願寺隔壁的寺院大殿、屋宅、鐘樓、倉庫、庭園小徑都被燒得精光，就連茅廁也難以倖免。所幸佛壇上的佛祖金身、寺院保存的死者名冊，以及各式各樣的文書資料都完好如初。但淨願寺卻失去了常野夫家歷代典藏[38]的經書及佛教典籍。雖說這讓人充分體認到世間萬物虛幻無常的道理，卻也著實教人心痛不捨。

接下來幾年內，淨願寺展開重建，清理了被大火燒黑的墓碑，部分僅存的佛經典籍也好

32〔原注〕《林泉寺文書》，編號二七五八。
33〔原注〕《林泉寺文書》，編號二〇四九。
34〔原注〕《林泉寺文書》，編號二七五八。
35〔原注〕《林泉寺文書》，編號九八一。
36〔原注〕《林泉寺文書》，編號一九七八。
37〔原注〕長井市，《大石田町史》，二〇三；事故發生在天保元年三月十九日。鄰近寺院指的是淨願寺。
38〔原注〕Seki, "Shihon chakushoku 'Ōishida kashi ezu' ni tsuite," 43-44, 48。

不容易修復成冊。但常野家卻早已分崩離析，再也無法挽回。一八三一年秋（天保二年），常野的丈夫打算重建先祖留下的屋宅，她則回到越後，隨後夫家正式提出休書。

那時常野已經在大石田過了大半輩子。十五年來，她參與村裡大大小小的祭典法事及誦經儀式。她記得每一位信眾的名字，除了祝賀新生兒的璋瓦之喜，也出席喪禮弔唁致意。這幾百個人[39]不只是丈夫的責任，她同樣責無旁貸。常野將家務打理得井井有條，日常工作隨著季節遞嬗而有所不同：過年前，她每天清晨即起，呼吸著凍結的白煙、忍著雙手疼痛，四處奔波忙碌；下雨的春夜，她張耳聆聽雨聲，最上川的水流湍急，水聲浩蕩，連寺裡都聽得見。時序入夏，樹上響起陣陣蟬鳴，高大的鳥兒佇立田野間靜止不動，她收到村民饋贈的夏季鮮蔬；有時她也會接待旅途中的意外訪客，並協助應對各種災禍。但如今這些都已成為回憶——她再也回不去了。

要是常野沒有嫁這麼遠，她的娘家或許會竭盡全力挽救這段婚姻。但事實上，他們也無能為力。義融回信答覆，以優雅委婉的言辭寫道：「家父家母傷心欲絕[40]，卻也明白萬般皆是命，覆水難收。二老很感激您在舍妹年紀尚輕時娶她為妻以及十五年來的照顧。」從林泉寺的文書資料來看，常野的第一段婚姻到此正式劃下句點。

或許常野深愛著丈夫，在寫給母親的信中對自己能有如此良緣驚異不已。也許她歷經一次又一次的流產，看著丈夫對她逐漸失去興趣，最後被他拒於門外而心碎神傷。又或許事實正好相反：常野每天害怕夜晚的到來，用千百種藉口拒絕他的求歡；說不定她紅杏出牆，另結新歡（可能是某個年輕的和尚或家中女傭），陷入一段轟轟烈烈卻註定失敗的不倫之戀。也許這十五年來，她忍受長期的言語暴力與拳腳相向，傷痕累累；每天有段時間她都兩眼無神，若有所思，打算逃離這痛苦的日子。火，也許就是她放的：她獨自待在房裡時不慎打翻行燈，趁著火勢蔓延之前，悄悄離開現場。

更有可能的是原因其實相當普通：常野的婆婆要她耐住性子，但她心直口快，始終管不住嘴巴；她做的漬菜不是太鹹就是太淡；她對僕人冷淡，跟鄰居也不和睦，丈夫最後也厭倦了爭執。無論真相為何，淨願寺都未留下任何記載，可能就連她自己也認為這段婚姻絲毫不值一提。

39〔原注〕此數字係根據淨願寺的檀家戶籍名冊估算而來。見大石田町教育委員會 編，《大石田町立歷史民俗資料館史料集》，第七集：宗門人別帳，六—一三，三六—四三。

40〔原注〕《林泉寺文書》，編號一七七七。

離婚不是什麼天大的慘事，雖然嫁人是每個女孩的期待，但她們也都明白婚姻未必能白頭偕老。根據統計，當時有近半數婦女[41]初次結婚以失敗收場。當夫妻遇到問題，離婚是最實在的解決方案，它形同家庭系統的安全閥，此系統的健全很大程度取決於年輕夫妻能否契合。新婚夫妻通常與父母同住，家庭和樂的關鍵端賴媳婦（有時是入贅的丈夫）的勞動付出與體貼善意。要是發現新娘或丈夫在個性本質上有缺陷或不合，最好及早結束婚姻，再重新精挑細選，直到覓得最適合的對象為止，這一點無論男女皆然。也許有人會懷疑，常野之所以被趕回娘家，最根本的問題是否出在她的性格上；他們說不定也納悶著她為何未生下一兒半女（對某些人家來說也是一大問題）。但一次離婚並不意味著從此不能再婚。

某方面來說，常野的問題在於她的第一段婚姻維持了這麼久。倘若她在十五歲，甚至二十歲時就立即離婚回家，未來再婚的可能性就會高上許多。二十多歲離婚的女性[42]幾乎都能順利再嫁，但過了這個年紀就會很辛苦。常野已經二十八歲，處於尷尬的危險邊緣。右衛門擔心[43]她年紀太大，想再找到好對象恐怕難上加難。

他們花了一年多的時間，終於找到當地某個望族願意上門提親，該戶人家以務農為業[44]，不是寺院住持。對方住在山上的大島村，但非常有錢，可謂門當戶對。右衛門終於鬆了一口氣，常野相當幸運。

一八三三年（天保四年）初夏，空氣中還帶著涼意，農民焦急地盼望烏雲早日散去，此時義融正忙著替常野張羅婚事，籌備婚宴、羅列採購清單。她的嫁妝必須格外用心，馬虎不得，因為屆時所有物品用具都會在夫家一一展示[45]。義融向來注重禮節，知道必須展現出他們家的體面，不能寒酸。但他身為男人，又是和尚，當然不懂女人結婚所需的衣物裝扮。他平時穿的都是樸素單調的袈裟，繽紛多姿、令人眼花撩亂的女裝超出他的理解範圍。所幸家中其他女性，包括常野、佐野以及母親春真，都能適時伸出援手，提供細節上的建議。有人在購物清單空白處隨手寫道：「這件無襯裡的單衣[46]，是條紋絲綢的好，還是細紋的好？」另一人篤定回答：「細紋的比較好。」

最後，添購新裝花費總計[47]超過十二兩金，義融花了半個月才慢慢付完。同年夏天，比

41〔原注〕Kurosu, "Divorce in Early Modern Rural Japan," 126, 135；有關當時離婚之普遍，見 Kurosu, "Remarriage in a Stem Family System"; Fuess, *Divorce in Japan*。

42〔原注〕Kurosu, "Remarriage in a Stem Family System," 432。

43〔原注〕《林泉寺文書》，編號一七七七。

44〔原注〕《林泉寺文書》，編號一六七四—一六七五。

45〔原注〕Lindsey, Fertility and Pleasure, 79-88。

46〔原注〕《林泉寺文書》，編號一六九四。

47〔原注〕《林泉寺文書》，編號一六七八。

常野年輕許多的小妹年野[48]也準備出嫁，同時替兩名新娘準備嫁衣是相當累人的，義融欣然收下[49]常野未來夫家贈送的十五兩作為聘金，心裡明白這是要用來替常野添購嫁妝的。

即使天氣依然陰冷，但總是個好兆頭。北國初夏微寒，農民還得穿著棉襖涉水下田，義融選在這時設宴慶祝常野出嫁[50]。他送了清酒及點心給十三名信眾，給廚師一兩小判金幣打賞，並發了二百文錢給村裡的乞丐，因為他們會在婚慶場合上門[51]，討不到錢就鬧事。來參加宴會的都是老面孔——當然包括常野一家人：哥哥孝德的妻子帶著剛出生的嬰兒與保母出席；清見的丈夫面帶憂容，看起來坐困愁城（希望他已經走出清見被關進木籠的陰影）；幫忙促成這門親事的媒人也來了。但所有賓客加起來還是沒有家裡的傭人多，後者多達十幾人，其中包括六名壯漢，僅負責將常野的家具用品搬到夫家去。

前往大島村夫家的路程需花上將近一天時間，且全程都是上坡。出嫁隊伍走在泥濘濕滑的小徑上，途經梯田，插種了整排秧苗，約二至三寸深，一路往山裡延伸而去。水田髒黑混濁，秧苗幾乎要被水淹沒——任誰看了都知道它們長得太慢了，收成恐怕不樂觀。儘管如此，結婚總是喜事一件，象徵吉兆。村民夾道[52]歡送出嫁隊伍，不時呼喚他們停下腳步，一起唱歌慶祝。

大島村地處偏遠，但並非與世隔絕。村裡每月有三次市集，且本身是山間道路的中繼站。常野嫁來時適逢夏天，還有旅人與馱馬穿梭往來，捎來各地消息。入冬後，因為道路無法通行，村裡會安靜許多。越後最重要的交通動脈（北國街道）也會被積雪埋沒，不過因為具有戰略上的重要優勢，若是有官方公文[53]要從江戶送到日本海沿岸地區，當局就會派出農工穿上加重的平底雪鞋，將雪堆踩平，以便信差飛馳而過。但在大島村，由於沒什麼重要的東西會經由山間小道運送，也就不會有人清除積雪。村子就這樣靜待春天到來。

每年秋天，趁著大雪封山之前，村裡許多年輕人[54]會走這條路下山往東南方去，前往江戶。當地除了枯燥乏味的農事以外幾乎沒有其他工作可做，在城市幫傭或是幹粗活反而能賺取更高的工資。有些人[55]因為目不識丁，無法寫信，多年未與親友聯絡。據說有一次，村民還湊錢[56]遣人到江戶去打聽這些在外遊子的消息，查看他們是否安好。大多數人還待在他們

48〔原注〕《林泉寺文書》，編號二一〇七。
49〔原注〕《林泉寺文書》，編號一六七八。
50〔原注〕此處內容出自《林泉寺文書》，編號一六七四—一六七五。
51〔原注〕Ehlers, *Give and Take*, 86-89。
52〔原注〕《大島村史》，七七四。
53〔原注〕《新潟県史・通史編 五》：近世三，七〇五。
54〔原注〕《大島村史》，四三〇；四三二。
55〔原注〕《大島村史》，四三。
56〔原注〕《大島村史》，四三九。

本來的地方，但有些人已經消失無蹤，從此音訊全無。至於返鄉者，則是反過來被村民懷疑：常野嫁來的第三年，有七人在冬天過後自江戶歸來，遭村民指控帶回怪病並傳染給左右鄰居，最後村長逼他們替所有染病者支付醫藥費作為補償。

嫁到大島村是常野第一次成為農家的一分子。夫家每個人[57]多少都得下田種稻，踩著泥濘，從事單調的農務。這項工作不只勞心，也令人筋疲力竭。農民每天都得思考新的盤算，若只想著把去年的種子撒進土裡、拔除雜草，接著就能坐等好收成，下場恐怕會一敗塗地。失敗的人失去保障，最後將因無力負擔賦稅而導致家庭破碎，不得不將孩子賣給妓院或歌舞團，父母則流落街頭，淪為路邊乞丐。

每年開春，農民首先要做的就是決定該年要栽植的稻種[58]，當時有不少選擇：名冊上登載「白鬚」或「鶴姬」等聽起來相當誘人的品種。但最好的作法是根據前一年的產量來調整比例，以便隨時分散風險。同樣基於避險考量，建議水稻與其他作物混種：肥沃的「良田」種小麥，一般田地種大豆，寸草不生的瘠田種小米，高地則種蕎麥。農作規劃完成後，成敗關鍵就取決於時機的掌握。農民必須知道種子得浸泡多久、何時開始犁田整地、移植秧苗、引水進田等。他們可以查閱曆書或手冊[59]，或者觀察雲層、感覺土壤濕度。更有幸者，識字的農家還能翻查過去的耕作記錄。成功的農民絕非光憑運氣，更重要的是實力。

天保四年，也就是常野嫁來大島村的那一年[60]，人算不如天算，即使計畫再周全，也難以彌補氣候異常帶來的損失。那年雨季如期而至，薄霧濛濛，大雨傾盆，稻田一如往常淹滿了水。但霧氣始終沒有散去，農民殷殷期盼炎熱晴朗的夏日早點到來，好讓翠綠的秧苗抽長，從泥濘的田水中冒出頭來，卻始終無法如願。連綿不絕的豪雨淹沒了嬌弱的秧苗，一連好幾天都泡在水裡。夏末更颳起詭異的暴風雪，迎來前所未有的早霜。到了收成時節，農民只能救回三成多的稻作。常野的鄉親平時住在山上，很少見到大海，為了填飽肚子，也不惜遠赴海邊，冒險下水採集海帶。

只有一次歉收還能忍受：武士批准農民減免稅收的陳情，藩主禁止臣民釀酒或輸出米糧到外地，城鎮與鄉村開設米行，富商則捐錢及糧食以救濟鄉里。常野夫家在當地是有頭有臉的望族，或許也施捨了乞丐，並且幫農民撰寫救濟陳情書。接著就是等待下一個播種季節到

57〔原注〕Walthall, "The Lifecycle of Farm Women"。
58〔原注〕關於栽種規劃及執行，見《頸城村史》，三八二—八五，三八八。
59〔原注〕有關日本各地農戶數量的估算，見 Smith, *The Agrarian Origins of Modern Japan*。
60〔原注〕有關大島村一帶在天保饑饉期間的描述，參考自以下來源：《頸城村史》，四三九；《大島村史》，四一七—一九；《新潟県史，通史編 五》：近世三，一七—二二；《上越市史：通史編 三》，近世一，二六七—七三；〈きさい とめがき〉，天保九年，《新潟県史，資料編 六》：近世一：上越，八五四；《松代町史》，第一卷，五五三—五七。

來，但貧苦的農民心中有些焦慮不安，因為他們的錢都拿去買糧食了，手邊所剩無幾，買不起稻種和肥料。所幸翌年（天保五年〔一八三四年〕）氣候溫暖乾燥，可是飢餓不堪的農民早已吃掉了部分秧苗；更甚者，在入秋之前很可能會發生饑荒。大島東邊的鄰村紛紛集資，搶購救濟米糧。事實證明他們的確有先見之明：該年收成僅有往年的六成。

常野在大島村的第二年冬天，她看著村民苦於生計，但所有人都以為再撐一年就能安然度過危機。農民仰望天空，數著日子耐心等候。好不容易終於盼來一八三五年（天保六年）的春天，但氣候依然嚴寒，積雪遲遲未融。稻米的收成不到平常一半，大豆也歉收，連做味噌都不夠。常野家雖然衣食無虞，卻也逐漸面臨無米之炊。每一升米、每一杯醬油都彌足珍貴。到了秋天，富有的大戶農家可能會醃上近千根蘿蔔以應付過冬之需，這時卻成了一場豪賭。新嫁來的媳婦在不習慣的廚房做事，即使是平常可以容許的小小失手，在這米糠昂貴、味噌難求的非常時期，都可能變成滔天大錯。

一八三六年（天保七年）陰沉沉的新春，只有運氣最好的家庭才有幸吃到傳統鏡餅（年糕）、喝到賀年酒。過完年後就下起了大雪，大島村兩里外的峰村村長驚慌失措[61]，該村有半數以上的人家已經沒有任何存糧，本來他們可以想辦法去野外找些山菜、葛根、蘆葦、野菰（筊白筍）來吃，但初春時節，地面還有近十尺深的積雪未融，根本無法採摘新芽應急充飢。另一方面，勉強還能自給的人家也沒有多餘食物可分送。到了插秧季節，農民沒有錢購回典當的農具，就算當初沒有把秧苗吃掉，他們也無法下田。這樣下去，村裡恐怕有一半的人會餓死。

到了春末，飢餓的農民體弱無力，就算有秧苗和農具也無法耕作。田地空蕩荒蕪，長滿了蟲子。該年底，大島村附近的室野村[62]死了八十人。這個數字相當驚人，也令人百思不解；對這種農村通常只有幾百人的地方而言，不啻是場災難。各個村莊的死亡人數不等（有些村子規模較大，應變準備較充分；有些則較窮困，災情更為慘重），但整體來說[63]，該地區的死亡率比往年增加了近兩倍。室野村長寫道，天保七年的歉收是「史上最慘的一次。」[64]

常野雖然不用擔心挨餓，卻未必能高枕無憂。她的丈夫彌惣右衛門結婚四年來，始終等著轉機出現：等待天氣放晴、稻子順利生長，但終究落空。這場天災的損失絕非他所能掌控。而饑荒之年也帶來了許多機會——要是他手上還有現金，便能以低價收購田野林地。不

61〔原注〕《大島村史》，四一八。

62〔原注〕〈きさい とめがき〉，《新潟県史，資料編 五》：近世一：上越，八五四。

63〔原注〕《上越市史：通史編 三》，近世一，二七二；菊池万雄，《日本の歴史災害》，一五一（圖表顯示高田）。

64〔原注〕〈きさい とめがき〉，《新潟県史，資料編 五》：近世一：上越，八五四。

過，他依然是個農民，而常野現在是農婦，他們仍舊得想辦法有所收成。唯一稍感安慰的是其他人的遭遇更加悲慘：窮困的農民全家棄田廢耕，步履蹣跚地走在大街上；偏遠山村也傳出慘重災情，令人不忍卒聞。

至於在林泉寺，右衛門一家也不得不撙節開支。義融賣掉了一片三百多棵樹的林地[65]，同時寫信給債主[66]致歉，表示自己無力還債。此外，他與大石田的常野前夫依然保持書信往來，對方告知昔日繁華的城鎮如今滿目瘡痍[67]，最上川氾濫成災，沖走了十七棟房子，加上連年歉收，他有二十多戶信眾花光了所有家產，身無分文。鎮上附近的雪松林，被走投無路的村民砍除了三分之二，好當作柴薪或賣給有錢買木材的人。目睹凡人的苦難，他思索著人世無常（佛教的基本教義）並誠心祝禱。他在自身的信仰中找到些許光明，希望起碼來世所有信徒都能在淨土獲得重生。

冬去春來，每個人都在為生者以及愈來愈多的死者祈禱。這場天災後來被稱為「天保饑荒」[68]，在高峰期，日本全國死亡人數高達數十萬。難以確知有多少人死於饑餓，又有多少人死於斑疹傷寒、痢疾等流行病（體質虛弱者尤其容易染上，幾乎無一倖免）。越後與京都之間山區的人口減少了一成以上[69]；東北地區也傳來慘絕人寰的消息：某藩國失去半數農民，倖存者上演了人吃人的慘劇。甚至有可靠記載指出，饑荒嚴重到災民只能吃野草及草鞋維生，路上隨處可見枯瘦的屍骨；瘦弱的掘墓工人疲憊不堪，根本無力工作[70]。

一八三七年（天保八年）夏天，即使豐收有望，大島村仍未走出陰霾。當年不少家庭家破人亡，原因不僅出在許多人飽受饑荒疾病之苦或死於非命，貧苦人家也為了減輕生計負擔而將媳婦送走[71]，此外體弱多病者亦逐漸凋零[72]。常野夫家的經濟並不算差，在地方上也小有名望，丈夫彌惣右衛門還不至於養不起而被迫將嫁來才四年的妻子送回娘家。但他也不願繼續勉強苦撐這段困難的婚姻。他和常野沒有孩子。就在前年（天保六年），常野的妹妹年野在寒冷的夏天生下一名健康的女嬰[73]，當時她才十八歲，而常野已經三十三，最起碼以村裡的標準來說，早就是中年了。大家或許料想她婚後不久就會生小孩，但拖到這麼晚還沒消

65〔原注〕《林泉寺文書》，編號四四一。
66〔原注〕《林泉寺文書》，編號四五〇。
67〔原注〕《林泉寺文書》，編號一七三七。
68〔譯注〕發生於天保四年至七年（一八三三—一八三六年）間，若計入前後數年，為期共七年，係因洪水及冷害導致，是江戶時代後期四大饑荒之一。
69〔原注〕Janetta, "Famine Mortality in Japan," 431。統計數字包括遷出人口，此處指飛驒地區。
70〔原注〕菊治勇夫，《近世の飢饉》，二〇〇—五。此處指秋田藩。
71〔原注〕《大島村史》，四一八。
72〔原注〕《大島村史》，四三六—三七；《松代町史》，五五六。
73〔原注〕《林泉寺文書》，編號二一〇九。

息，實在太不尋常。月復一月，彌惣右衛門冒著寒雨辛苦下田卻只是徒勞，兩人早已不抱任何希望。要是沒遇上這荒年，或有個更合得來的妻子，彌惣右衛門和父母或許會決定收養小孩來延續香火，當時大家都這麼做[74]。然而，就在天保八年那個異常寂靜的夏天，彌惣右衛門決定及早停損，結束這段關係。

義融從叔父那裡聽到常野被休的消息[75]，而叔父也是從媒人口中得知。彌惣右衛門當時正忙著種稻，表示之後會將常野的東西全部送回。翌日，他親筆寫信解釋：「沒有發生什麼特別嚴重的壞事[76]，唯獨家務進展得不太順利。」

這些話義融以前也聽過，幾乎與他當年休妻的說辭如出一轍，當時的妻子懷有身孕，心靈受創，轉眼也過了快十年。或許問題的癥結就在於常野遲遲未能生育，而彌惣右衛門避重就輕並未明說。他甚至不要求義融歸還[77]當初送給常野添購嫁妝的十五兩金，畢竟他並非家貧才被迫休妻，而是另有難以啟齒的隱情。義融若想知道原委就得親自質問常野，但他從自己的經驗知道，有些事最好不要問。

常野離開了大島村，穿越陰森殘破的鄉野，獨自下山。回到石神村，在一片滿目瘡痍中，林泉寺的樣子就跟她離開時別無二致。當然，一切早就今非昔比，她的妹妹年野已經出嫁，嫂嫂佐野正追著另一個蹣跚學步的幼兒跑。那年寺院登記的亡故人數[78]比往年多了一倍，從四、五人增加到十人。家裡出了一些狀況，有點吃緊：兩個弟弟結婚又離婚，包括不知何故從大石田歸返，重回家人懷抱的義倫；父親右衛門的身體每況愈下，就在她回來幾個月後的初秋時節溘然辭世[79]。全家悲痛不已，義融也開始擔心：如今他成了名符其實的一家之主，必須獨自扛起責任。一如往常，他透過文字抒發，記述父親的離世，最後也不忘寫下各種煩惱：「常野、義倫、義仙三人皆於今年離緣[80]，家裡咬牙苦撐之際，還得救濟可憐的佃戶度冬。」

常野家遭逢的困境究竟有多少可以歸咎於饑荒，我們不得而知：右衛門當時年事已高，體弱多病；而同一年內家中就有三人陸續失婚，與其怪罪奪走眾多人命的天災，真正原因恐怕與他們家人特立獨行的個性脫不了關係。但眼前更重要的問題是，未來他們要如何走下去。

74〔原注〕Yonemoto, "Adoption and the Maintenance of the Early Modern Elite"。
75〔原注〕《林泉寺文書》，編號一六八二。
76〔原注〕《林泉寺文書》，編號一六八六。
77〔原注〕《林泉寺文書》，編號一六七四。
78〔原注〕《林泉寺文書》，編號一二七五。
79〔原注〕《林泉寺文書》，編號一八七六。
80〔原注〕《林泉寺文書》，編號一八七六。

常野人生第三次的全新開始，來得比所有人想像的快。她返家不到幾個月，就有四組對象[81]上門向義融說媒。想到能與顯赫的寺院名門結為親家，肯定讓人相當心動，即使是常野未知的生育問題也一切好談。母親春真與義融商量後，最後選定某戶農家作為常野的歸宿。對方來自高田城下町附近的農村，該村地處廣闊的平原，整體上[82]比山區繁榮，有賣酒、菸草、魷魚干及草鞋的雜貨店；有些人家還有水車，景氣好的時候還會出租給需要碾米的鄉親使用。

一開始常野答應[83]了這樁婚事，但她已經三十四歲，不再是當年長途跋涉遠嫁大石田，對未來茫然無知的十二歲小女孩。家裡替她安排的兩段婚姻皆以失敗收場，落入重複的循環：被夫家休妻，接著又準備出嫁。這一次，常野將要自己選擇。親事談定後約莫過了七天，叔父來到林泉寺，當時義融和母親外出不在，常野趁勢把握機會，試圖扭轉命運。她向叔父表明不想嫁給那個農民，她屬意的是當初另一位來談親的對象，是個僧侶。

若常野的目的是解除婚約，那麼她成功了，但不知為何，她後來並未嫁給那名鍾意的僧侶。不到兩個月，義融就替她找到第五位對象（對方住在高田），連婚事[84]也談妥了。常野點頭答應，或許當下她也別無選擇。

義融再度著手籌備婚禮。這次突然有二十三個飢腸轆轆的農民闖上門來，不僅喝掉五升多的酒，還狼吞虎嚥吃光一斤半的鯨魚肉與八大板豆腐，配上蘿蔔漬菜及燉物。林泉寺早已有所準備：佐野擺出湯碗盛裝一般清酒，另以飯碗裝盛白濁的粗酒。她盡心款待，表現十分稱職，這是身為坊守的職責之一。然而，幾天後的正式婚禮規模卻很小，只有常野、義融、媒人及幾名傭人參加。到高田的路程很短，出嫁隊伍沿途數度停下腳步，給沿街民眾倒酒；還有一次是為了讓女人們重新整理儀容。等他們送常野抵達的時候，頭髮都已梳理得相當體面，或許還因為喝了酒，有點微醺。辛苦的傭人會獲得金幣作為打賞，他們很樂意多辦幾場婚禮，但義融希望千萬別再有下次了。

常野的第三任丈夫家在稻田町[85]，位於高田外圍，與城鎮僅一河之隔，但這也是常野生活過最繁榮發達的地方。高田城下町有錢湯（澡堂）、結髮店（理容店），甚至還有劇場。

81〔原注〕Gotō, *Essa josei*, 399-402。
82〔原注〕《上越市史：通史編 三》，近世一，一三二，一四一。
83〔原注〕《林泉寺文書》，編號一六七七；Gotō, *Essa josei*, 399-400。
84〔原注〕Gotō, *Essa josei*, 401。常野第三次結婚的詳細記載及後續見《林泉寺文書》，編號一六七三。
85〔原注〕《上越市史：通史編 四》，二九三。高田地圖出處同上，三一四。

隆冬時節，當村莊沉沉睡去，靜候冰雪消融，鎮上依然活力十足[86]。商店萬家燈火，城開不夜，人們穿梭在迷宮般的雪地坑道間，四處逡巡。他們仰頭望不見遠山，也看不到星星。冰封長達數月的寒冬，黯淡天光忽隱忽現，刺眼奪目的北國之春，隨著突如其來的陽光直瀉而下。此時，人們會裹著棉襖，冒著嚴寒走出家門，迎接春天到來。

但常野卻被困在屋裡。婚後不到一個半月[87]，她就染上眼疾，無法自由行動。娘家差人送來一盒味噌、漬菜、仙貝當禮物，信差帶著紅豆回到林泉寺，也捎回常野病況不輕的噩耗：她連自己送了什麼回禮都不知道。幾週後，義融去找媒人，打算支付當初請他說媒的費用，對方也相當關心常野的病情。義融憂心忡忡，立刻趕往高田，還準備了一小瓶酒打算送給常野丈夫，並在當地過了一夜。幾天後，常野終於康復，可以歸寧省親，但家裡還是不放心，又給她送了毯子和錢過去。

最終，過了四個月後，常野的第三段婚姻就在她模糊的視野與幽閉恐懼中劃下句點。在最後的冬雪融化之前，她便接到離緣狀。短短一年內，石神村的男性二度替她將家具嫁妝搬回家。

一八三八年（天保九年）到一八三九年（天保十年）這段時間，常野陷入絕望的低潮。她在高田罹患的眼疾始終未能完全痊癒，不只病痛纏身，心靈更是飽受重創。她後來在信中寫到，當時一度想要輕生[88]。義融認為都要怪她咎由自取，才會落得如此下場：「她雖然嫁了人[89]，但因為自私而導致婚姻失敗，被休不久，身體就出了問題。」他已經無法忍受妹妹個性上的缺點，加上妻子佐野即將於夏末臨盆，家中人滿為患，他盤算著要將常野送走。說不定某個地方正好有鰥夫[90]需要找人照料家務，不介意再娶個有著難堪過往的年長新娘。

常野後來寫道：「要是繼續待在家裡[91]，他們就會談起要將我嫁到某個可怕的地方給鰥夫續弦的事。我嚇得不敢違抗，但又不想嫁給一個死了妻子的人。我被逼著接受某些早就拒

86〔原注〕作家杉本鉞子如此形容同為雪國的長岡城下町，見《*Daughter of the Samurai*》（武士の娘），一一二。

87〔原注〕《林泉寺文書》，編號一六七三。

88〔原注〕《林泉寺文書》，編號二〇四九。

89〔原注〕《林泉寺文書》，編號一七一四。

90〔原注〕根據《林泉寺文書》編號一七一〇及二〇四九得知，照常野所言，她本應嫁給鰥夫。事實上，義融在她第一次離緣時就有此打算。見《林泉寺文書》，編號一七七七。

91〔原注〕《林泉寺文書》，一七一〇。

絕過的事。」她不想給家裡添麻煩，也明白母親與哥哥對她的任性已經忍無可忍。「我很清楚自己做了無法原諒的事，徹底考驗家人對我的耐心。」她如此寫道。常野在婚姻路上已經失敗三次，這次再忤逆只會證實義融對她的蔑視其來有自。但她知道自己絕不可能再婚。她必須鼓起勇氣回絕。後來回想，她表示：「人若喪失勇氣，無論做什麼都不會開心。」

常野從此拒絕任何談親說媒，後來她形容這種頑強抵抗就像一道用金屬加固的木門[92]。這是她在信中難得使用的比喻之一，她的文字通常都是平鋪直述，門戶的意象對她肯定別具魅力——看似平凡普通，實際上卻比外表堅固許多，不管歷經多少撞擊都堅不可破。即使醜陋不堪、傷痕累累，依然屹立多年；但最後還是會歪曲變形，再也打不開。

除了結婚，肯定還有其他辦法：她可以自己提議。要是有其他選擇，這輩子就不用一直拒絕別人的安排了。

她還有江戶可以去。

多年來，常野不斷對父母表達想去江戶[93]的意願，他們始終不答應。她告訴叔父[94]與她最喜歡的哥哥孝德（在高田行醫），兩人也置之不理。就連朋友和周遭的陌生人她也不放過，最後整個頸城郡似乎無人不知，常野依然無法如願。當時的女性並不會獨自前往江戶。她想或許可以聘飛腳（信差）當護衛，但前提是她得有錢，以及逃跑的大好良機。

天保十年的深秋，常野向義融及母親表示[95]想去高田找孝德，接著轉往上野國某處的溫泉，而這恰好是往江戶的方向。她佯稱泡溫泉對眼睛好，有助改善眼疾。她仔細收拾行李，挑的大多是適合深秋出遊的新衣。她將許多嫁妝轉賣給[96]鄰近飯室村的某位男子，還給了住在當地的叔父三兩金[97]。常野相信他會守口如瓶。接著，她套上深色長外掛，徒步出發前往高田。

她並未前往拜訪孝德，而是在橫跨高田鬧區小溪的下鄉町橋停下腳步。她與某個名叫智侃的年輕男子約在此處碰面，他是鄰村寺院的小和尚，常野從以前就認識他[98]（她家與頸城郡各地的寺院都有交情），況且對方幾天前才去過林泉寺。當時常野向他提起[99]想去江戶的事，他表示在江戶有親戚，包括兩位堂兄，他們都會竭誠歡迎。說不定他也能同行。

92〔原注〕「金戶」，見《林泉寺文書》，編號一七一〇。
93〔原注〕《林泉寺文書》，編號一六九七。
94〔原注〕《林泉寺文書》，編號一七一六。
95〔原注〕《林泉寺文書》，編號一七〇四。
96〔原注〕《林泉寺文書》，編號二〇九六。
97〔原注〕《林泉寺文書》，編號二〇四九。
98〔原注〕根據義融記載，智侃曾於九月二十二日造訪林泉寺，常野則在兩天後離家。見《林泉寺文書》，編號一七二六。
99〔原注〕《林泉寺文書》，編號一七一六。

兩人在橋上碰面時[100]，智侃說他會與叔母一起前往江戶。常野也打算動身，但沒那麼快。她告訴智侃，她有意僱用飛腳隨行，但他認為沒這個必要，勸她打消念頭，因為他就能護送她，一點都不麻煩。當然，旅費是必要的，她可以把手上的衣服拿去典當，金額應該夠用。

常野仔細考慮智侃的提議，她沒有理由懷疑他，畢竟他不是外地的陌生人，更何況兩人同是寺院家庭出身。他對常野說話的口氣親切，彷彿將她當成妹妹一樣。智侃打算與叔母同行，在江戶也有親戚，這樣一來她路上不僅有同伴帶路，抵達後還有地方可以投宿。

時逢正月初一，山頭另一邊已經颳起大風，很快就會降下初雪，迎來陰沉晦暗的冬天。再過幾週，道路就會被雪掩埋。常野若在此刻動身，要追上她就相當困難，但另一方面也意謂著，家，再也回不去了。

就在南邊的幾個丁目外，孝德一家人引領期盼，隨時等著迎接常野到來。西邊是林泉寺，住著她的母親、兄嫂及姪兒；無止境的對話，永遠繞著婚姻打轉（她對這種生活已經忍無可忍）。在她所立之處周遭，旅籠（客棧）與商店林立，橋上馱馬與旅人往來，每個人都有該去的地方。遠處東北方的鄉村，是她度過大半輩子的山林田野。北國的夜晚如焦油般漆黑，雪地映照著刺眼陽光，粗壯的冰柱有如吊掛晾晒的巨大白蘿蔔，常野在這片冰天雪地活了三十五年，接下來她還剩多少年可過呢？

西南方就是江戶，眼前有個人正等著她答覆。她願意抛下一切立刻跟著他走嗎？常野看著站在橋上的智侃。

深鎖的心門打開了，她說了聲「好」。

100 〔原注〕《林泉寺文書》，編號一七一六。

第三章　遠走他鄉

To Edo

起初，常野為了出走所做的準備與一般人無異[1]，不外乎一連串的瑣事，表面上看來就像每個女人都會做的日常雜務。但她心裡清楚，每個行動都是小小的背叛，累積起來就成了一個永難回頭的決定。

首先，她很快地清點了隨身行李：數件鋪棉的條紋縐綢和服，以及緋紅絲縐與茶色布料拼織而成的襦袢；拼布貼身襯衣、冬季長外掛、光滑的絲質單衣和服各一件；鏡子一面、髮簪一盒，以及紋樣手巾一套。她只會留下身上的單衣與深色外掛（旅途中他們得備妥足夠衣物禦寒），其餘皆準備脫手。她將東西打包好交給智侃，他已經找好仲介，由對方拿去典當變現。

常野萬般不捨，這些衣服不僅象徵她的身分（身穿保暖的鋪棉和服，整齊體面、頭插髮簪的寺院住持之女），同時也是她的傑作，是她多年來憑藉著耐心與正確的判斷，一針一線縫製而成的心血結晶。義融始終認為[2]她對這些衣服的喜愛執著不可理喻。有一次，兩人為了她做給第一任丈夫的和服大吵一架：義融有意將它買下（他連錢都付了），常野卻要他把衣服還回去，他簡直不敢相信。「這是我一針一線親手完成的作品，不能出讓。」常野堅稱。一如往常，無奈的義融只能透過文字發洩不滿，他在私人記事中寫下：「她實在太不可理喻了。」

十年後，經歷了三段婚姻的常野，將她心愛的衣服、鏡子、髮簪等物品交由陌生人轉賣，她無法親眼見到當舖老闆估價，對方也不在乎這些衣服是由誰縫製、最後一次穿是什麼場合、又怎麼會流落到他手上？他不會過問是誰急需這筆錢、目的為何？當舖很少關心這些，他們就只是接過衣服，遞上銅板與抵押收據。

常野對當舖不算陌生，因為她的弟弟們都習慣拿東西去典當換錢花用。有一次，不知是誰[3]竟然當了義融的銀煙斗和她從大石田寄來的小袋，以及幾十本書庫的典藏，其中包括中國儒家的五經，引發軒然大波。

村裡的婦女也會上當舖，但她們得格外小心，以免受騙。大島村有位名叫富和的女子，她的悲慘遭遇成了家喻戶曉的案例[4]。富和的父親是鄰村首富，當初動用了所有關係，將她嫁給高田的富商之子。這是一樁門當戶對的親事，出嫁也採最高規格，以農家來說算是相當風光。然而富和很快發現，嫁妝裡的絲綢及棉布和服雖然在家鄉令人印象深刻，但看在高田人眼裡卻是寒酸又過時。當時十三歲的她初為人妻，又遠嫁異地，急著早日融入當地。於是

1〔原注〕關於常野在高田最後一天的描述，係參考她所寫的家書擬構而成，見《林泉寺文書》，編號一七〇〇及一七一六。
2〔原注〕《林泉寺文書》，編號二七五八。
3 同前注。
4〔原注〕《大島村史》，四五二—五三。

她拿了其中幾件去找古著商，希望賣得好價錢以便添購新裝。對方與他的母親打量了這個怯生生、侷促不安的小女孩，一看就知道相當好騙。他們並未照實支付原先答應的金額，害她不夠錢買新衣，因而欠下店家債款。富和的丈夫及公婆得知後，立即寫了離緣狀將她送回娘家。畢竟誰會相信一個精於算計、懂得私下偷賣嫁妝，卻又蠢到被騙的新娘呢？最後富和的父親不得不遠赴江戶找出那名古著商並送辦。然而富和已經害得全家蒙羞，再也無望覓得如此好姻緣。

常野應該比誰都清楚人有多麼容易受騙；只要一次錯誤的選擇，就足以毀掉女人的一生。她當然明白人要衣裝的道理，也理解少了外在衣著的加持，她會失去得更快、更多，最終導致婚姻破滅，喪失名分與生活。但她已經下定決心擺脫這種人生，代價是必須典當心愛的衣物。

仲介從當舖帶回一張銀票與三枚金幣。智侃拿走金幣（說是要當作旅費），仲介則留下銀票。常野什麼都沒拿到，手上只剩她記下的典當清單：茶色拼布、緋紅絲縐、髮簪。秋去冬來，此後她將日復一日不斷重新衡量三者的等價關係：這些是她失去的東西，這就是它們的價值，也是她必須付出的代價。

離開高田之前，常野給叔父寫了信。他替她保管著三枚金幣，那是她之前賣掉東西的收入，要是他直接拿去當舖，就能在利息開始累積之前把衣物贖回。常野編了一個故事，詳細內容之後會隨著對象不同而變，而這是最早的版本。她在信中寫到自己身體狀況始終欠佳，打算和在高田結識的一群人共計五男八女結伴去泡溫泉。她的舊識智侃也會同行，但聽到他說沒有盤纏，她便將自己的衣物、髮簪、鏡子等物品拿去抵押變現，以解燃眉之急。解釋完當鋪的交易方式後，她又補充說道：「順帶一提，從前我逢人就說[5]有機會真的很想去江戶看一看。所以，我若是真到了江戶，一定會立刻給您寫信報平安。這兒有一夥人也要去，他們都是善良的好人，請叔父勿掛心。」

常野胸有成竹，用艱深複雜的漢字寫著，似乎篤定叔父會原諒她做出典當行李，並和陌生男子遠行的決定。她相信他會找出金幣，並直接去當鋪替她將東西贖回，彷彿世上都是宅心仁厚的好人，她的如意算盤打得精，每次損失總能順利補救。常野心中的盤算或許還沒結束，這場交易終將無法打平，但她暫時不動聲色，未洩漏真實想法。之後她還會寫出更多封信。

5〔原注〕《林泉寺文書》，編號一七〇〇。

常野與智侃走上熟悉的道路離開高田，他們若要回鄉也是取道於此。起初，一切顯得平凡無奇：寬闊的道路沿途石燈籠林立，一路深入高田南方山區，往常野童年舉目所及最高、最遠的妙高山方向蜿蜒而上。山腳下有個名為赤倉的溫泉小鎮，兩人在那裡留宿了幾晚，為接下來的旅程做準備。常野在那裡給叔父再寫了一封信[6]，同樣以工整的漢字寫成，她後來表示[7]，當時是智侃在旁監視指示她該如何下筆。信的內容大同小異，只有一處不同：如今她斬釘截鐵表示將前往江戶，投靠智侃在當地的親戚。她在信末署名「常野寫於赤倉」，將信寄出後，再度踏上旅途。

赤倉離關川關所[8]只有幾步之遙，是沿途諸多檢查哨之一。這類道路關卡由各地大名或幕府旗下的武士駐守，檢查來往旅人的通行手形（通關證），為德川幕府於十七世紀江戶時代設置的治安機關，目的是監視地方勢力的一舉一動，避免他們對仍然不堪一擊的承平盛世造成威脅。關川是德川幕府最重要的軍事哨所之一，由於位置關鍵，緊扼北國街道[9]通往江戶的樞紐，日本海沿岸的地方藩主若企圖謀反，皆會取道關川進軍江戶；而他們作為人質住在江戶的妻妾女眷為了安全，也會取道關川逃回藩國。因此，女性若無通行證，關川守衛不可能輕易放行；即使備有相關文件，也得接受嚴密審查。

常野倒是有個很好的理由——藉口要去溫泉地養病，如此一來便能[10]向高田的官員申請通行證，但關所始終是個問題。即使有通行證，她還是可能會被拘留或索賄，況且她要如何交代與智侃的關係呢？或許更簡單的方法是[11]，避開全副武裝的守衛與哨所繞路而行，改走另一條好幾千名做過同樣抉擇的女性所走出來的無名小徑。她們很清楚走這條路就不會被抓。若常野不介意鑽狗洞[12]，有條路可以穿越關所，她可以趁夜行動，期望守衛正好轉移目光而未注意到她。再不然，她就得放棄北國街道，改走山腳下的小路，穿過稻田與森林，橫越茂密草原，途經農民氣憤難平、猜忌多疑的村莊。無論哪種選擇，她都得找人帶路，至少

6〔原注〕《林泉寺文書》，編號一七一一。

7〔原注〕《林泉寺文書》，編號一七一六。

8〔原注〕Vaporis, *Breaking Barriers*, 122-23; Asakura, "Kinsei ni okeru onna tegata no hatsugyō to Takada-han," 193；柴桂子，《近世の女旅日記事典》，一〇二—四。關於「關所」制度的概念與歷史，見 Vaporis, *Breaking Barriers*, 99-134。〔譯注〕「關所」指的是當時交通要道上所設的關卡，來往行人與貨物必須在此接受檢查。關川關口位於今新潟縣妙高市，是江戶時代管理北國街道的要衝。

9〔譯注〕貫穿北陸地區的主要街道，在江戶時代（一六〇三—一八六八年）之前稱為「北陸道」，重要性僅次當時日本的五大交通動脈「五街道」（東海道、日光街道、奧州街道、中山道、甲州街道）。

10〔原注〕去溫泉地養病及寺院參拜在當時是申請通關手形相當常見的理由。見 Vaporis, *Breaking Barriers*, 121; Asakura, "Kinsei ni okeru onna tegata," 193。

11〔原注〕有關女性通關經驗的描述，見金森敦子，《関所抜け 江戸の女たちの冒険》，八九—九七。

12〔原注〕柴桂子，《近世の女旅日記事典》，一一一。

得花幾十文錢[13]。這又是另一項風險與必須付出的代價，她的帳簿再添一筆。

兩人在途中加入其他同路人的行列，翻山越嶺，結伴往江戶前進。隊伍中有些人要去善光寺[14]，該寺莊嚴宏偉，是歷史悠久的佛剎，吸引成千上萬信徒朝拜。部分旅人則是饑荒僅存的難民，他們走投無路，逼不得已離鄉謀生。此外有更多人是定期往返的旅人與越後農民，後者在入秋後離開鄉下到江戶打工，到了春天再返鄉耕作。江戶人戲稱他們為「灰椋鳥」[15]，因為這種鳥外表黯淡且聒噪又貪吃，每年冬季總會蜂擁而至。許多農民在江戶替人幫傭維生，雇主會提供他們幾個月的食宿，一趟江戶下來，他們總能掙到好幾兩金，滿載而歸。另外還有壯碩的彪形大漢，他們找到在錢湯提水燒柴的工作。有時他們也替人搗米，用龐大的石臼搗碎帶殼的稻穀，是相當繁重累人的粗活。城裡的人總是笑說越後來的新人吃苦耐勞又憨直，甚至自己扛著石臼[16]上路，走北國街道來到江戶。

常野與智侃沿路前行，經過一個又一個宿場町（旅宿設施集中之地），有些地方旅籠（客棧）林立，櫛比鱗次，障子窗透出明亮的暖光；有些則簡陋荒涼，杳無人煙；還有些宿場，打扮俗豔的風塵女子在大街上夾道拉客，拽著男人的衣袖不放。然而也有些宿場視野開闊，可以清楚回望越後。天氣雖然還不太冷，但夜已深長，智侃付清住宿、添購伙食，還租了炊具與被褥。兩人從北國街道轉入中山道，繼續往江戶前進，身上的盤纏也愈來愈少。

途中，兩人與其他旅伴分道揚鑣後發生了一些事：在租來的被褥或是骯污的疊蓆上；就著冰冷的地面，僅以薄被裹身或在樹蓋掩映下；有時是靜謐的清晨，有時在深夜酒酣耳熱的歌舞樂聲中，常野蒙受了金錢難以衡量的損失——難以啟齒，也無須記得所有細節的侵犯。她雖然無法像平常一樣若無其事地在信末提起，也很難說忘就忘。後來她提起這段遭遇，以熟悉的婚姻話題作為掩飾，含糊帶過。她告訴叔父：「途中，智侃開始遊說我[17]：『妳也知道我在江戶有親戚，他們肯定不會拒絕妳——既然如此，何不乾脆嫁我為妻呢？』我不想答應，但當時已經來到中途，無法回頭。他還說起單身女子在旅途中可能發生的種種遭遇，那不過是危言聳聽，他其實是在笑我。可是當時其他旅伴皆已離開，我別無選擇，於是就照了他的意思做。」在信中，常野寫得更加含蓄謹慎，她暗指智侃對她「心懷不軌」，並悲嘆自

13〔原注〕同前注，一一一—一一二；Vaporis, *Breaking Barriers*, 190-91。
14〔譯注〕位於信州（今長野縣長野市），創於西元六四四年，其木造建築被指定為日本國寶，供奉據傳為日本最古老的佛像。
15〔原注〕芳賀登，《江戸情報文化史研究》，八五。引用於森山武，《*Crossing Boundaries in Tokugawa Society*》，二三。
16〔原注〕北原進，《百万都市 江戸の生活》，四六—四七。
17〔原注〕在此指常野，引用於叔父信中，見《林泉寺文書》，編號一六九七。

己識人不明，誤信其言。「畢竟他也不是外地來的陌生人。」[18]她寫道。最後她又說：「我從未有過如此可怕的念頭，但智侃卻是從一開始就設局，想騙我嫁給他。」

常野始終走不出心中某種無以名狀的痛楚。她無法以言語描述自己在逼不得已的情況下，與某個不可能的對象所發生的關係。根據當時法律定義[19]，這或許不構成強姦：幕府規定，強姦必須伴隨肢體暴力才成立。智侃以言語作為武器，脅迫常野就範，是種常見且能被接受的無形暴力，也是所有媒妁婚姻根本上預設的權利，而這正是常野想逃離越後的理由。她一再堅持，寧死不願再婚。然而，若是非得在兩者之間做出抉擇（與智侃發生關係，或獨自面對隻身上路的未知風險），她選擇忍辱前行。

常野的言行前後不一（先是反叛，而後默從），但最後都是出自同樣的算計。有些風險尚能忍受，有些則不然，她唯一的目標就是活出新人生，懷抱些許改變的希望，不想被困在孤獨的小村莊，與垂死的老人一起活埋等死。

即使常野能成功擺脫宿命的安排，她還是得為智侃的所作所為付出長遠的代價。儘管她與陌生男子私奔是事實，但她若堅稱只把智侃當成親人，例如兄長，事態或許有望轉圜，獲得家裡兄弟的諒解。此外，要是智侃也展現出應有的風範，他們甚至可能會承認他同為佛門子弟的身分，是護送常野前往江戶最適合不過的人選。而說法要是換成情侶私奔，就成了另一種大逆不道的行為，要解釋可沒那麼容易。雖然智侃所為不見得會被認定為強姦，但常野與他的關係絕對是不正當的男女姦情，幕府將之定義為未經女方家長核可的通姦關係。照理說，這足以構成犯罪，幕府可以下令將常野流放，不過實際發生的可能性不高，因為沒有人會舉報。反之更有可能的結果是義融勃然大怒，認為常野悖德亂俗、敗壞門風，為家醜不斷的林泉寺再添一筆污點。

對常野來說，智侃的行徑將永遠提醒著自己識人不清、所託非人的錯誤。這或許證明了義融是對的：千萬不能讓常野自己作主。為了不讓她傷害自己與家人，她除了嫁人別無選擇，最好是交給別人安全看管，隱居越後一隅。一般而言，女性的能力不高，有些人就算並非愚不可及，也對世界一無所知。她們小小的心機算計，在雜沓紛亂的馬路上或男人敏銳的心思面前根本微不足道。一個備受呵護的寺院千金，怎麼可能在江戶這樣的大都會獨自闖蕩？更何況天真如她，竟然僅因為對方操著熟悉的家鄉口音就信以為真。常野要的到底是什麼？這個問題多年來始終在心頭上縈繞不去，她不斷想找出答案，編出某個藉口，或是一段故事。

18〔原注〕《林泉寺文書》，編號一七一〇。

19〔原注〕正式說法為「強姦」（ごうかん）或「押して不義」，都有強逼就範的意思。見 Stanley, "Adultery, Punishment, and Reconciliation"。

沿著中山道前進，最後會看到一棵高大的朴樹[20]，葉子從邊緣漸次枯黃。樹下牌子上寫著「斷緣樹」，一旁的神社裡堆滿小供品及陳情狀。當地傳說，想斷絕關係的男女可以剝下一片樹皮泡在熱水裡，再讓毫不知情的對方喝下。接著，彷彿施法般，兩人之間的緣結就會鬆脫，彼此糾纏不清的命運也隨之解開，前方的人生道路將有如梳理開來的絲線般平整，豁然開朗。

說不定常野也曾駐足，偷偷取下樹皮藏進袖子裡，並奉獻幾文錢。又或許，在轉身離開後，她突然想起那些已經斷絕的緣分（被她拋棄的三個男人，與此生可能無緣再見的家人）又回頭望了神社一眼。但對智侃的怨恨，很可能是在看透一切後才油然而生。

關於過去，常野自己也無法決定一套說法。她當然可以編造掩飾，但她的記憶並不可靠。來到江戶途中，她究竟走過哪些路，有些根本無從得知——他們不是繞道而行，就是原路折返，實在有太多選擇，難以捉摸。除了車馬大道，她或許也走過天壤之別的無名小徑；她或許對大朴樹視若無睹，說不定也曾停下腳步朝拜；埋首趕路時，亦不忘轉頭回望北方地平線彼端的故鄉。她心裡想的，究竟是未來所寄託的江戶，還是身後漸行漸遠的家鄉？

然而最重要的是（這個故事無法改變的關鍵事實），此刻的她正一步步向前邁進。驅使她的，是發自內心的動力。江戶近在眼前。

經過近半個月的跋涉，一八三九年（天保十年）十月六日，兩人終於抵達江戶。當下或許是戲劇性的一刻，但實際上城市與鄉下並無明確的分界。江戶周遭沒有城牆，無須穿越城門，也沒有得行賄或出示通行證才會放行的守衛。當初幕府將軍建設江戶城時，不以石塊與灰漿砌築外郭，而是從內部加強防禦，利用護城河及迷宮般的重重關卡阻絕通往御殿的通路[21]。整座江戶城本身就是將軍的鎧甲。

少了城牆，江戶便能無限制地擴張。幾世紀以來，它以「の」字形的螺旋狀向外放射，逐漸併入周遭的田地與村莊，形成成千上百個街町[22]。到了十九世紀初，就連幕府人士也無

20〔原注〕東京都板橋區役所 編，《板橋区史》，三六八—七二。

21〔譯注〕江戶城以城樓為中心，串連內濠及外濠形成向右渦旋的「の」字形護城河系統，其間廣設「見付」（城門），作為戍守江戶出入的門戶。城內以濠為界，分為內郭及外郭兩大部分，前者為將軍城堡、幕府設施及大名宅邸所在，後者為城下町，有武家屋敷、寺社地、町人地等依序向外開展。

22〔譯注〕一六五七年明曆大火後，江戶展開一連串都更計畫，市區範圍從此大幅擴張。到了十八世紀元祿年間，已發展成「大江戶八百八町」（實為六百七十四町，後增至九百三十三町），人口逼近百萬，超越倫敦與巴黎，成為當時世界第一大都市。

法界定江戶城的確切範圍。一八一八年（文政元年），某個官員[23]向上級提出質問：「府內目付[24]並無圖繪[25]可解（江戶）市街範圍之惑。吾等遂行調查，然各方說法莫衷一是，無以釋疑。」雖然江戶全屬將軍所有，但他對瑣細的政務興趣缺缺，而除了他之外，再也無人握有整個江戶的管轄大權。幕府官員各司其職，例如町奉行[26]負責掌管庶民所在的町人地；寺社奉行統轄宗教事務，管理寺院、神社及其領地；大目付則負責監視大名屋敷（藩主宅邸）及武士住宅。然而，一旦有人問起，幕府就得設法解答，於是府內老中[27]便委人繪製地圖[28]。一如往常，地圖正中央就是江戶城，它是整個江戶的核心，對幕府家臣而言，也是這座城市存在的理由。該圖在城樓周遭以墨引（黑線）圍出內圈，劃定町奉行的管轄範圍，外圈則以朱引（紅線）標示，區分府內外，從此正式制定城市邊界：紅線以內之地就是江戶。

常野與智侃若走中山道而來，當他們踏入板橋宿就已經越過朱引線，算是進入江戶了。從某些方面來看，板橋宿想必與他們從高田出發以來沿途所經的宿場別無二致：櫛比鱗次的客棧、疲憊不堪的旅人隊列、馱馬散發出的糞臭、背著信件郵物奔馳而過的飛腳，以及寫著一連串禁令的幕府告示牌。但到了午後或傍晚時分，宿場便搖身一變，呈現截然不同的風情。旅人可以聽見石神井川沿岸樓高三層[29]的茶屋[30]宴席傳來悅耳樂音，成群男性嘻笑歡鬧，調戲往來送酒的女侍，她們穿梭包廂，端上一盤又一盤的酒，其中有些是來自外地宿場的年輕女孩，被身上豔麗的華服與濃妝嚇得不知所措；有些則是優雅的藝伎，近看稍嫌蒼老，略顯疲態，或許是因為這份工作不盡人意而感到些許失望。但她們不少人早已是江戶的歡場老手，歌藝舞技爐火純青，深諳客人喜好。當她們伴著三味線演唱新曲，旅人聽了莫不有種「終於抵達江戶」的感覺。

此外也不乏其他更隱晦的跡象顯示常野與智侃已經來到江戶城郊。天保饑荒年間，面黃肌瘦、兩眼無神的東北難民拖著蹣跚步伐逃往江戶謀生，認為將軍所在的都城應該糧食無

23〔譯注〕此人名為牧助右衛門，於幕府擔任「目付」一職。
24〔譯注〕江戶時代官職，相當於監督官，扮演政府耳目，負責監視幕府家臣的行動，並予以舉發。
25〔原注〕見「朱引內」：《国史大辞典》。另見《江戸の範囲》，東京都公文書館，網址：http://www.soumu.metro.tokyo.jp/01soumu/archives/0712edo_hanni.htm，《江戸朱引図》（一八一八年）為該館館藏。
26〔譯注〕負責都市內的司法及行政事務，中央及地方皆設有此職位；一般所稱「町奉行」通常專指江戶，江戶以外的領地總稱「遠國奉行」。江戶町奉行實際管轄的業務極廣，涵蓋民政、司法、立法、行政、警消等事務，相當今日的市長及各相關局處首長。
27〔譯注〕此指評定所，為江戶幕府最高司法機關，兼具審判與執法功能，由府內最高政務官「老中」主持。
28〔譯注〕《江戸朱引図》，現存於東京都公文書館。
29〔原注〕見齋藤幸雄，《江戸名所図会》。有關略顯疲態的宿場氛圍描述，見《板橋区史》，三二八—二九。
30〔譯注〕日本傳統的遊藝食肆，在江戶時代專指欣賞藝伎表演的高級娛樂場所。

虞。事實證明他們料想得沒錯，幕府為了維持社會安定並塑造仁慈愛民的形象，在板橋宿設置了提供伙食的救難小屋（避難所）[31]賑濟災民。但還沒能撐到江戶，就已有數百人不幸死於板橋宿周遭山區。宿場大街上仍可見奄奄一息的外地難民倒地殘喘，就連當地最大的淨土真宗寺院住持，也得親自出馬替亡者收屍。他為這些不知來歷的無主孤魂取了法名並念經超度，安葬在寺院轄地。這些墓碑一直都在，後來還立碑紀念這位住持及其親手安葬的死者。這樣的紀念碑不只象徵走投無路的難民或許會遇到的善行義舉，同時也警告著他們可能遭遇的下場。

過了板橋宿，江戶又恢復成鄉下模樣，道路兩側是收割後乾枯金黃的田地，成排林木點綴其間，不時會經過神社前的鳥居，或是某個藩主名下的嶄新糧倉。有些地方實際上是町奉行的轄區，但有些街區甚至未標示在地圖上[32]，本身看起來與一般村莊無異，居民大多是農人[33]。

漸漸地，沿途風景有了變化。林木樹叢與田野逐漸消失，取而代之的是外觀樸實的武士宅邸。這些低矮的長屋每戶乍看雷同，地圖上卻清楚標示著各家武士之名，每戶屋脊正面的屋瓦上各自印有家紋。此區雖然有少數外藩大名的別墅宅邸坐落，但大部分的屋宅佔地並不大，亦非名門所有，只有低階的幕府家臣才會住在這種遠離城區，與稻田果園僅有咫尺之遙的城郊地帶。常野在家鄉認識一對井澤兄弟，他們也出外謀生，受僱於江戶的武家。她走過這些宅邸時，說不定心裡正想著他們是否就住在類似的圍牆柵欄後方？還是已經在更令人期待的地方高就？

繼續前行，單調的街景不斷延伸，似乎成為江戶唯一的景致，這時左側突然出現一棟突兀的建築，將之硬生生截斷——映入眼簾的是加賀藩大名屋敷的朱紅色大門[34]。堅實而厚重的赤門，在褐灰石垣、雪白牆面及黃土襯托下，色彩鮮活，充滿躍動。在江戶，每個特定的建築物件都須遵守相應的規範法度，例如朱紅色的大門只有藩國大名與將軍女婿的宅邸才能使用。當時的加賀藩主前田齊泰就是一例，他兩種身分兼具，所統治的加賀藩位於北陸日本

31〔原注〕《板橋区史》，三六六—六七；菊池万雄，《日本の歴史災害》，一四七。

32〔原注〕見藤屋吉藏，《萬世御江戸繪圖》（地圖），一八五四年。中山道之路線，另見兒玉幸多，《復元江戸情報地図》，一六—一七，三二—三三，四六—四七，五八。

33〔原注〕吉田伸之查閱市郊某町的人口登記簿，發現居民大多是農民或蔬果菜販。見吉田伸之，《伝統都市・江戸》，一一四。

34〔原注〕當時加賀大名屋敷有三道紅色大門。規模最大者建於一八二七年（文政十年），後來稱為東大赤門，是東京大學的主要入口。見宮崎勝美，《大名屋敷と江戸遺跡》，一五。

海沿岸，是肥沃豐美的魚米之鄉，每年收成百萬石以上的稻米[35]。他為了迎娶第十一代將軍家齊之女溶姬，特地為她建造了宅邸內這道最引人注目的大門。

要是常野走入赤門，她會看見何種光景？大名屋敷不是一般人能隨便闖入的——雖然真的有人試過，而且還成功了。早在十五年前，當時常野還沒來到江戶，朱門正在修建，有個名叫「鼠小僧次郎」[36]的竊賊風靡整個江戶，成為家喻戶曉的怪盜。他身手矯健，除了翻牆潛入，還能從柵欄縫隙鑽進大名屋敷，有時一次就能偷走上百枚沉甸甸的金幣。有一次他失風被逮，遭當局處以入墨（紋身）之刑並驅逐出城。但這並未阻止他再犯。後來江戶城周圍屋敷聚集的大名小路接連遭竊，無一倖免，大家都知道鼠小僧又回來了。最後在一八三二年（天保三年），他當場被捕，再也沒有脫逃的機會。町奉行裁定將他遊街示眾，並處以死刑。他在幾十名手持槍矛的武士押送下鋃鐺過市，準備就死，有幸一睹其真面目的民眾依仍津津樂道。據說他長相普通，但身形瘦小，所以每次才能從重重柵欄的間隙中鑽出，安然脫身。

倘若常野抬頭望向加賀大名屋敷赤門厚重的屋瓦，可能連如何窺探都很難想像，更遑論翻牆而過了。屋敷四周的圍籬、柵窗與堅實的石牆基底看起來堅不可摧，用意是為了宣示大名保衛江戶城的職責。牆外周邊[37]則是侍奉前田大名的藩士（下級武士）房間，這些人才剛從家鄉帶著數十匹馬與無數箱的行李及武器抵達，在大名執行參勤期間將一同留在江戶，直到翌年夏天大名獲准告假返鄉為止。他們的工作就是駐守當地，必要時扮演家臣，以助長領主的威望，實際上卻過著縱情酒樂、吟詩作對，通宵達旦、玩牌自娛的生活。他們平時飲食相當寒酸，僅靠著醬菜、鰯魚（沙丁魚）及配給的白米自炊維生。

大名屋敷的內部神祕如謎，就連家臣也無法一窺究竟，因為他們從未獲准入內。但常野不難想像其中光景，因為女孩子自小就在書裡讀過，也看過插畫。她的腦海裡浮現出光亮如鏡的木緣廊，偌大的房間鋪設全新疊蓆，陳列著漆盤與瓷杯，且有薰香氤氳繚繞，障子門拉開時也不會嘎啦作響。人們輕柔地低聲交談，姿態高雅，聊著小說故事以及俊俏役者（演員）的八卦緋聞，滔滔不絕說著沒人看過的劇碼。名門公家的仕女名媛不會上劇場與庶民一同看戲，她們寧可花上一整天時間來比量髮簪、用絲線纏繞手毬，或者在袖珍棋盤及針箍[38]

35〔譯注〕加賀藩領主為前田氏一族，領地橫跨加賀、能登、越中等三國（相當於現今石川縣、富山縣全域）為江戶時代最大藩領，俸祿亦為全國之冠，素有「加賀百萬石」美稱（一石約為一百五十公斤），財力雄厚。

36〔原注〕Vaporis, *Tour of Duty*, 158；見《国史大辞典》，〈鼠小僧〉條目。〔譯注〕江戶幕府晚期德川家齊時代有名的盜賊，專挑大名屋敷下手，本名次郎吉。因動作敏捷而被稱為鼠小僧，以鼠小僧次郎吉之名廣為人知。在民間文學作品中多被描繪成劫富濟貧的義賊。

37〔原注〕宮崎勝美，《大名屋敷と江戸遺跡》，一九—二〇；吉田伸之，《都市江戸に生きる》，一〇四。

38〔譯注〕縫紉時套在手指上的金屬環。環上布滿小凹點，用來推針穿布。也稱為「頂針」、「指沓」。

大小的迷你茶杯前擺設人形玩偶[39]。她們也會玩遊戲、彈奏樂器自娛，費心計劃到寺院參拜的難得出遊。名門仕女個個精心打扮，錦衣華服皆為一時之選，全都購自江戶最高級的吳服店，包括進口的天鵝絨腰帶及全套印花棉布和服，還有綴飾著手繪花卉及龍形紋繡的加襯絲綢睡袍等。以鄉下的標準來看，常野的衣櫃在越後已算相當豪華，但就連她恐怕也難以想像這些行頭究竟得花上多少錢[40]。

走過赤門沿路南行，此時中山道已經退縮成普通的城內街道，本鄉[41]街區番號從六丁目倒數至一丁目。至此，武家屋敷的外牆與柵欄逐漸被另一種不同於城郊的城市景觀取代，呈現更貼近都會的街市風情。武家地（武士住宅區）整齊劃一的街廓變成參差不齊的屋脊與四處亂岔的小路。在町人區，各町都是獨立的社會及行政單位，有自己的制度規範及居民代表，成員係從街道兩側町屋的家主選出。此自治體系通常以數町為單位，由「名主」（里長）管理，其上設有「町年寄」，是町奉行身邊的町人代表，為實際管理城內大小事務的基層公務員。不同於城鄉之間缺乏明確的分野，各町邊界皆設有木門，在景觀上一目瞭然。夜晚木門會關閉以維持治安，這也是江戶城無需修築外牆防禦的原因之一。到了白天木門開啟，各町往來暢行無阻，活絡了江戶賴以維生的商業命脈。

對常野及路上其他旅人來說，本鄉一到六丁目合起來就是一條熱鬧的大街——從六丁目走起，味噌問屋（批發商）擺出一桶桶紅白味噌，呈現成熟飽滿的深秋楓紅及淡黃金麥色澤；五丁目有間專治幼兒疾病的知名藥舖；來到三丁目，則會看到地標兼安雜貨店，賣著代代相傳的招牌潔牙粉。這家店的行銷手法相當出名：員工會站在街上扯開喉嚨吆喝，賣力宣傳「乳香散」[42]的諸多好處。大家都說兼安就是江戶城區與鄉下的界標，當時流傳著一句話：「還沒走到兼安，本鄉根本不算江戶。」但那是江戶急劇擴張前的事，當時官方地圖尚未問世，還沒劃定朱引線，江戶的邊界完全是人云亦云，莫衷一是。

從本鄉轉入湯島後，人潮漸多。此處集武家地、町屋、寺社地於一，路上可見外出執行勤務的武士，兩肩僵硬，身穿漿挺的肩衣外褃、腰配長短兩刀，隨從緊跟在側。剛從鄉下來的外地人肩扛木箱，拉著板車賣力前進；此外也可見馬匹與拖著牛車的壯碩黑牛與人爭道。一路上車水馬龍，川流不息，朝著神田川及神田明神（神田神社）南行。

常野若經過神社，應該會認出那就是知名地標。神田明神社是所有江戶觀光指南必列的

39〔原注〕見加賀藩第十二代藩主前田齊廣（一七八二—一八二四）遺孀真龍院（一七八七—一八七〇）之收藏。常野來到江戶時，齊廣已逝，正妻隆子剃髮為尼改名真龍院，其藏品目前典藏於石川縣金澤市兼六園的成巽閣。

40〔原注〕磯田道史，《武士の家計簿：加賀藩御算用者の幕末維新》，四一—四四。

41〔原注〕竹内誠，《江戸社会史の研究》，六二—七四。

42〔原注〕Groemer, *Street Performers and Society*, 276。

著名景點，其高聳參天的松柏常青經常出現在江戶名勝的版畫上。這裡每隔兩年會舉行一次神田祭，時間就在九月中旬，最近一次在常野抵達幾週前才剛落幕。祭典登場時，附近街町的居民紛紛湧入街頭，身揹太鼓、手持旗幡[43]，頭戴大紅花笠，一邊吹笛一邊揮舞紙扇，歡慶幕府創立，也感謝眾神庇佑，國泰民安。各町都會推出自己的花車遊街，有些超過三層樓高，上面有扮成古代朝臣的人偶，身穿絲綢禮袍居高俯視，一旁點綴著華麗的雄雞、長尾鳳凰、猙獰惡鬼、扭曲糾纏的青藍章魚、花團錦簇的龐大新鮮花飾，以及散發耀眼光芒的東昇旭日造形。要是常野能在江戶待上兩年，想必也會加入爭睹花車遊行的群眾行列，神田祭亦將成為她不可錯過的年度盛事。

過了神社之後，中山道開始下坡，前方就是神田川河岸。江戶人將湯島這邊地勢較高的坡道稱為「糰子坂」，意在警告路人若不慎跌倒，一路滾下泥濘的河堤，看起來就會變成一顆圓滾滾的烤糰子，狼狽不堪。但常野抵達當日，天氣晴朗乾爽[44]，毫無失足之虞。她若站在坂道上俯瞰，能清楚看到下方河岸邊，小船正忙著將貨卸到牛車[45]上，再由車伕載到內陸水運無法到達的大名屋敷、倉庫及商家手上。這些載貨的車伕都是粗人，通常與常野路上的旅伴一樣，都是來江戶討生活的外地人。他們蝸居在牛車老闆的裏屋聽候派遣，按日支付報酬。看在常野眼裡，這些牛車伕根本不值一顧，江戶人也幾乎不承認其身分。他們都是外人，既非房客或房東，也不是學徒，更非大雜院的租戶。但他們卻無所不在，舉凡街上抬轎、救火、拉車、搭建鷹架等差事，其身影到處可見。他們的遭遇是所有外地人共同命運的寫照：身為江戶賴以運轉的動力來源，卻從不屬於這座城市。

沿中山道走過昌平橋，高起的河岸上種滿柳樹，這段風景優美的河堤步道沿著神田川一路延伸，白天看不出來，入夜後便就成了著名的鶯燕之地，有不少流鶯[46]出沒拉客。走下柳堤，穿過小門，就是人稱「八小路」[47]的廣大空地[48]，角落設有町火消（町消防隊），負責消防的下級武士在成排的「刺又」（尖叉狀的滅火工具）與長梯間待命，隨時準備受理火警通知。另一名消防員則駐守八小路觀火台——此設施架設在瓦當屋頂上，樓高數層，是江戶的著名景觀。居高臨下的消防隊員若發現火災，就會擊鼓或敲鐘示警，當火勢蔓延逼近，節奏也隨之益加急促。

每個江戶人，甚至是初來乍到的外地打工者，都知道江戶火事頻仍，發生過數次重大的

43（原注）歌川芳員，《神田祭出しづくし》（一八五九）。
44（原注）此處及接下來有關江戶特殊日子天氣之描述，皆出自《斎藤月岑日記》或《藤岡屋日記》。
45（原注）吉田伸之，《都市 江戸に生きる》，二二二—二四。
46（譯注）日文稱為「夜鷹」，指在路邊拉客的私娼。
47（原注）齋藤幸雄，《江戸名所図会》。
48（譯注）江戶時代為了防火而留出的疏散空地（火除地），以防止火災蔓延並作為避難場所。

祝融之災。他們聽過炭盆內的火花隨風揚起，引發燎原大火；也被警告千萬要注意紙糊的行燈，以免不慎傾倒而引燃整個房間。他們都知道有些時候是人為的蓄意縱火，例如懷恨在心的傭僕用舊布將冒煙的煤渣包起來，藏在主人家裡的樓梯下；為愛癡狂的女孩放火燒了父母的屋宅並自行逃脫，只為了與情人見上一面；野心勃勃的男子為了得到工作，不惜對商店縱火，再投入救火藉此邀功。江戶人學到教訓，在寒冷乾燥的冬天得提高警覺，因為大火延燒的路徑不定，燒毀樑柱，翻越竹籬支架、躍過灰泥牆，吞噬町屋與民宅，所經之處無一倖免。人們早已學會在災後收拾殘局、辨識燒焦的屍骨與餘煙未熄的破瓦殘礫等遺骸；事先搶救的家具在馬路上堆積如山，為了開闢防火巷，屋舍也被拆毀，只剩成堆的木材。

常野來的前一年（天保九年）[49]，江戶發生大火，燒毀了部分城樓，緊接著神田的大片鬧區也慘遭祝融。幾週後，換成庶民所在的麴町共十丁目付之一炬，化為焦土。冬末，一場武家屋敷的大火吞噬了數百戶民宅，燒毀了某間奉行所。這一年到目前為止還算平靜，但十月才是旺季的開始。八小路廣場的觀火望樓本身就是一種警示，時時提醒著人們火災的危險，就算是晴朗平靜、鐘鼓不鳴的好日子，也要提高警覺，小心火燭。

穿過塵土飛揚的空地，通往城區的街道沿著神田青果市場[50]北側繞行。這裡聚集了眾多店家，販賣新鮮蔬果、雞蛋及昆布等琳瑯滿目的商品。對於在越後山地幸運撐過天保饑荒存活下來的常野來說，如此富盛豐饒的景況簡直有如奇蹟。八百屋（蔬果店）門口擺出[51]長野來的甜柿及和歌山的蜜柑，竹籃裡則是名貴的松茸與冬菜。由於氣候異常溫暖，蔬果價格[52]跌至歷年新低，但因為這是批發市場[53]，常野無法只買一顆甜柿或冬瓜。

江戶人都習慣在鄰近的八百屋採買，有時也會直接光顧來城裡擺攤的外地農民。神田市場豐足的盛況雖然令人咋舌，實際上卻在咬牙苦撐。儘管它已是擁有上百年歷史的老字號，江戶的經濟正發生急速變化，並非身為局外人的常野所能想見，在她抵達的那一天更是如此。當日正好是初冬以來首度放晴，以往只在地圖上見過的地名突然躍現眼前，化為喧鬧繽紛的大千世界。城裡的一切對她來說十分新奇，絲毫察覺不出未來長遠的局勢將如何演變。但神田的批發商知道改變即將到來。他們在問屋組合（類似批發商公會的組織）緊張不安的會議上聽聞有些新興業者拒絕遵守行規，也不願納稅，討論著如何對付這些害群之馬。經驗老到的旅人心裡有數，他們在路上看到進城的人比出城的多，隱約嗅到些許山雨欲

49〔原注〕千代田區編，《千代田区史》，一：六五〇—五一。
50〔譯注〕神田青物市場（果菜市場）位於日本橋川及神田川之間，因水陸交通便利，成為江戶主要的蔬果集散地。
51〔原注〕Shimizu, "Eating Edo," 54。
52〔原注〕《藤岡屋日記》，一：一一四。
53〔原注〕Shimizu, "Eating Edo"。

來的氣味。巷內長屋的住戶也察覺到了危機，儘管無法具體形容，但有某種蓄勢待發的緊張氣氛在醞釀著，與日俱增。

江戶城內，對於眼前的問題，幕臣都心知肚明。江戶能幸運躲過饑荒，靠的是町奉行等地方官拚命的努力：他們估計[54]有整整一半的老百姓（將近三十萬人）需要緊急救濟。現在物價看似已經回穩，但仍持續有外地饑民蜂擁而入。要是再遇上荒年，誰知道結果會如何？

江戶的傳統社會精英（城裡的武士、町名主及神田市場的問屋商），對城裡的一切早就司空見慣，轆轆作響的牛車與高聳的觀火台根本不足為奇。無須提醒他們在廣大陌生的異地可能遭逢何種險境，但他們卻察覺到了另一種威脅。對江戶人來說，這種危險有形有體，看起來就跟常野一模一樣：穿著舊衣、疲憊不堪的陌生人，眼神銳利且飢腸轆轆。她四處張望，彷彿這座城市就是她夢寐已久的嚮往之地。警訊如同她的越後口音明顯可辨，像消防警鐘般清楚持久，預示著一場危機正在醞釀，時刻進逼。

常野眼前的目的地是內神田西邊某個擁擠又不起眼的街區，緊鄰江戶城壕。中午時分，有些店舖開門迎客，擺出各種甜點或工具，招呼路人入內選購；有些則門扉緊閉或半掩，讓

人望之卻步。到了傍晚，各家店門兩側燈籠高掛，熠熠生輝。

臨街的町屋住著店舖老闆及員工，有些人在這裡已經生活了好幾代，但幾乎所有人都是賃屋而居，真正的屋主及地主則住在別處，甚至外地城市。在江戶的某些地區，大型商號擁有大型店舖，周遭也都是相關的建物房產，遍及好幾個丁目。然而內神田並不是這樣的地方。一八四三年（天保十四年），江戶近兩百名的民間富豪排行榜上[55]，只有一人來自內神田，是位名叫三文字屋市兵衛的高級吳服商[56]。他的左鄰右舍都是些名不見經傳的小店[57]，販售點心、茶葉、藥材、染齒刷及五金雜貨等日常用品。

智侃的親戚住在皆川町二丁目[58]，這是一條無尾巷，緊挨著某位大夫的宅邸，其家族歷

54〔原注〕藤田覺，《遠山金四郎の時代》，一五二。

55〔原注〕〈新板大江戶持○長者鑑〉，弘化三年（一八四六）。

56〔原注〕皆川町有位叫市兵衛的屋主，名字出現在幕府於天保十二年編列的江戶奢侈品販售商名冊中。見東京大學史料編纂所 編，《大日本近世史料 市中取締類集》一：二八〇。

57〔原注〕中川芳山堂 原編；花咲一男 編，《江戶買物独案內》，四四，六六，一二七，一四五，二〇四，二二〇。皆川町一丁目另有兩位富商也出現在上述名冊中，一人是名為惣兵衛的地主，另一人則是租客，名為金兵衛。東京大學史料編纂所 編，《大日本近世史料 市中取締類集》，一：二六三，二九二。

58〔原注〕見〈皆川町〉，《日本歷史地名大系》。

代擔任將軍御醫已達數百年之久。該町少數住在當地的地主都跟這位大夫一樣，是擁有專業技術的民間人士，獲幕府賞賜財產，享有津貼及名義上的武士身分作為服務的回報。這些町民之中不乏專門製作金箔與漆器的工匠，有些人在城壕對岸的江戶城內設有工坊。撇除這一點不說，皆川町實在乏善可陳且沒沒無聞，不少人根本連聽都沒聽過；就算去過，有時也會跟鄰近更廣為人知的三河町搞混[59]。

智侃與常野要找的，是間叫做「大黑屋」的搗米屋（稻米零售商），店主宗八[60]是智侃的遠房親戚，他在江戶發展相當成功，起碼以一個旅外越後人而言是如此。不少以搗米起家的外來工人都夢想能開一間像他這樣的米店，他們可以從一杵一臼開始，努力攢錢租個店面。要是經營有成，店裡就會雜亂無章地堆滿碟盤、木桶、杓子與裹著稻桿的米俵[61]（米桶），搗米機重擊的聲響不絕於耳。

一開始，店主必須自己學著操作搗米機，雖然很辛苦，但比起杵臼要簡單得多。組裝而成的機器外觀像隻木製長頸鹿，長而筆直的脖子快速上下擺動，堅硬的頭部反覆撞擊地面，這就是精米機的搗槌；舂臼則置於在地上的凹洞，狀似沉甸甸的碗。搗米時，工人爬上機器，奮力踩動踏板，看起來像騎著長頸鹿。這項工作相當吃力，操作者莫不汗流浹背、狼狽不堪[62]。所以店長最後往往希望能找人代勞，也許是仲介業者派來的年輕人，這樣一來他和妻子就能改做較輕鬆愉快的活兒，例如洗米：他們會用寬長的竹簍淘洗白米，再將米粒用漏斗倒入小木箱。要是老闆交際的手腕夠好，晚上他可以到大雜院裡兜售，一次賣一勺米，順便打聽各種小道消息。

鬧饑荒的那幾年，像宗八這樣的普通米屋承受莫大壓力。他們正好夾在大型批發商與消費者之間緊張的衝突點上，進退兩難：前者想依市場價格販售，後者則怕會餓死。每當米價漲過頭，周遭商家就會擔心引發騷動。一七八〇年代的天明饑饉期間[63]，米價飆升，路邊小販或按件計酬工人一天的收入只買得起四合白米，再也沒有餘力負擔房租、燃料或其他食糧。一七八七年（天明七年）夏天發生長達數日的騷動，暴民將矛頭對準城裡的白米問屋、米屋、酒造（釀酒）業者，以及任何他們認定造成白米短缺並哄抬價格的始作俑者，砸毀舂臼、拆毀家具，將衣服踩在泥濘裡踐踏，並將廚房用具丟進暗溝。他們將一捆又一捆的白米

59〔原注〕林泉寺的書信即為一例，《林泉寺文書》編號一六九七—一六九八。

60〔原注〕安五郎提過宗八的父親住在越後，見《林泉寺文書》，編號一六九八。常野在信中提到宗八在江戶經營米店（搗米屋），見《林泉寺文書》，編號一七一一。

61〔譯注〕江戶時代米俵的容量隨著藩國領地差異而有所不同，以年貢徵米的標準來看，各地大致上統一定在二至五斗之間（一斗約為十八公升）。

62〔原注〕關於米屋的工作，見片倉比佐子，《天明の江戶打ちこわし》，一一五—一一六。

63〔原注〕片倉比佐子，《天明の江戶打ちこわし》，一一，一四—一五。

扔到街上，劈開米俵，任其流瀉。騷動本身的問題就在於暴民太過草率魯莽：其目的並非趁機行竊，而是抗議商人的惡意囤積。巷弄裡，白米四處飛灑，白白浪費；長屋內的飯鍋卻無米可炊。暴動持續了好幾天終於告一段落，最後有數百家店被砸，大多是問屋及造酒屋，但也有數十家米店遭殃。

一七八七年這場史稱「天明之亂」的騷動，讓幕府人士意識到自己已經失去對江戶的掌控。這不是普通的農民叛亂：定都江戶百餘年來，這是他們首次面臨人民對政府統治真正造成的威脅。兩年後的法國巴黎[64]，市場有群婦女因不滿麵包價格被哄抬過高，憤而發動遊行，衝進巴黎市政廳逼迫當局開放倉庫，接著繼續往凡爾賽前進。在這群婦女與數千名抗議群眾的施壓下，國王被迫返回首都巴黎[65]。在此之前，巴斯底監獄被攻陷才過幾個月，法國城市興起一波大規模動亂浪潮，成了促使「舊制度」瓦解的契機，這起事件就是其中之一。雖然江戶不可能預見歐洲局勢會有如此變化，但擔憂城市暴民在盛怒之下可能會引發革命的，不只將軍的手下。民亂平定後[66]，幕府老中開始推行一系列全新政策，史稱「寬政改革」，包括設立町會所儲備救荒基金（七分積金）[67]。一七八七年至一七九三年（天明七年至寬政五年）實施的這項改革，旨在確保「將軍腳下」的江戶城不會再面臨類似危機。

一八三〇年間的天保饑荒，使寬政改革的成效面臨重大考驗。隨著米價不斷上揚，有錢的江戶町人已經做好防範暴動的準備[68]。他們將建築工事延後，以免工人群聚在自家店舖附近；一旦房客積欠房租[69]，城內的柵門及牆上就會貼出威脅字條，暴力事件的傳聞也在街頭巷尾流傳開來。大型商家被迫打開糧倉，發放白米及現金賑災。另一方面，幕府人士也心急如焚地四處奔走[70]，努力穩定局勢。他們設立救難小屋提供熱湯，並針對數十萬災民配給白米。當局也設法平抑米價，好讓手上有錢的人可以購買。當米價飆升，他們就下令調降零售價格，並打破江戶老字號批發商的壟斷。一八三六至一八三九這三年間[71]（天保七年至天保十年），任何人都能輸入白米至江戶販賣。但像宗八這類的小型搗米屋[72]依然處於無米可進的窘境，幕府當局擔心若米店倒閉，恐引發社會騷動，因此還是有必要借調緊急存糧，助其

64〔原注〕Garrioch, "The Everyday Lives of Parisian Women and the October Days of 1789"。
65〔譯注〕發生於一七八九年十月五日至六日兩天，史稱「凡爾賽婦女大遊行」或「十月遊行」。
66〔原注〕Walthall, "The Edo Riots," in McClain, Merriman, and Ugawa, eds., *Edo and Paris*, 417-19。
67〔原注〕Katō, "Governing Edo," in McClain, Merriman, and Ugawa, eds., *Edo and Paris*, 62-63。
68〔原注〕藤田覺，《遠山金四郎の時代》，二〇三。
69〔原注〕天保饑荒年間發生過三波重大動亂，每次都有富商行善樂捐。見吉田伸之，《近世巨大都市の社会構造》，二〇七—一九。
70〔原注〕吉田伸之，《近世巨大都市の社会構造》，一九—二四。
71〔原注〕常野抵達江戶幾週後，物價就恢復正常。見《江戶町触集成》，一三：三二五—二六。
72〔原注〕吉田伸之，《近世巨大都市の社会構造》，二〇八。

度過難關。

在幕府與大型商家的共同努力下，江戶並未如預期發生暴動。天保十年，常野來到宗八的米屋時，物價已經恢復正常，來到饑荒前的低點，街販一天的收入[73]能買到二十多合的白米。最嚴峻的時期似乎過去了，但城裡民眾依然不敢掉以輕心。那年秋天，到了賞月時節，人們不忘打趣地說：「就算在賞月[74]，我們開口閉口聊的還是米價。」

即使宗八本身熱情好客，但對開店做生意的人來說，當前並非收容別人的好時機，尤其是兩名來自工作短缺的鄉下地方、又打算賴著不走的不速之客。他勃然大怒[75]，不願接受智侃與常野無理的要求，明確拒絕讓兩人住下。他表示，常野若找不到棲身之處，就要送她去當女傭。從他的立場來看，這或許只是提議，但聽在常野耳裡，更像是種威脅。

智侃當初信誓旦旦向常野保證，江戶的親戚會很歡迎她。他說，跟他進城「不用擔心任何問題」；他的親戚絕不會讓她流落街頭。這些承諾就跟他的諸多空言一樣，都是騙人的幌子。

天保十年十月初六那天夜裡，常野心裡或許盼望著一切能夠重來，回到高田、重新找

人、決定出走的日子與時機。有那麼一瞬間，她想直接奔回林泉寺，做出其他決定，不管是待在家裡或嫁人都好。但事到如今她已經無法回頭，江戶就在腳下，眼前的未來不會為任何人停下腳步。

在板橋宿，遊女（妓女）用脂粉掩飾瘀傷，以髮簪穿過上膠硬挺的髮髻。運氣好的話，她們還能在應召陪酒之前偷偷吃點東西，更甚者，客人會喝到酩酊大醉而不省人事。一如往常，茶屋傳出歡愉的歌舞樂音，悠悠朝河岸漂去，藝伎昨日演奏的哀戚歌曲，明日依然老調重彈。喧鬧的酒客拍手頓足、放聲吆喝，玩得不亦樂乎。女孩們不出所料地笑了起來，銀鈴般的笑聲在大街上迴盪著。

加賀藩主的宅邸靜寂一片，負責清掃庭園落葉的園丁回到擁擠的通舖，其他人早已離開房間，值夜站崗。女侍替大名夫人（也就是將軍之女）更衣，換上加襯絲綢睡袍；女傭整理

73〔原注〕《藤岡屋日記》，一：一一四。江戶人訂定米價的方式不是以數量決定，而是視當時物價，亦即一定的金額能買到多少米而定，雖然更能反映現實，但也令人無奈。此數字乃根據三田村鳶魚推算當時街頭小販一日收入約四百文估算而來。相關探討見妻鹿淳子，《武家に嫁いだ女性の手紙：貧乏旗本の江戶暮らし》，一六三。

74〔原注〕《藤岡屋日記》，一：一一八。

75〔原注〕《林泉寺文書》，編號一六九七。

家具、鋪床倒水，廚房傭人則確認火源已澈底熄滅。再過幾個時辰，他們就得再重新生火。

武士離開營舍[76]，回到自己房間，不是看著帳本發愁，就是翻閱最新的江戶武士名錄，在茫茫人海中尋找自己的名字；還有一些人提筆寫起長長的家書，問候家中妻小，抱怨江戶髒亂不堪，漬物口味與習慣的家鄉味不同，而柿子每顆都又小又醜，還有碰傷。此外他們也納悶為何金澤人流行的「江戶頭」跟當地人實際的髮型完全不同？信中也提到再過幾週，他們打算出外走走：去日影町的古著屋（二手衣店）買草笠，也許還會去爬愛宕山，俯瞰整座江戶城，看看它是否像大家所說的那樣平坦。

在神田明神，剛辦完祭典的神社宮司（神社管理人）與僕役還在休養生息，神社靜謐的院落可以遠眺昌平橋。河堤上，流鶯躲在柳樹下伺機拉客：有些枯瘦憔悴，有些滿臉皺紋麻子，但她們濃妝豔抹，縱使在近乎盈滿的月光照映下，依然難以辨識。

八小路廣場上，值勤的消防員爬上觀火望樓就位，準備度過漫漫長夜。晴朗秋夜，也是火災旺季的起始，是時候提高警覺了。幾個街廓之外，負責將葡萄送至神田市場的商人們[77]正等著下一批貨。有幾年葡萄在運送過程中腐壞，無法獻給將軍。有時陸運的效果較佳，有時則是海運，一切都得等貨到了才知道。

神田附近的商家內，店主夜不成眠，想著店內的收入盈虧；住在屋後的傭人早已就寢。父母設法哄睡嬰兒。該町的名主是位叫做齋藤幸成的知名作家，他曾在日記中寫到[78]，有個藝伎送他當季新鮮的甜柿與葡萄作為禮物，此外便乏善可陳，不值一提。外頭街上傳來浪犬的遠吠，小販收攤打烊，看守町界的「木戶番」（門衛）也關上木門，結束一日作息。

常野就在皆川町二丁目某處度過她在江戶的第一個夜晚。全江戶的人都說這年入冬不太冷[79]，但常野既無睡衣也無被褥——身邊根本沒有多餘的衣物。她一貧如洗，在江戶無依無靠，前途茫茫。智侃是個沒用的騙子，宗八也威脅要將她送去幫傭。來到江戶的首日諸事不順，跟原先計畫完全不一樣。在越後的家人很快就會收到她在路上寄出的家書，一旦發現她離家出走，義融與弟弟們想必會勃然大怒，母親也會傷心欲絕。常野可能永遠收不到家裡的回信。她在越後已無立足之地，但她付出了代價，最後究竟換來何種結果？「我吃盡苦頭[80]……是言語難以形容的。」她後來在信中寫道。

76〔原注〕此處描述皆出自岩淵令治，〈江戸勤番武士がみた「江戸」と国元〉。

77〔原注〕Shimizu, "Eating Edo," 115-17。

78〔原注〕《斎藤月岑日記》，一：一八九。

79〔原注〕《藤岡屋日記》，一：一一四。

80〔原注〕《林泉寺文書》，編號一七一六。

第四章　大雜院內的江戶

A View from a Tenement

身無分文、工作一時間也毫無著落的常野，剛到江戶什麼也做不了，光是適應環境就相當辛苦。從內神田的主要街道不難看出江戶城市的規劃邏輯，就跟地圖上印的差不多：接連的各町以木門及柵欄區隔，但町屋敷（町人居住的細長形街屋）的後巷卻幽暗深不可測，表店（臨街的房屋，又稱表長屋）間的巷弄彷彿神祕小徑，通往另一個截然不同的世界。

常野沿著窄仄的暗巷走去，裡頭十分狹窄[1]，兩側裏店（表店後方的長屋）的屋簷幾近相接，僅容兩名成年人並肩而過，若遇到挑著扁擔的攤販，另一人就得側身讓路。夯實的泥土地上鋪著凹凸不平的石板，一扇又一扇的拉門將整排裏長屋隔成許多房間[2]，牆壁及木門[3]上貼滿令人眼花撩亂的告示，有桂庵（職業介紹所）的公告、劇場傳單、防火宣導，以及專治痔瘡的成藥廣告等等，但沒有半張看來是由官方正式發布，且顯然只是暫時張貼，其中有些已經汙損，殘破不堪。

這些後巷大雜院顯然毫無規劃，雜亂無章。所有暗巷似乎都不長，走沒幾步就會遇到轉角，拐彎後又是成排的門戶與琳瑯滿目的告示，或是莫名其妙就來到街上某戶町屋高大的倉庫。

有時，住戶共用的水井與公廁就隨意設在路中央或角落的小空地，旁邊就是滿溢的垃圾箱。遮天蔽日的大雜院內只有在這裡才能仰望一線藍天，但最好還是注意腳下，因為隨時可能會踢到花草、木盆，還有蹣跚學步的幼兒跟狗；居民打水洗衣的地上也總是濕漉漉的。

這裡的人似乎不分室內戶外，小巷到處堆滿生活器具，充斥各種日常的聲音與氣味。居民毫不遮掩，直接在光天化日下解決生活大小事。他們進出澡堂時幾乎一絲不掛；有些廁所只有半扇門，男人小解時還會跟左鄰右舍閒聊。置身如此混亂的環境，證明常野人在江戶沒錯（還有什麼地方能比這裡更擁擠、更嘈雜呢？），但她卻迷失了方向，不知自己身在何方，也不知要如何走出這狹窄的大雜院。

常野不惜離家出走來到江戶，難道就是為了見到這幅景象嗎？智侃毫不在乎。他已經快沒錢了（起碼是他的片面之詞），而城裡他就只租得起這種地方。當初宗八無法收容兩人，便安排了一間後巷長屋讓他們棲身。房子相當好找，即使在短時間內且預算不多的情況下，

---

1 〔原注〕參閱町屋敷及抱え屋敷之平面圖，見片倉比佐子《江戶住宅事情》，頁二〇，二三，二七；圖中清楚畫出窄巷、轉角、廁所及水井的位置。常野住處附近的三河町四丁目，在地圖上可見約有二十戶出租長屋，共用四間廁所，顯示該區建地比相當高（頁二三—二五）。另見笹間良彥《大江戸復元図鑑 庶民編》之裏店重建圖解，以及式亭三馬《浮世床》（一八一三—一八一四年）之木門示意圖，見 Gaubatz, "Urban Fictions of Early Modern Japan," 207。

2 〔譯注〕裏長屋為江戶大部分庶民的住所，近似今日的集合住宅。屋主將細長形的房屋以木板隔出許多小間出租，俗稱「棟割長屋」（切棟長屋），標準尺寸為九尺二間（長九尺，約二．七公尺；寬二間，約三．六公尺。面積約三坪）。住戶比鄰而居，共用水井、廁所等公共設施，過著有如大雜院的群體生活。

3 〔譯注〕表長屋之間的通道前後設有木門，作為巷內裏長屋的出入口。

也能順利成交。但在江戶任何街町，想租房子都得有保證人[4]簽名背書，以證明房客身分，擔保他不會為非作歹，犯下任何違法行為。要是房客惹出麻煩被送進町奉行所，房東就得連帶負起責任，當然沒有人想獨自承擔這種風險。按理說，智侃應該找親戚或跟家裡關係密切的人作保，但就跟許多事情一樣，實際上並非如此。由於外地移入的人口實在太多，智侃與常野來到江戶時，出現了一批專門替人租屋的職業保證人，他們擔任人頭，在一份又一份相同的合約與制式的住戶規範上簽字蓋章。他們收取費用，不過問太多細節。若房客惹事生非或拖欠房租，他們有信心一定找得到人。一般而言，這些仲介對江戶相當熟悉，且多少有自己的人脈。

文件備齊後，智侃與一個名叫甚助[5]的人簽了約。他是長屋的家守[6]（管理人，又稱「家主」），房東不在時，他就是巷內大雜院的當家。江戶的街町通常切分為數個深長狹窄的町屋敷，每個町屋敷有三棟臨街的表店，通常作為大型店舖兼住家。若屋主住在該町，其中一棟就是他與家人的住所。在氣派的表屋後方另有一排與大街垂直的裏長屋，這些細長的建築被隔成十幾二十個小間，一路延伸至屋敷盡頭。由於屋主大多住在別處，或者名義是大型商號而非個人，他們往往會僱用家守來管理，負責處理與政府打交道、收租及有關租賃的各種大小事。房東免費提供家守住宿作為報酬，因此他們通常也住在後巷的裏長屋。有時他們就像大雜院的管家，甚至是代理父母[7]；有人甚至還會替欠款的房客墊付房租。但甚助不是這種好人，常野對他憎惡至極[8]。

常野的房間寬僅六尺、長九尺，約「三疊」[9]榻榻米（一坪半）大小。個頭高大的人只要伸長雙臂，手指頭就能碰到兩側牆壁，幾乎鋪不下兩張成年人的被褥。即使是再大一點的四疊半房間，也僅能容納一人。常野來到江戶的幾十年前，作家式亭三馬曾開玩笑說：「屈居四疊半之方丈斗室，猶如尺蠖之屈乃欲求伸。」[10]意味著這些長屋居民都胸懷壯志，他們願意吃苦，忍受生活上的種種不便，只求能出人頭地。常野的情況正好相反，這三疊大的陋室象徵她的人生從雲端跌落谷底，這裡或許是她住過最狹窄也最汙穢的地方。

走進僅能放下兩雙草屐的土間（泥地玄關），踏上墊高的木地板就是房間。裡頭相當狹

4〔原注〕Tsukamoto, "Kariya ukenin"。

5〔原注〕有關家守的姓名及常野入住的時間，見《林泉寺文書》，編號一六九九。

6〔原注〕Nishizaka, "Yamori"。

7〔原注〕當時有首流行小調是這樣唱的：「大家（家守）有如父母，店子（房客）好比兒女。」見笹間良彥，《大江戸復元図鑑 庶民編》，五二。

8〔原注〕《林泉寺文書》，編號一七一五。

9〔原注〕常野稱之為「三疊敷」，見《林泉寺文書》，編號一七一六。後來「三疊屋敷」成為東京俚語，形容窮人的住所。

10〔原注〕式亭三馬《浮世床》（一八一三—一八一四年），Gaubatz 譯，收錄於未發表之手稿。

窄，只夠鋪滿三張榻榻米：一張直放，兩張打橫面向牆壁並排。此外屋內一無長物，出租長屋一般不會附家具，反正也無處可擺。常野要是有多餘的衣服（但她沒有），就只能掛在牆上或堆在籃子裡；若有被褥（這也不存在），就得捲起來塞在角落。白天，這間單人房就是常野日常起居及吃飯的地方，住起來並不舒適。唯一的採光[11]仰賴一扇面向暗巷的小窗。由於大部分的裏長屋係由兩排相對的房屋組成，房間兩側及後方牆壁皆為共用，太陽的角度必須剛好，光線才能從格柵窗射入；至於房間後方則因缺乏採光，成了終年陰暗的死角。

玄關地上有處鋪著木板、用來放置水桶的狹窄空間，緊鄰在旁的是做飯的地方，小到不足以稱為真正的廚房，僅放得下一只小炭爐，或許再多個米櫃。這裡的空間一次只能煮一鍋米，其他東西不是得提前準備，就是向小販買現成的。此外還需要其他工具輔助：木炭點燃後，常野得用竹管吹氣生火。所有廚具，包括炭爐、鍋碗瓢盆、生火管、木炭、木櫃與水桶等，都得自掏腰包購買。門邊牆上有置物架，要是常野有碗碟杯盤或筷子等餐具，就能派上用場。地上容納不下這些架子——在僅三疊大小的房間裡，一個人光是要蹲在炭爐旁就很勉強了。

後來，常野漸漸習慣後巷長屋的大雜院生活，認識了左右鄰居，也學會對傳遍整條巷子的大聲爭吵視而不見。她知道怎麼在井邊排隊打水、與幾十個陌生人共用廁所，以及用杓子作為購買木炭的單位。比起家鄉越後舒適的生活，常野甚至更喜歡江戶，但在皆川町的最初幾週，她苦不堪言[12]，對眼前的處境抱怨連連。

常野的鄰居[13]有男有女，大多是江戶底層社會的庶民，但她的生活過得或許比他們更貧苦。這些居民之中，有些是不與雇主同住的幫傭，有些是轎夫，沒工作時就把駕籠（轎子）架在門外；更多人是沿街叫賣的小販，他們每天一早出門，遇上晴天便比雨天開心好幾倍。他們四處兜售蠟燭、糖果點心或辣椒等，一走就是好幾個時辰。其他居民則在自家做起買賣：有人在門口擺出舊碗盤待售；私塾師匠把學生帶來家裡上課，一人一張矮几；還有人開起職業介紹所，招呼上門的客戶。而長屋大多數的房客都是職人工匠，在家從事小規模的生產。很難相信他們竟然可以在這三疊斗室內從事如此多種工藝，令人驚嘆不已。大雜院內，有人忙著染布印花、雕刻印版，也有人打造木製工具及眼鏡、編織疊蓆、拋光磨板、組裝樂器等。為了採光，家家戶戶都將拉門打開，街頭巷尾所有動靜一覽無遺。

大雜院的人家忙歸忙，還是不忘關切左鄰右舍。水井、澡堂及床屋（理容院）成了他們

11〔原注〕該裏店雖然有邊間，但常野的房間是臨時租來的，只有三疊大小且租金低廉，應該不屬於此類。
12〔原注〕《林泉寺文書》，編號一七一六。
13〔原注〕這些職業多出自明治時代皆川町的人口調查紀錄，見片倉比佐子，《江戶住宅事情》，二五。其他兩處街町之裏店長屋居民的職業種類，見吉田伸之，《伝統都市・江戶》，一一三—一一四。

聚集的場所，甚至還會邊工作邊與對面鄰居閒話家常[14]。男人擠在小房間內彼此吹噓辱罵，你來我往；人善被人欺的婆婆數落著媳婦的行徑，自以為是的老人愛發牢騷，聽得每個人意興闌珊。大雜院總有聊不完的話題。有些人借了東西就佔為己有，老是不還；無理取鬧、滿手黏膩的小孩用大人的衣袖擦鼻涕；有些男人沒出息，將家裡的錢統統拿去尋花問柳；也有讓丈夫自己到井邊打水的懶婦，以及沒大沒小、批評母親衣服難看的女兒。在這裡，沒有人不會被批評或躲得過周遭猜疑的眼光。江戶有位名叫武陽隱士的武士曾說，裏長屋的婦女莫不巴望著丈夫快點出門，這樣她們就可以「和街坊鄰居的三姑六婆聚在一起[15]，數落自己丈夫有多麼窩囊。」

在皆川町，人們可能會對常野與智侃的關係有所議論，但這不是什麼天大的醜聞，當然也不會引起町名主特別的關切——他負責掌握町內人口，並與町奉行所保持聯繫。要等到每年進行人口普查登記時，他們才會清楚誰與誰同居以及理由為何。除此之外，當局也很難區分哪些人是常住居民，哪些只是借宿或暫時停留的過客。神田地區大多數的長屋[16]一戶約有三至五人，包括夫妻、家人，以及少數的單身漢、鰥夫或寡婦。有時同一個屋簷下會出現三代同堂，或未婚的叔叔姑姑借住在有小孩的手足家中的情形。但也有更不尋常的家庭型態：成年兄弟姊妹住在一起，共同收養某個毫無血緣關係的外人。這種情況在當時並不罕見。這樣看來，即使常野與智侃兩人並非夫妻也不足為奇，反正沒人有白紙黑字可以證明，常野想怎麼說就怎麼說。

更詭異的是，常野與智侃都處於無業狀態：兩人沒在工作，也沒有東西可賣，更不知道自己來江戶做什麼。剛來皆川町的前幾天，常野依然飽受眼疾之苦；對她而言，只要能摸清大雜院的巷弄路口，找到共用的水井與廁所，以及記住左鄰右舍的臉孔，大概就差不多了。此說到長屋生活的人事物，當然少不了管理員甚助，及智侃的遠房親戚——米店老闆宗八。此外還有負責管理街道出入口的木戶番[17]，他的薪水由町支付，可說是每個町對外的門面。這個職位及姓氏[18]是他花錢向掌管警備職缺的互助會捐來的，這類工作相當值錢，因為除了收入之外還提供免費住所。木戶番跟家人獨自住在町門旁的小屋，以便監視民眾進出。這是他

14〔原注〕江戶的小說中充斥這類虛構的想像對話，尤以式亭三馬為代表，見 Joel Cohn 摘譯之《人間万事誕計》（*In the World of Men, Nothing but Lies*），Jones and Watanabe, eds., *An Edo Anthology*, 349-63。

15〔原注〕Teeuwen and Nakai, eds., *Lust, Commerce, and Corruption*, 365。

16〔原注〕此人數亦根據明治時代三河町四丁目的人口調查紀錄估算而來，見片倉比佐子，《江戶住宅事情》，二五。

17〔原注〕吉田伸之，《伝統都市・江戶》，二五三—五四；南和男，《江戶の町奉行》，一六二。

18〔譯注〕江戶時代的庶民沒有姓氏，只有名字。自稱姓名本來是武家特權，到了江戶中期變成一種買賣，町民或商人可透過捐款給藩主大名，取得以姓名自稱的權利，能沿用幾代則視金額多寡而定。

主要的工作內容，此外舉凡勸架、協尋失物、維持町內秩序等生活大小事也是他的職責。儘管如此，木戶番的薪水並不高，通常得兼營副業，做點小生意來維持家計。他們將東西擺在臨街的小窗外緣，賣的可能是臨時所需或故障、用罄的日常用品，例如草鞋、掃帚、草紙、蠟燭、瓦片（用來煎魚，而非修補屋頂），還有火鉢等。常野剛來江戶的初冬時節，他們還會賣烤蕃薯。

在紛亂嘈雜的後巷雜院中，常野什麼都不做，就只顧著給家裡寫信。十月初十，住進來的第三天，她一下子就寫了好幾封，其中一封是寫給哥哥孝德的短箋[19]，告知她在江戶的住所，另外還有一封長信[20]。短箋上的地址寫得明確，但長信的內容卻不然。她在信裡訴苦，說在江戶快凍僵了（或許所言不假），又說現在身上只剩一件單薄的外衣（後來又改口有件棉襖，以一個在深秋時節翻山越嶺來到江戶的人而言，這比較有可能）。如此誇張的說辭反而讓她的意圖更加明顯：她要孝德趁著山裡還沒下雪、道路尚未損毀之前，立刻替她把衣服寄來。她很清楚飛腳何時會從高田出發前往江戶：負責聯絡藩務的大名飛腳每月有三個梯次，分別是初一、十一及二十一這三天。她在信中表示，十一日已經確定來不及，要孝德趕在二十一日寄出。「越後開始下雪了[21]，趁著路況尚可，請盡快幫我把東西寄來。這裡一天比一天冷，我沒有衣服可穿。」常野如此寫道。

接著，常野又寫了一封家書給義融，語氣冷淡但內容相當明確。信中詳細說明要如何贖回她去江戶前所典當的衣物。「至於贖金的部分[22]……我留了幾兩金幣給久八郎叔父，但金額還不夠，所以請把我的斗櫃與衣櫃都賣掉吧。」這兩樣東西是常野最貴重的嫁妝，但不可能運到江戶——它們太重了，她二度離緣時，得動用一群人才有辦法搬回家。常野要義融把她的東西賣掉，表明她再也不會回家成為他的累贅。她接著請他將其餘個人物品寄來江戶，包括收在竹箱籠裡的床墊與棉被，以及掛在房內的那件鋪棉和服。此外，她的長持（收納寢具、衣物的長形木箱）內還有兩件前掛（圍裙）、數面鏡子、枕頭、肩墊等也一併運來。剩下的物品就請義融妥善保管，需要時她會再寫信告知。此外，常野也央求義融告訴她家裡在江戶的熟人的住所。最後，她在信件末尾補充：「總有一天[23]我要進入大名宅邸奉公，學習上流社會的禮儀，到時候就得把我的箱籠和所有東西都運過來。」

常野表面上盛氣凌人，實際處境卻是岌岌可危。十月十四或十五這一天，也就是他們找

19〔原注〕《林泉寺文書》，編號一七〇五。
20〔原注〕《林泉寺文書》，編號一七〇六。
21 同前注。
22〔原注〕《林泉寺文書》，編號一七〇七。
23 同前注。

到落腳處後約七天，智侃離開了江戶[24]。他說要去江戶東北方的下野國[25]，或許是為了宗八不歡迎他而負氣離開，也可能是對常野來到江戶之後，態度變得不如先前順從感到失望。他或許本來就打算將常野帶到江戶後便拋下她一走了之。又或者，他在下野國的確有什麼神祕的急事必須處理——對常野而言，那是她從未去過的陌生異地。智侃離開前給了她一兩金子，那是她在高田典當衣物至今剩餘的盤纏。此後常野再也沒見過他。

當下常野的反應或許有哭有笑，也可能開心得放聲大叫，吵得鄰居也回以怒吼；又或許她相當平靜，想到終於擺脫了他的控制，如釋重負。她在信中從未提到這一段，實際情況如何並不重要——問題只有一個：智侃留下的錢對一般長屋庶民而言不是小數目[26]，街頭小販至少得花上三天才能賺到這麼多。要是精打細算，這筆錢夠她買上好幾週的食糧；但要安頓身家則遠遠不夠，就連一件完好無損的單衣和服都買不起。可是常野最缺的就是衣服。此刻她身無分文，在江戶舉目無親；除了智侃，皆川町的人對她的來歷一無所知，她的下一步又該怎麼走呢？

住在長屋的那幾週，常野有生以來首次過著隱姓埋名的生活。她環顧四周年齡相仿的女性，全是生疏的面孔。在越後，她只要從眉形[27]與髮際線就能看出對方是哪戶人家的女兒，即使村落多如繁星，或許多家族相識長達數代、親戚不計其數，也能準確指認。常野認識的人包括祖父堂表親戚的鄰居、妹妹婆家的姑嫂等，她和這些女孩從小玩在一起，大家都知道她母親最拿手的漬菜是哪一道；要是不小心把加襯外衣忘在別人家裡，對方搞不好也能一眼認出是她的。或許她們光聽聲音就能認出常野的兄弟，知道她最喜歡誰；有些長輩可能還會斬釘截鐵地說常野比她祖母年輕時更漂亮，或者更醜。

然而在皆川町，常野的姓名毫無意義。她的口音只能說明自己來自雪國越後，與那些澡堂服務生以及每到夏天就消失的雇工是同鄉。她看起來或許不像在田裡種了一輩子稻米的農婦，但光看外表，沒人想得到她是寺院住持的女兒，或是她在幾百里之外的家中斗櫃內，收藏著數十件絲綢和服。這又如何呢？其他操著鄉下口音、同樣出身越後或鄰近地區（上野、下野、武藏）等國的女孩都從未穿過絲綢，大多數人甚至連字都不會寫，但所穿的都是乾淨

24〔原注〕《林泉寺文書》，編號一七一六。

25〔譯注〕日本古代令制國，又稱野州，範圍約為現在的栃木縣。

26〔原注〕按照天保十四年的匯率計算，一分金相當於一五七五文錢，見磯田道史，《武士の家計簿：加賀藩御算用者の幕末維新》，五五。街頭小販一天收入約四、五百文錢，見妻鹿淳子，《武家に嫁いだ女性の手紙：貧乏旗本の江戸暮らし》，一六三。冬季三個月期間在江戸打工（含食宿）的越後農民所賺的實得收入約一分金。見岸井良衞《江戸の日曆》，二：一七八。衣服可能更花錢，端看天保十四年不同種類衣物在當舖的行情而定，見磯田道史，《武士の家計簿：加賀藩御算用者の幕末維新》，六三。

27〔譯注〕江戸時代女子盛行修眉：將眉毛剃光，再描出深淺粗細不一的眉形，稱為「引眉」。

的厚棉衣，上面有著明艷細緻的條紋。從她們潔淨如新的衣領與精心妝點的髮髻，就足以證明這些女孩早已融入江戶。即使用的不是本名，且僅有的親人不是還留在鄉下挨餓受苦，就是也來到江戶、聚居在大雜院裡，至少她們每天都有該去的地方。

雖然常野不像她們已是半個江戶人，她還是有其他優勢：根據經驗，身為淨土真宗住持的女兒，其他同派寺院絕不會將她拒於門外。不管林泉寺有多小多偏遠，總會有人聽過它的名號，況且無論外表再怎麼落魄，常野還是相當熟悉寺院的規矩——畢竟她曾經是某間寺院的坊守，即使只是出羽國某個河港小鎮的地方名剎。因此，她在十月中旬離開了長屋，南行前往江戶最大的淨土宗佛寺——築地本願寺。

從皆川町前往築地，得沿大街往回走，穿越神田市場、走過今川橋，再往日本橋方向前進。這裡是江戶的商業心臟地帶，內神田西側的街町相形之下就跟高田一樣沉悶。街道兩旁大型商號鱗次櫛比，其中又以三井越後屋[28]為最，就連石神村這種偏遠鄉下的人都聽過它名號。在常野的時代，三井已經發展成集團規模，旗下擁有許多資產及相關企業，不只提供借貸，還有不動產（包括內神田的許多長屋大雜院），並承辦官款匯兌，成為幕府的紅頂商

人。儘管如此，三井屋的大型店鋪依然維持零售型態，沉穩的黑瓦屋頂、明亮清爽的水藍色門簾，以及成群穿著制服、整齊體面的學徒搬運包裹進進出出的忙碌景象，成了日本橋的地標。

越後屋是吳服店，販售各種最新款的和服、腰帶，以及布料織品，包括絲綢棉麻，甚至還有進口的印花布與天鵝絨。它一反常態，不像當時其他店家多採賒帳及季末結算的做法，首創當日現金交易方式[29]，這樣一來便能壓低售價，同時迎合沒沒無聞、沒有信譽口碑的散客需求。這項做法在不斷擴張、來路不明者眾的江戶，可說是相當完美的策略。即使過了一百年，三井越後屋依然仰賴衝動消費所引發的一時快感來做生意，店面總是擺滿最新商品，面向大街敞開門戶，招攬過往行人，試圖激起大家的購物欲望，衝動消費。

店裡，幾十名夥計邊接訂單邊忙著結帳，同時敲著算盤、開立收據。他們的姓名就寫在

28〔原注〕關於店員人數，見西坂靖《三井越後屋奉公人の研究》頁三九之圖表；吉田伸之，《近世巨大都市の社会構造》，二三二；有關同類商店員工的生活樣貌，見油井宏子，《江戶奉公人の心得帖》；Sakurai, "Perpetual Dependency"。

29〔譯注〕江戶時期的商場買賣採賒帳及不公開展售的方式，顧客必須說明欲購買的商品，再由店家自店後取出，供客人選購；或是由店家將商品親自帶至客人家中，事後再於固定時間收取貨款。三井越後屋有別於此，改採店前陳列、現金交易的薄利多銷模式，加速資金週轉，反而創造更多利潤。

屋樑吊掛的特大布簾上，方便顧客找到屬意的夥計與助手。這些店員在這間江戶數一數二的大商號裡扮演不可或缺的要角，然而，這份工作表面上看來穩定，實則不然。越後屋江戶分店的雇員多達數百人，大部分都從童工學徒做起。多年來，他們負責各式各樣的跑腿打雜工作，擔任夥計助手；成年後，幾乎大部分都能順利升上正職，成為獨當一面的店員。但接下來的升遷之路卻相當艱辛，只有極少數人能成為高階幹部[30]，賺到足以養家餬口的薪水。至於其他不上不下的中階員工則住在宿舍裡，炫耀著他們引以自豪的衣著，把工資存下來，到便宜的娼寮尋花問柳。

除了三井越後屋，江戶還有另一種商業型態[31]，組織及層級制度不像越後屋如此嚴謹分明，且多以銅錢交易，而非金幣。街上擠滿小販，有人肩上背著好幾捆柴薪，壓得連腰都挺不直；也有人拖著長長的綠竹，穿行過街。皮膚黝黑的鄉下人挑著裝滿青蔬的竹簍或扁平的竹篩，上面裝著泛著銀光的肥碩鮮魚；還有人在賣各種大小樣式的白色素面燈籠，穿著體面的年輕繪師坐在一旁，正準備提筆在正面寫下各種名字。美若天仙的女子當街歌舞，引來少數群眾圍觀——原來她們賣的是糖果。這些女子與那些光鮮亮麗、帶著猴子表演雜耍的年輕街頭藝人爭搶吸引路人目光。疲憊不堪的老婦背著沉重的木炭走過，臉上滿是黑灰；老人拉著疊滿鳥籠與蟲籠的手推車，嘎吱作響，蹣跚而行。戴著頭巾的婦人佇足欣賞展示的盆栽與鮮花。時不時會出現某個笨重的壯碩身影，遠看彷彿相撲力士，有時只是體型普通的小販，身上綁滿竹籠、竹篩和撢帚。又或者，那真的就是一名力士。

常野缺雞蛋嗎？街上有人在賣，草蓆上擺了好幾十顆；想吃糖嗎？可以去找那個為了不讓糖果晒到太陽，在冬天還特地打傘的小販；草鞋壞了，可以跟看守町門的老人買一雙。想喝水嗎？要養金魚嗎？想買組新毛筆嗎？只要等個幾分鐘就會有人過來兜售。若遇到參拜途中的小孩，她會布施嗎？她有多餘的零錢分給乞丐嗎？她想聽盲人樂師彈奏一曲嗎？要是缺錢，她有舊衣可賣嗎？她如果有廢紙[32]，可以交給那些留著怪異髮型的人，他們是一群無家可歸的流浪漢，會撿拾無用的廢紙賣給廢紙商。這些商人會將紙回收再製成草紙，輾轉賣回常野手上。

每個人似乎都很清楚自己的去向：工人拉著手推車，武士佩刀帶槍前去練武，褓母背著嬰兒；小孩子頭頂課桌，正要去上學；女傭替夫人小姐提著布包裹；就連撿垃圾的人也帶著

30〔譯注〕江戶時代商家的職稱分為三級：最早的見習階段稱為「小僧」或「丁稚」（學徒），衣食住宿由店家提供，但不支薪，待成年後升上「手代」（夥計）才開始領正式薪水。經過激烈競爭，幸運升上「番頭」（掌櫃）者，方可娶妻成家，在外居住。

31〔原注〕關於日本橋街景，見十九世紀初之繪卷《熙代勝覽》，詳細說明參閱吉田伸之、淺野秀剛 編，《大江戸日本橋絵巻：「熙代勝覧」の世界》。

32〔原注〕吉田伸之，《伝統都市・江戸》二六一—六三。

各式各樣的簍子，有些掛在扁擔上，有些繫在腰間。但常野身無長物，只有身上的單衣與僅剩的一兩金子，對於接下來該何去何從，依舊一片茫然。

從神田到築地，途中會經過日本橋川，這是主要商業區的南界，也是江戶最繁忙的水路之一。在鄉下，河川的價值取決於河水：有些緩慢汙濁，有些湍急清澈，還有些散發著金屬、爛泥或雨水的氣味。有些容易氾濫成災，也有些只是涓涓細流，緩緩流過廣闊的淤沙河床。但在江戶，儘管水是河川的命脈，甚至可以說是水造就了整個江戶（城壕、隅田川以及江戶灣透過水路串接，連成一氣），它卻無人聞問。人聲嘈雜淹沒了潺潺流水，河面的粼粼波光幾乎全被舟楫掩蔽，其中多數是為了日本最大漁獲朝市而來的漁舟[33]，船上載滿成堆的蝦蟹貝類或鰻魚。水面搖晃不止，激起波浪，彷彿想趕走那些船一樣，不斷重重拍擊著日本橋的橋墩。

橫越日本橋就像在爬一座擁擠的小山。橋上不僅是交通過渡的樞紐，也有不少人在此做生意、行乞、扒竊，或用陌生的鄉音談著急事。膚色黝黑的農民頂著大太陽不動如山，兜售鄉下自種的蔬果；過往旅人行色匆匆，鮮少有人停下腳步眺望這座城市的風景：宏偉的江戶城聳立遠方；晴朗的日子裡，往西南望去就能看見富士山；從橋上俯視，河岸倉庫寬闊的白色背影映入眼簾。

過了橋，就是職人町。這裡是江戶建城之初，按照職業類別指派的町人集合住所，各以不同的百工職業為名，例如大工（木匠）町、草履町、疊町等。如今這些街町早已失去職人色彩，成為普通的鬧區。南側的南傳馬町是歷史最悠久、最負盛名的町人區之一，租金相當高，地主還肩負著為幕府提供驛馬及運送貨物的重任。大街通往京橋的廣闊空地，過去作為防火之用，如今成了「臨時」攤販固定的聚集地。越過京橋，就是江戶的南緣。這區全是填海造陸形成的新生地，當初建城時尚未出現，如今成為藩主大名的藏屋敷（糧倉）所在。江戶的淨土真宗佛寺——築地本願寺也矗立於此，遠眺著江戶灣的點點白帆。

築地本願寺並非單一寺院，而是大型佛寺建築群，由有著高聳山形屋頂的宏偉正殿及周遭大小寺院殿堂組成。主殿的住持擁有的財力物資[34]就連將軍也稱羨不已：數萬名信徒組成團體，捐獻蛋、蠟燭、鮮花與香油錢。淨土真宗本願寺派的本山——京都西本願寺[35]的住持在常野抵達前一年來訪，形容正殿彷佛高懸江戶上空，遠離市井喧囂。他寫道，南邊可以看見品川宿場的屋頂及海上往來的舟楫；入夜後，捕撈沙丁魚的漁夫燃起火把，將海浪照得熠

33〔譯注〕江戶時代漁民必須進貢漁獲給幕府，剩下的就能在市區販售。日本橋北邊橋頭東側就是當時漁夫聚集的魚市場，人稱「魚河岸」，匯集來自江戶灣的新鮮漁獲，逐漸發展成江戶最大的魚貨批發中心，即現代築地市場的前身。

34〔原注〕Teeuwen and Nakai, eds., *Lust, Commerce, and Corruption*, 164。

35〔原注〕藤音得忍 編，《築地別院史》，二〇六。

熠生光。往東可遠眺房總半島的綽約山影，朝西望去則有富士山；北邊就是雪白耀眼的江戶城。但街上見到的景致卻截然不同：周遭的小寺院籠罩在正殿陰影之下，攤販集結成市，參拜人潮進進出出，相當熱鬧。

常野來到其中一間緣正寺，此寺在當時不見經傳，並未標示在大部分的江戶地圖上。常野會知道這裡，是因為義融與緣正寺的住持有所往來[36]，她自我介紹是越後林泉寺住持的女兒，請求對方收留。她本來抱著期望，以為住持會答應讓她住下，以幫忙打理一些簡單的寺院內務作為條件，畢竟這些事她在越後早就駕輕就熟。孰料對方卻建議她去西邊幾個街町外的鐵砲洲十軒町，投靠她的叔母美津。常野當初來江戶，若非事先不知道，就是自覺羞愧，沒有臉去找她。如今，她被緣正寺拒於門外，除了這條路再也別無選擇。

常野又繼續走到十軒町，這裡是孤懸於江戶海岸的一處狹長新生地[37]，海風強勁，與其說它屬於江戶，不如說是海的一部分。每當颱風來襲，整個街町彷彿被大浪吞噬。當地居民大多從事搬運工作，將船上的貨物卸載到往來江戶的小舟上，透過內陸航運將貨物運到城內。常野的叔父文七住在十軒町，或許也從事海運相關的行業。那裡幾乎沒有其他商家，只有他經營的託運行，替伊豆大島來的離島町民運送魚干與昆布。

常野在十月的最後一天來到叔父的店裡[38]——森田屋。在江戶過了快一個月，她與從前幾乎判若兩人，文七肯定難以想像眼前這名落魄女子竟是他的姪女。他大吃一驚，形容常野幾乎「衣不蔽體」[39]。常野此前不曾到過江戶，文七認識的都是妻子美津這邊的親戚，而她平常都在江戶城外的村子工作。對文七來說，突然有個衣衫襤褸的女人出現在家門口，泣訴自己令人難以置信的遭遇（與幾近素昧平生的男人私奔來到江戶，並典當了所有衣物，最後卻落得流浪街頭，不得不找工作謀生的下場），或許他腦中也是一片空白。

幾天後，文七寫信給義融[40]，將常野的事一五一十據實以告：她受到一名覬覦家產的無賴誘騙，而後拋棄。智侃有如「衣冠禽獸」，他在江戶的親戚也全非「善類」。林泉寺應該會收到寄自神田皆川町的信，但義融不用當真，因為那些全是智侃親戚陰險的詭計。當然，對於常野要他贖回典當衣物的請求，他也無須理會。不僅如此，除非接到更進一步的指示，他都不該寄送任何物品給常野。這段期間，文七會盡力幫助常野度過眼前的寒冬。他和美津

36〔原注〕義融得知常野造訪後，曾致信緣正寺，但並非為了替她照會，似乎另有正事，只是順帶一提。見《林泉寺文書》，編號一七一四。
37〔原注〕見〈十軒町〉，《日本歷史地名大系》。檢索自 JapanKnowledge 網站：https://japanknowledge.com/library/。
38〔原注〕《林泉寺文書》，編號一六九七。
39 同前注。
40 同前注。

商量過了，她會去問她幫傭的人家能否替常野找個合適的工作。

文七急切地等待義融回信，但信寄出將近兩個月都還沒送達林泉寺，這相當不尋常。一般而言，郵件翻山越嶺來到越後約需三至四週[41]。事後才知道，原來這中間遇上一場意料之外的暴風雪。他在十一月初將信寄出，當時山裡的積雪只有一尺深，越後人都鬆了一口氣，以為連年饑荒的寒冬已經過去，終於能稍微喘息。但到了十一月底又開始下起雪來，而且是突如其來的暴雪，一連持續好幾天。等最後好不容易平息，整個越後被大雪埋沒，不見天日。作家鈴木牧之[42]描述某個比石神村還要深山的小鎮景象，人們幾乎連家門都無法進出。文七的信，還得等上一陣子。

早在石神村下雪之前，義融就已經[43]在布局如何處置他任性的妹妹了。九月底，常野已經離家九天，算算時間也早該回來了。義融覺得事有蹊蹺，於是派祕書傳八到高田的孝德家探視。他到了之後才發現原來常野根本沒去找過孝德，大吃一驚。孝德也百般不解，但就在這時，飛腳送來了常野的信[44]，她在信中告知要前往江戶的消息。這封信本來是常野寫給叔父的，看完之後轉寄給了孝德，認為他應該知情（但叔父卻完全無視她夾在信裡的便箋[45]，

要他別對林泉寺的家人（包括兄弟及母親）洩漏任何消息，除了她在江戶的住處以外。實際上，常野叔父將這張「保密」紙條也一併交給了孝德）。驚慌失措的傳八將信帶回林泉寺，並將整件事的來龍去脈告訴了義融。

義融個性古板，經常因為不滿別人的作為而灰心喪志，但他也有心思細膩的地方。雖然始終猜不透女性的想法，他仍試圖去瞭解她們的動機；與人意見相左，有時也會設身處地，詳實完整的從另一面來描述[46]，彷彿內心擁有一把尺，力求公正客觀，避免偏頗。但他對常野任性的行為卻怒不可遏，特別是因為她讓家人蒙羞，加上他在第一次婚姻失敗後，面對

41〔原注〕常野十月十日在皆川町寫的信不到一個月就寄達越後，因為義融在信中提及收到家書的日期是十一月九日。見《林泉寺文書》，編號一七二六。

42〔原注〕鈴木牧之，《北越雪譜》，一九八。此日期係根據原文英譯轉換而來，原來的日期在英譯時已先行換成西曆。

43〔原注〕《林泉寺文書》，編號一七二六。

44〔原注〕《林泉寺文書》，編號一七〇〇。

45〔原注〕《林泉寺文書》，編號一七〇一。這就說明了何以常野寫給其他人的信，包括孝德及叔父久八郎，會保存在林泉寺的文書庫藏內。

46〔原注〕例如他對自己的婚姻（見《林泉寺文書》，編號二七五八）或常野二度離開越後（見《林泉寺文書》，編號九三九）的記事。

外界對他治家無方的批評始終相當敏感。另一方面，他也相當清楚常野為何要出走。「我們絕對無法接受[47]她和一個素昧平生的和尚私奔。她背棄了家人，害我們在世間顏面盡失。」他如此寫道。可是他又說：「她雖然結過婚，卻因為任性自私而被休妻。看來她已經無路可走，所以才不告而別。」

義融想去江戶把常野找出來，哪怕只是確認她的住所也好，不過這件事有點棘手，必須小心進行。他不可能親自出馬。或許他有想過請文七與美津幫忙，但看來他一開始並未與他們聯絡，反而叫傳八寫信給他的親戚磯貝安五郎，當時此人正好在新橋町工作。安五郎是林泉寺的信眾，常野再婚時曾派人送來鯛魚干當賀禮[48]；第三次嫁人時，他也是座上賓[49]。他的母親是林泉寺婦女信眾團的資深成員[50]，換句話說，安五郎是個可以信賴的人，保證不會洩漏林泉寺的家醜。於是透過傳八牽線[51]，義融便找了安五郎去皆川町查看常野的情況，並向他回報。他再三叮嚀，這件事千萬得謹慎進行。

另一方面，義融也準備去找父親這邊的家族親戚（越後的井澤家）商談，這令他相當難堪。按理說，遠房親戚對寺院的經營應該無權置喙，但由於義融在饑荒時向他們借了二百兩[52]救急來維持林泉寺的運作，井澤家便成了債主。因此，義融認為有必要向他們說明一切細節，無論有多麼難以啟齒：常野在陌生男子的慫恿下，不僅離家出走，與之逃到江戶，更把自己所有家當拿去典當。不出所料，井澤家認為義融應該將她逐出家門，斷絕她與林泉寺的關係。

義融在寫給常野的信中語氣相當直接，連禮貌性的客套問候都沒有，劈頭就說：「妳在十月初十寄出的信，我們收到了。」接著開始長篇大論，講述他如何得知她離家出走的始末，最後對她的自私妄為提出嚴厲譴責：「最可惡的是，妳謊稱要去高田找孝德，卻私自前往江戶。身為女性，妳竟然棄父母手足於不顧，簡直自私可恥至極。我向井澤家說明整個情況，他們都表示，若這就是妳的本性，大家也無話可說。我們決定將妳逐出家門，讓妳自生自滅。妳要明白，妳不僅與林泉寺斷絕了關係、與親戚絕緣，從此也不再是石神村的人。妳要我們替妳贖回家當，恐怕相當困難。」所謂「相當困難」，意思是說義融不打算這麼做：他使用常見的複合動詞詞尾，經常用於拒絕不合理要求的場合。常野相當清楚話中的涵義，

47〔原注〕《林泉寺文書》，編號一七一四。
48〔原注〕《林泉寺文書》，編號一六七四。
49〔原注〕《林泉寺文書》，編號一六七三。
50〔原注〕《林泉寺文書》，編號一一六五。
51〔原注〕《林泉寺文書》，編號一七二六。幾天後，傳八派了信差到子安村的慈円寺去調查智侃的背景（他聲稱自己是該寺的和尚）。他肯定發現智侃沒有說謊，因為這件事再也沒有被提起。
52〔原注〕他後來在寫給博輔的信中有說明這件事，見《林泉寺文書》，編號一七二一。

雖然她可能需要找人幫忙唸出那些複雜難懂的漢字，並重新排列成正確的語句。

最後，義融引用了儒家典籍《孝經》中的一段名言作結（所有受過良好教育的兒童最先閱讀的經典，就是《孝經》），他以方正剛直的楷書寫下：「身體髮膚，受之父母，不敢毀傷，孝之始也。」「對於不懂這項道理的人，我再也無話可說。」他說。

常野或許聽過這句名言，但對於義融的話中有話可能似懂非懂。他在信件末尾引用這句話，除了譴責常野的不孝，同時也在提醒她要好好照顧自己，「不敢損傷」身上的一絲一毫。義融雖然對常野相當惱火，但身為兄長，始終無法棄她於不顧。

等常野收到信已經是十一月底的事了。在這之前，她的遭遇早已遠遠超出義融的勸告。義融並不知道她受了多大的傷害。常野語無倫次，一股腦地將近月以來的遭遇告訴文七，包括典當衣物、被智侃「逼婚」、宗八無情冷淡的對待、智侃的離去等，但仍堅稱智侃是她相識的友人。直到過了好幾個月，她才改口，願意坦承實情。

關於這些遭遇，文七早已知情，根本嚇不了他。他替常野準備了一套行李[53]，裡面有她急需的衣物。目前她身上還是只有一件單衣與外掛。但文七有個條件，就是不准她帶著這些行李回到皆川町的長屋，任何一件都不行。

常野只有兩條路可走：一是投靠文七，但她明白總有一天會被送回越後；二是什麼都不拿，空手返回長屋。這時，她已經做出人生中重大的決定，絕大部分的女性（甚至是多數人）都不像她如此勇敢。當時的人大多會聽從父母之言，與他們安排的對象成親，並繼承家裡的田產、事業或寺院。常野的兄弟姊妹，就連最叛逆、脾氣暴躁的都選擇留在故鄉，試圖守住手上現有的一切。本來常野很可能順從文七的高見，接受他的安排，展開截然不同的人生。畢竟她在江戶人生地不熟，在平安返鄉之前暫且寄人籬下，讓親戚照顧，換上像樣的衣服、找些體面的差事做，也沒什麼好丟臉的。換作是別人，幾乎都會這麼做。

但常野走到這地步，已經無法回頭，況且她也太過執拗，要是回到越後，家人還是只會千方百計把她嫁出去。她年紀不小了，不可能像妹妹清見或兄嫂佐野那麼幸運，嫁入寺院，成為坊守，整天忙著照顧小孩、打理佛壇；也無法像么妹年野那樣，在農村的夫家過著安穩

53〔原注〕《林泉寺文書》，編號一七一八。常野並未直接稱呼文七及其家人的姓名，而是以「築地」代稱。所有提到常野的書信都習慣以地名取代人名，例如在寫給義融的信件中，就是以林泉寺取而代之。常野的叔父久八郎一家被稱為「新宅」或是村名「飯室」。常野自己也在部分家書中署名「神田的常野」；不少信中提到神田，所指的就是宗八。

的生活。一旦知道她的過去，還有誰敢娶她？常野的選擇並不比當初出走時好上多少，事實上，反而更糟。

那天在高田的下鄉町橋上，常野答應智侃跟著他來江戶時，就已經做出了選擇。她雖然後悔（賭上所有身家，卻落得幾乎一無所有的地步），但仍然相當清楚自己要的是什麼。繼續待在越後，毫無未來可言。

最後，常野什麼都沒帶走，隻身離開了築地。她選擇留在江戶，故事才正要展開。

選擇自食其力的常野必須盡快找到工作。她已經身無分文，還欠了甚助的債[54]，這筆錢不是房租就是為了安頓住處而跟他預借的開銷及日用品。問題是她沒有一技之長。她想過進入大名宅邸奉公，「學習上流社會的禮儀與規矩[55]」，但周遭的人都比常野清楚，那種工作不可能一時半刻找到，必須經過面試及試用，競爭非常激烈。江戶的後巷大雜院裡，野心勃勃的母親花了好幾年的時間栽培女兒[56]，目的就是要將她們送進大名宅邸工作。她們明白，要是具備才藝與教養，漂亮的女孩就有機會翻身，離開長屋去侍奉大名。她們不惜花光僅有的幾文錢，也要讓女兒學習歌舞音曲及書法。當女兒學了一整天的才藝，精疲力竭回到長

屋，抱怨嗓子唱啞或是手指為了練三味線彈出繭來，母親反而會催促她快點吃飯，緊接著繼續練習。她耳提面命叮嚀女兒，要成為才德兼備的女子，這樣就不用一輩子替人洗衣或在塵土飛揚的斗室裡經營小生意。她可以嫁給富商為妾，或選擇當藝伎來養活自己。最好的情況當然是擁有一門幸福美滿的婚姻，即使從此變成陌生的上流人士，對自己母親粗俗的舉止感到難堪，但一切的努力與犧牲都是值得的。

常野無法與這種旺盛的企圖心相比，她不懂才藝，更慘的是也沒有像樣的衣服可穿。她在最近的信中[57]央求家裡給她寄來「破舊腰帶」、鏡子、梳子、髮簪、前掛、鋪棉外套等衣物。但他們已經與常野斷絕往來，什麼東西也沒送來。眼見常野既無一技之長，寒酸俗氣，又是孤家寡人，經營米屋的宗八建議[58]她去當地的職業介紹所，有工作就去做。

她聽從建言，把自己打扮成長屋婦女，上桂庵求職。但唯一找得到的工作就是在幾個街

54〔原注〕《林泉寺文書》，編號一六九九。
55〔原注〕《林泉寺文書》，編號一七〇八。
56〔原注〕Yonemoto, *The Problem of Women in Early Modern Japan*, 81。
57〔原注〕《林泉寺文書》，編號一七〇八。
58〔原注〕《林泉寺文書》，編號一七一六。

町之外的武家屋敷當打雜的女傭[59]，內容只是簡單的家事勤務，毫無吸引力可言，跟她所想的完全不一樣。常野本想回絕，但仲介堅稱沒有其他的選擇。「沒有比這更好的工作了[60]，我很不安。」她如此寫道。

與此同時，常野家裡來了一個意外訪客，那就是林泉寺的住持祕書（傳八）在江戶的親戚安五郎，受義融之託前來探視。常野知道安五郎在冬天會暫時拋下石神村的家中老小，來到江戶打工謀生，所以她一到江戶就曾向義融打聽[61]他的住所，但始終未收到回覆。

常野見到安五郎肯定如釋重負。在人生地不熟的江戶終於遇到同鄉；更令她放心的是，安五郎的身分比她低。雖然他年紀稍長，工作穩定又有家室，但始終聽候林泉寺一家差遣。他認識常野，很清楚她的身分，知道她讀過書。或許他能向桂庵的人解釋，這份工作不適合常野。

要是常野真的這樣以為就大錯特錯了。的確，安五郎書讀得不多，也談不上精明幹練；他的字寫得醜又粗魯[62]，講話還帶著濃厚的越後口音。在江戶，他只是個普通的傭人。但他對這座城市相當熟悉，使他對常野的困境有著不同的見解。

安五郎明白，在江戶要找工作十分不容易，甚至無情。沒錯，身分多少還是有所影響。從常野的言談舉止，或許可以看出她不是普通人家的女兒。人們要是得知她出身寺院，說話或許會變得比較文雅；鞠躬時，腰也會彎得更深。但無論家世怎麼顯赫，身分終究不代表本事技能，若沒有在地的人脈與金援，一切根本毫無意義。而這些條件，常野每樣都缺。

在這種情況下，安五郎得知她找到一份體面的工作，非常高興。他親自向宗八確認後，寫信通知林泉寺[63]，報告她終於塵埃落定的消息：她將在十一月底到武士家裡幫傭。

59〔譯注〕日文稱為「御末」，為江戶時代在將軍或大名宅邸負責廚事、洗碗、挑水、打雜的下級侍女。
60〔原注〕《林泉寺文書》，編號一七一六。
61〔原注〕《林泉寺文書》，編號一七〇七。
62〔原注〕《林泉寺文書》，編號一六九八。
63 同前注。

第五章　武家的寒冬

Samurai Winter

一八三九年（天保十年）十一月，江戶的冬天出奇溫和，日子一天天過去，陽光微弱，地面從未結冰。對在越後生活了大半輩子的常野來說，平常這時候早該換上雪鞋，如今卻還穿著普通的草履，踩在泥濘的街道上，令她感到相當不可思議。越後人總愛嘲笑江戶人，只要見到一丁點雪花就大驚小怪。只要沒有大到得鏟雪的地步，下雪就成了一件賞心悅目的事。江戶人也愛極了宛如繡花針的冰柱，細緻到用手指就能折斷。越後作家鈴木牧之形容，與家鄉的垂冰相比，它們就像「河童的屁，不值一提」[1]。

鈴木牧之當然有資格吹噓，他生於商賈之家，衣著體面，在江戶的冬季往往待在文人名家的書齋裡，圍著火缽取暖。但對於孑然一身、獨居陋巷長屋，只能坐看寒冬來臨的女子來說，要她強顏歡笑未免有些為難。常野心裡有數，就算她想回越後也回不了，山裡的路早已被大雪深埋；也不知何時，甚至是否還有機會再收到家裡的來信。

在她三十六年的人生裡，常野從未獨自生活過。她有七名兄弟姊妹，嫁過三任丈夫，即使來江戶的途中也有智侃相陪。房間的牆壁很薄，後巷大雜院人滿為患，雖然感覺周圍隨時有人在，但全是素不相識的陌生人。夜裡，她心煩意亂，難以成眠，便拿出珍貴的紙墨，給或許永遠不會有回音的家人寫信。「我想搬離長屋[2]，但除非出現轉機，否則永遠無法逃離這裡。」

每天早上，她步出後巷木門，走一小段路來到武家屋敷，進入另一個全新的江戶世界。

江戶的人口約有一半是武士階級與其家眷，他們既然自稱「侍」（武士），穿著打扮就要有武士的樣子：他們身穿印有家紋的袴（裙褲），腰間佩帶雙刀，留著月代頭（剃除前額至頭頂的頭髮），剩餘的頭髮梳成光亮的髮髻。這種髮型表面上是為了牢固鎧甲頭盔，但實際上他們通常都頂著光頭或只戴錐形斗笠出門。正式出巡時，武士會以軍隊陣形行進，位階最高者騎馬，其他人則徒步，手持長矛、弓箭及旗幟，隨行在側。即使只是一般外出辦事，位階較高的武士也會帶著隨從同行。

但這些武士沒有一個人真正在戰場上開過槍、拉過弓、舉過刀。德川幕府雖然開創日本平和安定的大和盛世，卻剝奪了武士在戰爭中證明自己力量的機會。他們自我提醒，也告訴彼此，他們的先祖曾是英勇作戰的武士，其家譜（無論是否屬實或憑空捏造）足以證明一切。他們繼承武士身分，聽著代代相傳的戰場故事，在學校修習武藝，萬一真的應召上了戰場，保家衛國、守護領主的實際表現會是如何，就連自己也不得而知。所以他們將刀擦得光

1〔原注〕《北越雪譜》，鈴木牧之，一二八。
2〔原注〕《林泉寺文書》，編號一七一八。

亮，保持儀態。這些武士追求的是種超然的態度，不想沾染市井商賈的銅臭味。無論是在陌生人面前或公眾場合，他們都擺出一副高高在上、不可侵犯的樣子，只要受到絲毫侮辱，二話不說就拔刀相向。

實際上在江戶街頭見到的武士，不少看起來都相當拙笨、粗俗且不知所措。他們對江戶的街景瞠目結舌，跟路邊攤販買小吃付錢時，小心翼翼數著銅板，似乎有些沒把握。這些都是來自各藩的外地人[3]，被譏為鄉下武士[4]，常因見識淺薄、不諳世事而飽受訕笑。常年派駐江戶的各地武士高達近二十萬人，與當時一八四〇年的英國海軍相比，規模足足是它的五倍[5]。他們從全國各地護送藩主遠赴江戶執行兩年一度的「參勤」任務，手持長戟、替其抬轎。當時規定各藩大名必須離開領地，至將軍身邊值勤，為期一年，以示對幕府的忠誠。

這些鄉下來的番士住在藩主宅邸的長屋內，大部分時間都待在狹小的房間裡。有時他們拿著通行證外出購物觀光，在江戶街頭卻顯得不知所措，就連常野都表現得比他們更從容自在。起碼江戶是她自己想來的，待了將近一個月，她已經習慣大雜院的生活，知道怎麼繳房租、採買日常所需。而這些勤番武士只是來這兒執行任務，一切食衣住行，包括基本的家具、米糧配給統統由領主提供。他們無須學會如何在江戶獨力謀生，因為這裡永遠不會是他們真正的歸屬。

其他地位較高的武士則顯得自信許多，他們不是侍奉大名的藩士，而是將軍的直屬家臣。這些武士組成常備軍，在國家面臨內憂外患時負責保衛江戶城。這支親衛軍由近五千名「旗本」[6]組成，他們通常是江戶幕府的初代將軍（德川家康）麾下家臣的後代，其先祖是最早定居江戶的武士，分到江戶城壕對岸台地上的廣大土地。大多數人依然住在家族世居的武家地，包括番町、駿河台、小石川等區。在旗本之下有約二萬名的「御家人」，這些人也是將軍的直屬家臣，但沒有進城謁見將軍的資格，也無法擔任幕府最高行政幕僚。御家人的宅邸較小，也更分散。連同家眷與侍從在內，旗本與御家人佔全江戶武士人口不到一半。

有些旗本在鄰近的藩國有封地（知行所）。雖說是領地，但規模通常不大，相當於好幾個小村落加總起來的範圍。旗本很少視察領地，他們若有心管理就會僱用村長的兒子[7]代為

3〔原注〕相關探討見 Iwabuchi, "Edo kinban bushi ga mita 'Edo' to kunimoto" 及 Constantine Vaporis, *Tour of Duty*, chapter 6。

4〔譯注〕這些地方武士大多喜歡穿蔥葉色的淺青棉布襯裡的和服，因此又被江戶人戲稱為「淺蔥裏」。

5〔原注〕Ferguson, *Empire: How Britain Made the Modern World*, 138。

6〔譯注〕將軍的直參（直屬家臣）又分為「旗本」與「御家人」兩種等級：前者為年俸不滿一萬石的幕僚，有資格謁見將軍（即「御目見」等級以上之武士）；後者指年俸不滿一萬石亦無謁見將軍資格的武士。

7〔原注〕千代田區編，《新編千代田区史：通史編》，四三五。

看守，或在歲末年初接見德高望重的農民代表前來拜年。不然，領地對他們而言就只是一項收入來源。說到底，他們就是標準的都市人，土生土長的「江戶子」[8]。

大部分的旗本與所有御家人所領的俸祿米，全都來自幕府設在淺草的米倉（淺草御藏）[9]，一排又一排低矮的倉庫坐落當地，有如鋸齒般突出於隅田川岸。日復一日，長形扁舟停泊在載運米糧的運河邊，卸載全國各地上繳的年貢米，每年約達五十萬俵[10]。米是易燃的財產，須嚴密保存；糧倉周遭設置了水井與消防水槽，以備不時之需。品質最優良的藏米會送入大奧（將軍後宮）供眾多女眷食用；其餘則分配給將軍家臣，按身分地位配給，位階最低的御家人拿到的糙米品質最差。

旗本與御家人的俸祿米一年分三次發放[11]，他們會找町人至糧倉代為領取，此代理人稱為「札差」。「札差」一詞源自十七世紀，當時武士領取幕府配給的俸米，必須將自己的名字寫在紙條上，再以竹籤串過，插在糧倉外的巨型米俵上。接著，工人會收集這些名條，一一唱名，叫武士來領取自己的薪俸。但貴為將軍家臣，要這些旗本與御家人坐在糧倉面前，像狗一樣等著餵食，實在有失顏面。因此，他們開始僱人來代領，這就是「札差」[12]這種工作的由來：替武士領取俸米的代理人。

然而，一個武士年領成千上百俵的米做什麼呢？他與家人能吃的量有限（粗略計算，每人每年消耗量大約是一俵，儘管如此也僅是杯水車薪）。武士真正需要的是現金，舉凡醬油、米酒、木炭、蔬菜、味噌、衣物、家具、盔甲等大小生活必需品，都得花錢。生活在城市，與土地失去連結，他們無法自行生產，於是那些札差（如今已轉型成為代理商）便提議代為將俸米換成現金，只收取少量手續費，如此一來旗本與御家人就不用紆尊降貴，自己賣米。從此每逢俸米的發放日，這些武士就會與札差改約在隅田川邊的茶屋碰面，從對方手上收到好幾盒整整齊齊的金幣與奉承諂媚的感謝。

無可避免的，這些幕臣往往入不敷出，原因不僅在於不擅理財，同時也是社會經濟結構性的問題。武士的薪俸基本上是固定的，只有額外獲得特別職位者，收入才可能變多。但在江戶時代，幾乎所有民生用品及服務等物價都不斷上漲，加上農民習得施肥、輪作、育種等新技術，使產量得以提昇，造成稻米的基準價格愈來愈低。將軍家臣若想維持先代的生活水

8〔原注〕Totman, *Politics in the Tokugawa Bakufu*, 139, 152。
9〔原注〕氏家幹人，《旗本御家人 驚きの幕臣社会の真実》，九四。
10〔譯注〕表面覆以稻稈的米桶。
11〔譯注〕沒有領地的幕府或大名家臣，於春（二月）、夏（五月）、冬（十月）三季分批領取俸米或同額現金。冬季所領的米稱為「切米」，其餘為「御借米」。
12〔譯注〕「札」在此指排隊領取俸米所用的糧票或名牌。此舉後來衍生出俸米買賣，札差從中賺取價差，並以俸米為擔保，經營高利貸為業。

準與排場，就得向人借錢。代理商很樂意提供這項服務，不過隨著俸米能換取的金錢逐年減少，江戶的旗本與御家人開始欠下大筆債務，其債主本來只是普通的市井商人，如今卻成了坐擁豪邸、家財萬貫的富豪。他們不與這些武士見面，而是待在糧倉大門旁的商人會所，處理米的帳單，並不惜花大錢叫外賣（據聞他們每人每月的餐費[13]高達百兩，相當於一名下級旗本的年俸）。幕府意識到這個問題，有幾次還下令全面免除武士債務。即使如此，十九世紀初的江戶後期，旗本欠下代理商高達年俸三倍之多的債務亦時有所聞[14]。

至於上級旗本則有一些方法可以補貼。與將軍親近者，家中經常收到幕府慷慨的饋贈。以江戶後期某位旗本夫人井關隆子為例，她本身在大奧擔任「奧女中」（女官），負責管理後宮事務，曾在私人日記中記載收到禮物如下[15]：斜紋和服、素白綢緞數盒、漆硯盒，以及各種魚鮮蔬果。某年秋天的月圓之夜，御台所（將軍夫人）「不僅派人送來赤飯（紅豆飯）[16]與各式傳統配菜，還贈送青果、鯛魚、蝦、鰈魚（比目魚）等食材，此外還有柿子與水梨，堆滿了巨大的簍筐。」

井關隆子只能算是幸運的特例：她生為武家之女[17]，家中男性皆位居幕府要職，每年合計可領到約上千石的俸祿米，外加各種贈禮。大部分旗本的年俸僅二百石不到[18]，御家人則更拮据。儘管如此，這筆數字對生活困頓不安的小商家與長屋居民來說，已十分令人稱羨。常野若能賺到相當於下級旗本的收入應該會相當開心，這樣一來她就能夠安心成家，甚至養活丈夫與孩子。但這些旗本最大的問題是，儘管本身負債累累，卻還得養活根據俸祿分派的家僕與部屬，不得任意解聘。沒有正式職業的旗本與御家人雖被任命為幕府的常備軍，實際上卻必須繳納一筆費用，以換取無所事事、坐領乾薪的特權。

一八四九年（嘉永二年），某位中階旗本的妻子如實描述了在如此嚴峻的大環境下，持家有多麼困難。她告訴身為鄉下富農、不瞭解箇中辛苦的雙親：「就算我們省吃儉用[19]，衣服破了又補、補了又破，依然得照顧家中五名傭僕的生計。我們的俸米是固定的，付完日常開銷，就算不吃不喝也只剩一、兩百匁。」[20]至於地位最低、年俸只有百石的下級御家人，

13〔原注〕Teeuwen and Nakai, eds., *Lust, Commerce and Corruption*, 246。
14〔原注〕妻鹿淳子，《武家に嫁いだ女性の手紙：貧乏旗本の江戸暮らし》，五〇。
15〔原注〕深澤秋男，《旗本夫人が見た江戸のたそがれ：井関隆子のエスプリ日記》，三四—三五。
16〔原注〕同前注，三七。
17〔原注〕深澤秋男，《旗本夫人が見た江戸のたそがれ：井関隆子のエスプリ日記》，二〇。
18〔原注〕此為寛政十年（一七八九）的統計數字，見小川恭一，《徳川幕府の昇進制度：寛政十年末旗本昇進表》，二九。
19〔原注〕妻鹿淳子，《武家に嫁いだ女性の手紙：貧乏旗本の江戸暮らし》，五三。
20〔譯注〕江戸時代的銀幣單位（日文讀音：もんめ），一匁相當於一兩的六十分之一。

他們的生活更悲慘，逼不得已只好經營副業，從事手工藝來貼補收入[21]。這些人在家製作毛筆、竹籤、髮飾、紙燈籠、草鞋繩帶等日常用品，有時還會種杜鵑花及朝顏（牽牛花），或養金魚與蟋蟀作為寵物出售[22]。反觀越後的常野家，名義上雖然地位不及武士，卻從來無需藉由打零工或養魚來維持生計。

想擺脫武士口中的「借金地獄」只有兩種方法：一是開源節流，將所有能典當的東西都拿去換錢，以及盡可能解僱人手，並懇請債主通融、降低利息，從各方面撙節開支。二是增加家中收入，例如讓前途看好的兒子娶名門之女為妻，仰賴對方帶來些許錢財紓困，儘管這對武士來說並不容易。有時可以安排與一般的富貴人家結親，要是常野家住得離江戶近一些，或是家裡認識更多武士而非和尚，她的命運說不定會從此改寫。有時對於想離開鄉下、飛上枝頭變鳳凰的女孩來說，這不啻是個好選擇。但對旗本而言，即使娶了有錢人家的女兒，也只有一筆進帳，終究治標不治本，還不如爭取升遷，在幕府內謀求一官半職，除了原來的俸祿，還能領到該職務的薪俸。其中最理想的，莫過於負責給武士派發工作，或需要跟有錢人打交道的官職，往往有機會收到贈禮或賄賂。

晉升不是一件容易的事。大多數幕臣實際上有官位的並不多[23]，各項職務僧多粥少，追求者眾。更糟的是，這些職務往往無法以才能作為汰蕪存菁的依據，因為它們本身就只是儀式性的存在，並無實質功能，例如擔任侍從，圍站在江戶城華美的敞間內；或作為幕府守衛，卻鮮少面臨真正的威脅；以及在龐大但毫無意義的官僚機構擔任中階管理者。在不可能出現空缺的情況下，資深大員會暗中運作，安插自己屬意的人選上位。要知道是哪些人在幕後操盤相當簡單，他們的宅邸前總是擠滿無業的御家人；求官心切者，更是天天在黎明破曉時就出現，帶著禮物與滿口美言，希望展現堅定的自律與始終如一的恆心，讓大臣留下印象。但此舉無非是緣木求魚，就像「試圖用燈芯挖空竹子」[24]一樣，不會有任何希望。

有些人則是想出更有創意的手法來引起注意。例如根岸鎮衛[25]，他本是下級旗本，以才高八斗聞名，年俸最初只有一百五十石，卻一路高陞，最後成為江戶的南町奉行，年俸高達千石。雖說他的能力才幹毋庸置疑，仍不得不介紹一下他奇蹟般平步青雲的過程。後世有作家聲稱，他之所以如此走運，是因為他故意將自己灌醉，搖搖晃晃走到老中宅邸後，臥倒在水溝裡不省人事。有個下人發現了他，給他換上乾淨的衣服，在那之後連續三年，根岸鎮衛每天都前往宅邸致謝。最後，他引起了老中注意，獲得認可，納入旗下成為家臣，從此仕途

21〔原注〕氏家幹人，《旗本御家人》，九六。
22〔原注〕Takiguchi, "Kashin yashiki to Edo shakai," 80。
23〔原注〕Totman, *Politics in the Tokugawa Bakufu*, 141-52。
24〔原注〕氏家幹人，《旗本御家人》，九六。
25〔原注〕同前注，一〇七—八。

一帆風順。

其他旗本與御家人不像他這麼聰明，運氣也沒那麼好，只能利用武士身分來賺錢。因身分之便，他們平常就能接觸到刀劍武器及鎧甲，有些人成為刀劍鑑定師或武術教練，指導農家及町人子弟柔道與騎術。此外由於武士屋敷的土地是幕府所賜，不用支付租金，有人便在敷地內私自興建小屋以出租獲利。這是官方禁止的行為，且風險不小。一八二五年（文政八年），就有名旗本捲入嚴重醜聞[26]，被人發現在宅邸內私設妓院。原來他為了紓困，在自家土地上興建房舍出租以增加收入，並僱用浪人武士擔任管理員。其中有個女房客很有生意頭腦，她與該旗本的侍從串通，暗地經營私娼館。起初他們只有一名妓女，但生意實在太好，便又找來更多人手，尋芳客絡繹不絕，都從宅邸的側門進出，已經到了無法漠視的地步。當時這名老鴇與同夥向旗本坦承不諱，並主動表示願意支付封口費。這名旗本接受了提議，肩頭上的經濟壓力也因為這筆額外收入而輕鬆許多，結果卻得不償失。後來事跡敗露，他被拔除武士身分，流放到遙遠的小島。

若說旗本的飯碗難捧，那麼身為旗本的次子或三子，處境無疑更加艱難。他們既無法繼承父親的官位與俸祿，也分不到家產，在這種情況下，最有希望的出路就是給人當養子，才有機會出人頭地。或許某個地方有個膝下猶虛的旗本，可能是家裡的遠房親戚，想收養有潛力的年輕人繼承家業；或者是某個旗本的武家千金正逢適婚年齡，她的雙親想招贅來繼承家姓。在這種情況下，年輕的贅婿勢必得住進岳家，努力適應不同的家庭作風，並改名換姓，討妻子與岳家的歡心。這種苦日子起碼得過上好幾年，而且不保證能如願以償：入贅的女婿最後以離緣收場、失去繼承權的消息屢見不鮮。為了打好關係，結婚時最好準備一筆錢，以換取第二次、第三次破鏡重圓的機會。但這些錢要從哪裡來呢？

身為旗本之子有兩大優勢：一是武士身分，二是對江戶這座城市瞭若指掌。他們明目張膽利用這兩點胡作非為，賺取不義之財。有些人藉此敲詐勒索，惡名昭彰：一八五〇年代（嘉永至安政年間），有位旗本的次子來到熱鬧的商業區麹町，企圖詐騙當舖[27]。他拎著一個用淡紫色絲綢與亮黃色棉巾包裹的桐木匣來到店裡，宣稱裡頭裝著稀世珍寶——兩條活龍，一公一母，是天皇為了嘉獎祖先功勞而賞賜的贈禮。據他表示，這份寶物甚至比將軍賜予家族封地時頒布的書狀還要珍貴。但他家中最近需錢孔急，於是希望附近這間他們所信賴的當舖能夠讓他以這件寶物作為抵押套現（當然必須保密）。但當舖夥計相當精明，懷疑對方別有企圖，堅持照老闆的規矩來：必須先驗貨才能開立銀票。這名旗本的兒子不滿地說：「可是你看，裡面裝的是活生生的龍，要是打開木盒，肯定就會飛走。」儘管如此，夥計還

26〔原注〕Miyamoto, "Kakushi baijo to hatamoto keiei"。
27〔原注〕氏家幹人，《旗本御家人》，五一—五三。

是堅持眼見為憑，最後他只好屈服。不料夥計一打開木盒，就跳出兩隻碩大的蜥蜴，飛快地逃逸無蹤。這一切都在武士之子的意料之中，因為他事先已經餓了蜥蜴十天。而他故意裝出面色凝重的樣子，看起來充滿威嚴，同時伸手拿起身邊的短刀，以過於正式的口吻說道：「正如本人所料，發生了不堪設想的嚴重後果。余須立即自盡，以死謝罪。」他站在原地，拿刀抵著肚子，作勢要切腹。夥計急忙大聲求援，把當舖裡的人包括老闆、老闆娘、數名員工及左右鄰居，統統引了過來。這些左鄰右舍本身也在開店做生意，知道旗本之子在當舖裡自殺的事情要是鬧大，這家店一定禁不起打擊，而且整個街町說不定會引來町奉行的關注，這是大家都不樂見的後果。於是眾人合力說服當舖老闆與對方和解，付出高達五百兩金的天價，才得以息事寧人。

另有一個名叫勝小吉[28]的旗本之子，則寫了一本回憶錄《夢醉獨言》，記述自己的生平。他年紀與常野相仿，也同樣在三十多歲時走上不同的人生道路，經歷了各種生活。他年少時離家出走，流浪街頭好幾個月，以乞討為生。他曾上過漁船做工，還差點被普通人家收養。回到江戶後，他向兄長的代理商借了一筆小錢，在妓院住了一個半月。之後他自立門戶，以替人鑑定刀劍為業，並學會買賣贓物。即使後來娶了名門閨秀為妻，他依然率領一夥劍客出沒江戶街頭，靠著賭博勒索賺取收入。

身為男性，同時又是武士，勝小吉擁有常野所欠缺的優勢。他可以拋下妻子，一連離家好幾週，窩在妓院花天酒地，揮霍無度，卻從未受過被要求離緣的屈辱。由於他素行實在過於惡劣，還一度被父親禁閉長達三年，但並未斷絕父子關係。在外面，他的江戶口音與武術訓練相當吃香：遇上麻煩時，他只須動口，不然就是動手解決，總能全身而退。萬一都不管用，他就去床屋找結髮師梳頭、換上正式的武士裙褲，展現旗本之子與生俱來的威嚴氣勢。天保十年的冬天，正當常野獨坐在長屋內，思索著是否要去當女傭時，勝小吉正好奉命下鄉替他在江戶的地主（某個缺乏常識、揮金如土的旗本武士）籌錢。要是領地的農民不肯出錢，他就軟硬兼施，利用哄騙、脅迫威逼等手段逼其就範。很快地，他就順利籌到所需的金額，凱旋而歸。

就連勝小吉自己也坦承，他並未體現將軍家臣所標榜的武士之道，是最差勁的示範。他撒謊成性又好吃懶做，對任何上級長官既不忠誠也毫無責任感，花錢如流水更是不用說，卻總能僥倖逢凶化吉。他四十二歲開始寫回憶錄，忍不住為此沾沾自喜：「我這輩子雖然做了不少傷天害理的蠢事，但至今看來似乎尚未得罪天道，受到天譴。」[29]

28〔原注〕勝小吉，《夢醉獨言》；Ōguchi, "The Reality Behind Musui Dokugen: The World of the Hatamoto and Gokenin"。

29〔原注〕勝小吉，《夢醉獨言》，一五六。

一八三九年（天保十年）的冬天，就在常野準備到武家宅邸當女傭、勝小吉下鄉誆騙可憐的農民之時，他們並不知道，距離幕府旗本走入歷史只剩不到三十年的時間[30]。等到他們的子孫長大成人，這座城市將不再屬於他們，甚至也不叫江戶了。但此刻沒有任何人預料得到，他們得再等上二十多年才能想像江戶城內沒有將軍統治的日子。眼前有更多事情要處理，例如調派崗哨士兵、鑑定刀劍、行賄、徵納年貢等；此外還得替不久的將來做準備：兒子的婚事、冬末大掃除、年度帳目的結算。日常生活的作息當然也不能中斷：生火、把水缸裝滿、每晚睡前搬出被褥鋪床，隔天一早再收拾整齊。各種雜務瑣事都要有人跑腿，還得僱用女傭。

常野的雇主是名叫松平友三郎[31]的旗本，不知該說他官運亨通，還是少年才俊，或是兩者兼備，他在十幾歲時就已經領到二千石的俸祿米，年薪高達七百兩小判金[32]，以一般旗本來說是相當令人稱羨的水準。友三郎幼時擔任幕府將軍繼承人德川家定的侍從，兩人年紀相仿，後來於天保十年獲得擢升，成為高級侍從。雖說是侍從，但人數大約有一百名，他們負責監督少主的馬夫、張羅少主的三餐、替他梳整頭髮、打理衣著等。儘管如此，這依然是份

薪水優渥的好工作，更重要的是有機會當面見到將軍並與之交談，獲得他的青睞。

一般平民，甚至大部分武士也不可能有這種機會[33]。對絕大多數的老百姓來說，江戶城是個既陌生又神祕的地方。從常野所住的町人地看過去，幾乎看不見城堡本體。昂然聳立的天守[34]早已在多年前的大火中付之一炬，幕府以經費龐鉅為由放棄重建。少了天守，緊鄰江戶城外壕而居的人們就只看得到石牆、厚重木門、宏偉的櫓[35]，以及雜草叢生的陡峭護堤等城防設施。即使是市面上販售的江戶地圖，城郭的位置也幾乎一律留白，以示對將軍的崇敬。類似作法亦見於文書中，提及幕府時必須挪抬，象徵普通人在權威面前戒慎恐懼、惶惶不安的遲疑。

30〔譯注〕一八六七年（慶應三年）德川慶喜將大政奉還天皇，江戶幕府宣告終結（見第九章）。

31〔原注〕有關松平友三郎及他的身分與薪俸，見小川恭一編，《寬政譜以降旗本家百科事典》，五：一二五七四。

32〔原注〕換算自妻鹿淳子，《武家に嫁いだ女性の手紙：貧乏旗本の江戸暮らし》，五〇。

33〔原注〕Walthall, “Hiding the Shoguns”。

34〔譯注〕具有瞭望台功能的軍事設施，是日本城郭最高也最具代表性的建築構造。

35〔譯注〕城上防禦用的望樓。

並非每個人都對幕府如此敬畏。江戶城在天保九年（一八三八年）發生大火[36]，開放民間的町火消（救火隊）入城救災，沒想到一行人竟趁火打劫，將所有能拿的東西搜括一空，還將裝飾的藝品帶回去當紀念。然而對大多數人而言，江戶城本身就是抽象的，沒有具體形貌，如同從未公開露面的將軍一樣。關於他的真面目雖然有各種傳聞，卻始終無人能確切描述他的長相與聲音。

直接拜見將軍是大名與旗本才有的特權。每月初一、十五，擁有「御目見」資格的家臣會被召集到江戶城謁見主上。他們騎著馬，在手持長矛槍戟、扛著沉重木箱的隨從隊伍簇擁下華麗登場。各路大名行列浩浩蕩蕩，聚集在大手門前[37]，場面相當浩大，甚至成了民眾的觀光景點。但他們的目的不是為了取悅將軍，而是要給市井百姓留下印象。登城的幕臣只能帶著最少的隨從徒步進城，其他人與馬匹必須在門前的大廣場等上好幾個時辰，在町奉行所人員的監視下消磨時間。官方派人在此看守的用意，是為了防止無聊的隨從打架鬧事。

另一方面，大名與旗本進入御殿，來到大廣間[38]，按照家格及官位依序就座，地位最高者離將軍最近。這個由數個房間組成的主室[39]相當寬敞，足以容納所有人，令人嘆為觀止，在寸土寸金的江戶，更突顯將軍在幕府的奢華至極。房間內，疊蓆多達數十張，可坐上數百人；四周金碧輝煌，雕樑畫棟，牆上畫著連綿不絕的山水景致，松柏流水襯著金箔背景，加上飛鳥成群，宛如靜止，連羽翼與鳥喙都描繪得維妙維肖，細緻入微。

出席者皆須費心準備，以免顯得格格不入。來到江戶城這個肅穆森嚴的幕府重地，哪怕只是在平日造訪某個普通的會議間，武士家臣也必須精心打扮。在江戶城內凡事都有規矩[40]，例如足袋（穿和服時所穿的襪子）只有冬天才能穿，夏天若想穿，就得以長期有腳底發冷的毛病為由，申請破例許可。此外尚須剃髮綁髻：除了將前額至頂上的頭髮剃光（除非以「頭會冷」為由請求蓄髮，但其實是為了遮蓋難看的大傷疤），還得將剩餘的頭髮綁成髮髻。這對禿頭的人來說無疑是一大噩耗，他們只好買假髮髻黏在頭上。當列席的家臣跪坐在將軍面前鞠躬請安時，他們的髮髻看起來就像一整排墨水畫成的計數符號，在蒼白的頭皮上顯得格外醒目。

如此繁文縟節的規矩就是江戶城的日常，就連平凡無奇的日子也不例外。每年十一月初，府內會舉行點火儀式[41]，這是將軍在當季首度點燃火鉢，象徵正式準備過冬。此儀式必

36〔原注〕深澤秋男，《旗本夫人が見た江戸のたそがれ：井関隆子のエスプリ日記》，一九九―二〇〇。

37〔原注〕笹間良彥，《復元江戸生活図鑑》，四六―四七；Vaporis, *Tour of Duty*, 7。

38〔譯注〕江戶城二之丸御殿的主室，是將軍接見大名及朝臣的辦公場所，面積廣大，俗稱「千疊敷」。

39〔原注〕深井雅海，《図解 江戸城をよむ》二二―二五；笹間良彥，《復元江戸生活図鑑》，二五―二七。

40〔原注〕氏家幹人，《旗本御家人》，二三―三〇。

41〔原注〕東京都公文書館，〈江戸城の冬支度 火鉢〉。

須遵照曆法在立冬之日舉行。要是季節提早入冬，眾人就得咬緊牙關忍受寒冷。此外在江戶城內，上廁所也相當麻煩[42]。在儀式場合，每個人都身穿全套的正式長袍禮服，層層疊疊，穿脫相當麻煩；如遇內急，幾乎不可能大費周章跑到茅廁解決，更遑論在將軍的庭園內恣意寬衣解放。因此，大名及將軍身邊都會有人帶著銅製的尿壺隨侍在側，必要時，只要稍微寬解衣帶，小心翼翼地將尿壺塞進衣縫，便能俐落解決主上的內急。但沒有隨從同行的旗本無法這麼做，他們只能在儀式開始前幾個時辰避免喝太多水，咬牙苦撐，忍到能夠更衣為止。

松平友三郎與其他幕臣一樣，對於幕府內的繁文縟節與複雜規矩早已習以為常。他知道如何忍受嚴寒與酷熱、如何深深地折腰鞠躬，還能跪坐長達好幾個小時，即使膝痛腳麻，依然不動如山。然而，江戶城內處處可見的跡象顯示，在井然有條、行禮如儀的秩序背後，存在著武士紀律也難以遏制的混亂現實。偶爾會有人失去理智、拉高嗓門，或發生罕見的鬥毆。有時也會目睹老人的假髮髻從頭頂滑落，掉到地上發出尷尬的聲響。此外，無論眾人如何盡力清掃，據傳全江戶最髒臭的茅廁[43]就在本丸御殿（城堡的主要部分）內。

友三郎的宅邸[44]就在城廓外，神田橋門的另一側。這塊地是將軍賜予他祖先的武家地，面積相當狹小，顯然與他的收入地位並不相稱。但身為旗本，他無法隨心所欲決定自己的住所，即使想在附近另覓新居，也得歷經多年的繁複手續，令人心力交瘁。他必須先取得幕府許可，並找到適合的土地。由於江戶地狹人稠，可能得等上十年才輪得到他申請。例如在文政七年（一八二四年），有塊新土地釋出[45]，就引來十一名旗本爭取。

但至少友三郎的武家屋敷位於江戶知名的町區——駿河台，有二百五十戶以上[46]的旗本宅邸聚集於此。這些武士的名字被寫成密密麻麻的小字列在江戶的地圖上，而整個武家地町區則以留白表示。駿河台雖與常野所住的神田毗鄰，卻有如天壤之別：神田街上到處擁擠喧嘩；駿河台則空闊靜寂，悄無人聲[47]，不見賣草鞋或年糕的路邊攤，就連嘈雜的小販也少了許多。此處的武家屋敷四周都有圍牆，幾乎無從窺其堂奧。偶爾會有盤根錯節的大樹旁枝伸出牆外，地上滿是落葉。樹幹[48]長在宅邸內，屬於武士所有；牆外的旁枝所在則隸屬無主之地，要是斷裂壓到路人（或被用來自縊輕生）就得興訟裁決，釐清責任歸屬。

42〔原注〕東京都公文書館，〈江戸時代の図面を読む その2トイレいろいろ〉。
43 同前注。
44〔原注〕標記於《江戸切絵図》（一八四九—一八六二）之〈駿河台小川町絵図〉。
45〔原注〕《新編千代田区史：通史編》，四五一—五二。
46〔原注〕《新編千代田区史：通史編》，四三四。
47〔原注〕《新編千代田区史：通史編》，四九五。
48〔原注〕《新編千代田区史：通史編》，四五九。

即使是友三郎佔地不大的宅邸[49]，採光與空氣也比常野在神田任何一處街區感受到的來得好。走進離街道有段距離的正門，就是林木扶疏、綠意蓊鬱的庭園。沿著小徑來到主屋接待區，這裡是主人處理書信往來與接待賓客的地方，也許是個由好幾個六疊或十疊大小的房間相連而成的豪華大廣間。常野無權插手這裡的工作。宅邸周遭的屋舍她也不能涉足：那裡住著友三郎的下屬，包括侍從、足輕（輕裝步兵）與其他常野叫不出名號的兵種。有些人雖然幾乎身無分文（他們的薪水相當低），但終究不同於街頭小販、計件工人、町人商家或在神田街巷叫喊的流浪漢等市井小民。這不僅可從外表打扮（制式服裝加上髮髻）看出，更重要的是他們相敬互重、彬彬有禮的應對進退。對常野而言，友三郎的宅邸內有著某種熟悉的秩序，與她嚴謹的越後老家相似，但家紋、刀劍與帶著江戶口音的官腔語言卻讓她備感陌生。

常野工作的地方是宅邸的內院，必須從另一個門進入。這裡一部分是友三郎的起居空間，其餘則是家中婦孺的居室。舉凡讀書、責罵小孩、縫補衣物與前掛（工作圍裙）、安排跑腿雜務與規劃遠行等，各種日常生活大小事都在此進行。一般的武士家庭中，家事多由男女主人與僕役合力完成[50]：武士之妻大多時間都在縫衣補衫、紡紗織布及洗衣，煮飯與打掃可能交給一到二名女傭負責；至於其他粗重的家務或修繕工作則由丈夫及隨從代勞。以下級武士來說，即使貴為一家之主，收入也不足以將家務外包，一切還是得靠自己來。但旗本就不同了，尤其像友三郎這種年俸高達七百兩的高級武士，享有更多餘裕，能過著輕鬆悠閒的生活。女主人無須自己縫衣也不用穿粗布，而且有錢僱用女傭。

作為打雜的女傭，煮飯與縫紉或許輪不到常野：廚房的工作另有其人，且工資較高，通常是男性。雖然常野也懂縫紉，但她應徵上的不是裁縫，而只是幫傭。她的工作是伺候友三郎家中的九名女眷，可能是他的母親及妻子，也許再加上祖母和其他姊妹，以及幾名貼身女侍或位階更高的家僕。常野要同時應付這麼多人，這樣的比例並不適當。雖然她對家務並不陌生，但她一直以來的身分都是雇主，從未親自當過女傭。這些女眷的要求相當苛刻，她幾乎招架不住。她寫信給孝德訴苦：「我卯時（清晨六點左右）即起[51]，得趕緊到五個房間裡生火，並準備洗澡水。接著打掃幾個小房間，收拾那九人的被褥，再將各個房間內的水壺裝滿，然後收拾夫人的碗盤、整理家具、看管並張羅所有人的用品。」比起過去的農家主婦或寺院坊守，如今常野更像是旅館的客房女傭。

要是常野工作的武家不像友三郎如此顯赫，某種程度上她可能會過得比較輕鬆。普通武

49〔原注〕此段空間描述之範例，見平井聖編，《図説江戸〈2〉大名と旗本の暮らし》，六八—六九。

50〔原注〕吉田ゆり子，《近世の家と女性》，一五八，一七〇—七三。

51〔原注〕《林泉寺文書》，編號一七一六。

士家的女傭[52]要做的工作多如牛毛，除了簡單的清潔打掃，還得洗衣煮飯、跑腿打雜、紡紗、照顧嬰兒、陪女眷外出遊玩等。雖然累人，起碼生活過得豐富多彩。常野也同樣忙碌，但工作內容固定，一成不變，且每樣都得重複做上九次。身為下級的雜役女傭，她什麼事都得做，在夫人面前沒有拒絕的權利。她的年薪也相當低，僅有二兩多的小判金幣[53]，所以在她之前的人都待不久，且對職業介紹所的欺瞞怨聲載道，對此常野並不意外。她經常得為了工作待到三更半夜，挨冷受凍，因為她還是沒有換洗衣物或棉襖可穿。

某天晚上，她筋疲力竭回到長屋，澈夜給孝德寫了一封信（義融依然不願回信）。她說：「這份工作相當辛苦[54]，手腳累得麻木無感。我在那裡待了四、五天，實在太難熬，於是萌生退意，打算開口求去。」但她不得不承認偶爾也有開心的驚喜。例如就在她累到瀕臨崩潰時，其他女傭紛紛報以同情，她們借她薄被禦寒，夫人也給了她一床被褥，讓她帶回房間使用。「我隻身來到宅邸工作，卻有這麼多人幫我，才得以安頓。」她寫道。但這種善意卻也為常野帶來困擾：每次接受他人恩惠，總是加深她內心的感激與虧欠，而她不想背負這麼多的人情債。「其實我很想休息。我是去替大家工作的，但每個人都對我很好，除了留下來繼續照料她們，我無以回報。」她認為，唯一的選擇就是跟眾多前人一樣，等待時機成熟，一走了之。

這項策略相當常見且不難成功。僕役會告訴主人[55]，藉口想去外地（可能是伊勢或金毘羅）的大神社參拜，接著偷偷另找新雇主。與常野同時代的江戶作家瀧澤馬琴[56]曾抱怨，他在一年內就換了七名女傭，足見逃工問題之嚴重。一向注重弘揚忠貞美德的幕府當局認為此風不可長，便祭出獎勵手段，表揚那些少數能長期待在同一名主人身邊，為其效命的江戶忠僕。就在常野來的前一年，町奉行就表彰了一位名叫兼次郎[57]的夥計，他在內藤新宿宿場附近的藥房工作。當局表示，兼次郎從年輕時就在該店工作，做事相當勤奮，很快就打響了名號。因為他的努力，藥房生意日漸興隆，但他依然穿著簡陋的草鞋，天天熬夜在店裡配藥。任職期滿後，他甚至謝絕了優渥的報酬，繼續留下來照顧生病的老闆娘，也或許他心裡期待著某種回報。即使到了最後，老闆沒將女兒嫁給他，而是另外招婿來繼承家業，他也毫無怨言。

52〔原注〕吉田ゆり子，《近世の家と女性》，一七三—七四。
53〔原注〕這似乎就是天保時期一般旗本宅邸女傭的行情薪資。友三郎之妻就是只支付這麼多。見妻鹿淳子，《武家に嫁いだ女性の手紙：貧乏旗本の江戶暮らし》，五〇。
54〔原注〕《林泉寺文書》，編號一七一六。
55〔原注〕東京大學史料編纂所 編，《大日本近世史料 市中取締類集》一：二七〇。
56〔原注〕齋藤修，《商家の世界・裏店の世界—江戶と大坂の比較都市史》，七一。
57〔原注〕《江戶町触集成》，一三：三〇四—五。

兼次郎以其忠誠情操獲得了五匁銀幣的獎勵，但大部分的江戶人並無意效法，常野也不例外。畢竟她已經放棄了三段婚姻，拋下家人與故鄉，甚至整個越後，遠走他鄉；即使她接受了武家宅邸眾人的好意、借了被褥，她也另有打算。而少了一個女傭對友三郎來說，根本不痛不癢。

最後，常野只在友三郎宅邸待了數週。她在這段期間記得了其他女傭的名字，瞭解所有女眷的喜好，也認識了一些挑著豆腐與木炭沿街叫賣的小販。也許她已經習慣每天整理家具寢具的例行工作，但始終無法適應清晨的低溫。晚上，她摸黑步行返家，回到皆川町，夜間小販早已收攤，木門緊閉，在番屋（守望哨所）看守的木戶番也半睡半醒。這短暫的幾個小時，她所住的城市一角靜寂無聲。回到長屋，她依舊無衣可換，只好用借來的床單裹身，鑽進同樣也是借來的被褥裡取暖。

仲冬十一月的最後一天，終於飄下小雪。雖說是細如粉塵的薄雪，以越後的標準來說，根本什麼都不是，但江戶人卻大驚小怪。地面殘留著隔夜積雪，在庭園小徑上留下雪白足跡，引來眾人議論紛紛。翌日，也就是十二月初一，江戶城內颳起狂風，當晚就發生常野在江戶遇到的第一場大火[58]。火勢自江戶城對面的四谷開始延燒，雖然沒有擴及神田，大家還是相當緊張，騷動不已。神田町與皆川町隔著幾條街，該町名主齋藤幸成匆忙趕赴各地巡視，設法穩住事態，確保一切都在掌握之中。

總有一天，松平友三郎的宅邸也會慘遭大火吞噬，這是一場可預見的災難：沒有人認為江戶的建築能流傳百世，歷久不衰。依其所見，真正能永垂不朽的，是江戶的制度架構；若不是友三郎這個人，起碼也是他的武士思想；若非江戶城的建築本體，至少也是它所代表的意涵；就算不是常野，最起碼也是身分所賦予友三郎聘僱女傭的能力。這是一個已經延續兩百多年的權力空間結構：江戶以幕府為核心，城壕四周圍繞著武家，武士就是全天下的中心。

但他們又怎麼會知道，此刻在廣闊的大洋彼端，有更多無法平息的災難蓄勢待發。陌生的外國人為了遠渡東洋正在擬定計畫，猶如新來女傭的心思，教人難以捉摸。這段時間，武士們可以專心家務，並時不時停下來，談論眼前平靜溫和、根本不像冬天的冬天。

58〔原注〕《斎藤月岑日記》，一九八；《藤岡屋日記》，二：一一九。

第六章　煥然「衣」新

Costumes for Urban Life

大年初一[1]大吉大利、大年初二開心有趣，江戶人是如此形容新年的。不管是在地人或外地人，莫不滿心期待年假到來。大晦日（除夕）當天，城裡忙得不可開交：根據自古以來的傳統，一整年下來所有尚未結算的帳款，都必須在除夕半夜前結清。因此店家打開大門，外頭掛上顯目的大招牌與燈籠，方便債務人上門還錢。從城內各地收回來的欠款不斷湧入，老闆坐在桌前忙著開立收據，放任別人的夥計在旁枯等。街上，焦急的年輕人四處奔波，衝進債戶店裡催款，匆匆將錢帶回店裡後又出門收帳。午夜時分，最後的鐘聲響起，有些帳款來不及收回，老闆決定放棄。他留下這些帳目，闔上帳本，結束了今年的決算。緊接著是年末大掃除，他們就算不睡覺也得漏夜完成，因為元旦一大早不宜掃地，以免不小心將整年的好運掃出家門。好不容易打掃結束，天邊已經微微露出曙光，大家上錢湯（澡堂）洗澡。業者為了這些疲憊不堪的老闆與員工，同樣營業到深夜，甚至澈夜不關。眾人忙到清晨才好不容易能睡上一覺。店門口的招牌卸下後，以紙帶捆紮收妥，門扉緊閉，就連青果市場與魚市場也休市，一年之中就只有這天是江戶人共同的休假日。

商店的人熟睡時，巷弄就成了小孩子的遊戲場，有些人放起動物造形的風箏，有些則拿出鮮艷的彩繪羽子板[2]打羽球。大街上亦可見大名出巡的行列。在元旦這天，最高階的幕臣[3]會派出代表，於清晨進城向將軍拜年。他們行經的街廓空蕩無人，與平時的江戶判若兩地——少了蠅集成群的街頭小販，也不見任何攤位；商家店面兩側聳立著高大的門松，門口掛著象徵趨吉避凶的注連繩[4]，綴以吉利的紙片。街道變得乾淨清爽多了（甚至顯得更加寬闊），平時不絕於耳的鬧市喧囂，如今只聽得見拍擊羽子板的清脆聲響，與孩子開心的高聲笑語；沉重的馬蹄聲，以及木屐踩在結冰街道上的喀喀作響。

新年第二天，大人紛紛出遊。一大早，他們就到床屋整理門面：刮鬍剃髮，並塗抹髮油、綁結髮髻，接著出發去給客戶鄰居拜年。他們穿上全新的和服及羽織外套，新衣十分硬挺，身子一動就娑娑作響[5]。女傭們的母親走出長屋，來到大官宅邸向女兒的雇主拜年。歌舞伎演員搭著轎子在城裡四處遊逛，拜會茶屋、常客與老師，希望他們在新的一年也多多關

1〔原注〕江戶各種新年習俗，見岸井良衞，《江戸の日暦》，二八—八五。

2〔譯注〕日本傳統玩具，為長方形有花樣的木板。過年時，女孩習慣以羽子板互相打擊毽子，毽子落地者須接受畫臉的懲罰。

3〔譯注〕新年元旦至初三，幕臣須按身分地位依序進城請安。首日是地位僅次於將軍的重要家臣，包括親藩大名（「御三家」、「御三卿」）、譜代大名、特別待遇之外樣大名（如加賀藩主）等高層。第二天輪到「御三卿」之子、「御三家」嫡子、外樣大名、布衣旗本等；第三天則是無官位的大名、旗本及御用達町人（御用商人）等。

4〔譯注〕以稻草編成的結繩，本來是用於神社門前的裝飾，象徵區隔神界與人間的結界，現多用於家門、玄關等出入口，引申為阻擋災厄之意。

5〔原注〕朝岡康二，《古着》，四九。

照。

松平友三郎在大年初二這天登城拜謁將軍，他的地位不夠高，無法加入元旦的拜年行列。整個宅邸上上下下為此忙得不可開交，根本無暇慶祝。即使在初一大清早，別人還在被窩裡好夢正酣，或已經登上駿河台的山頭準備迎接元旦日出，他們也得展現對主人的忠誠。在旗本宅邸內，照慣例，所有成員必須按位階在院子裡集合，侍從身穿印有家紋的正式禮服及硬挺的無袖肩衣；女眷，甚至僕人，則比照極其隆重的場合，將長髮梳成「大垂髮」（以髮結分段的馬尾）。大家鞠躬請安，代表新的一年也將繼續為大人效命。

此時，人在江戶另一端的常野，慶幸著自己早已不在那裡。

常野雖然還是女傭，但她已經搬離神田那間簡陋的長屋。她找到了新雇主[6]，對方是名富可敵國的男人，不惜豪擲三百兩替他新納的小妾（某個來自京都的藝伎）翻修新房。雖然尚未完工，但規劃得相當氣派，其中有一間茶道專用的茶室，全以青翠的淡綠色調呈現。常野已經好幾個月沒給義融或母親寫信了，她自知家裡已經不認她這個女兒，但還是按捺不住，想跟他們分享這件好消息：來到江戶兩個多月，她終於如願以償，來到真正的上流世

界。

常野的新住處在住吉町，位於芝居町（劇場街）的中心。她所住的街區過去曾是遊廓[7]（風化區）的一部分，大街上如今聚集了許多製作及販售人偶的業者，因而名為「人形町通」。店家及攤位上擺著各式人偶，穿著精緻的刺繡和服，看起來就像昂貴的玩具；不過一旦搬上舞台，演出江戶流行的人形偶戲[8]，卻出奇地栩栩如生，令人毛骨悚然。操偶師默不作聲，在他精巧的操作下，人偶精雕細琢的手可以展信、提燈籠，癱軟的軀體也能隨著情緒，表現出捧腹大笑或怒不可遏的抖顫。哭泣時，烏亮的黑髮垂到衣袖上，靜止的臉龐彷彿有了表情。

江戶的三大歌舞伎劇場[9]就在人形町通對街，門面光鮮亮麗、色彩鮮艷，掛滿成串的燈籠，擺設巨大的木製看板與實物大小的戲劇場景彩繪（繪看板）。場內熱烘烘的，擠滿了看戲的人潮。天花板吊著幾十盞燈，觀眾擠在舞台下方，座無虛席，甚至排到二樓去。最好的

6〔原注〕《林泉寺文書》，編號一六九九。

7〔譯注〕吉原遊廓，後來遷至淺草寺後方，人形町一帶遂有舊吉原之稱。

8〔譯注〕人形浄瑠璃，指結合說書、三味線及操偶師的傳統偶戲，又稱為文樂。

9〔譯注〕中村座（堺町）、市村座（葺屋町）、森田座（木挽町），合稱「江戶三座」。

位子就在演員進場的花道旁，那是條與舞台相連的狹窄走道。主角會出現在劇院後方，走上花道，穿越人群，在燈火映照下熠熠生輝，幾乎伸手可及。舞台上，他們在太鼓、三味線及淒楚的笛鳴伴奏下載歌載舞。獅子甩舞著潔白的長鬃，傲氣逼人的年輕武士頓足炫耀實力，英雄豪傑高舉長刀，以行雲流水的武藝擊敗了仇敵。美麗的女性（也由男性扮演）時而嬌媚挑逗，時而或舞或泣；她們濃妝豔抹，頭頂華麗的假髮，動作細膩、充滿女人味，比台下任何一位女性都要迷人。

場外，整個芝居町宛如鬧市，直到夜幕低垂[10]戲終人散才恢復短暫平靜。但在大型公演的日子，歌舞伎座清晨四點就傳來太鼓聲響，吸引民眾聞聲而至。表演在天亮之前就開始了，以滑稽的短劇與舞蹈為開場，緊接著一場場、一幕幕、一齣齣的好戲接連上場，持續一整天。川流不息的戲迷與湊熱鬧的路人順著人形町通湧入，將劇場街擠得水洩不通。常野就住在住吉町，近在咫尺，外頭的喧鬧與鼓聲不絕於耳。附近的商店販售舞台相關用品[11]，包括讓頭髮更顯光澤的髮油、使肌膚如雪般白皙的化妝粉，以及在妝容襯托下，增添唇色紅豔的硃砂等，有些包裝上還印有知名演員的名字。

常野忍不住誘惑也買了幾樣東西。她寄了髮油給嫂嫂佐野，「這是江戶最頂級的。」[12]她在信中寫道。此外還送了手巾給八歲的姪子喜博；給母親送了海苔以及某個充滿異國風情的小物——銀幣。這是她向雇主要來的「大黑」丁銀，源自總是面帶笑容的福神[13]。但這也是只有江戶人知道的雙關語，暗指當地負責鑄造銀幣[14]的官員大黑常是。雖然他與神明一點關係也沒有，但銀幣總是能為人帶來幸福，不是嗎？

常野也努力清償債務[15]，至少是那些用錢就能解決的部分。她付了三兩金子給之前在皆川町的家守甚助，並給了林泉寺的信徒安五郎一百文銅錢，酬謝他的贈禮及幫忙捎信，但她還欠他五百文，加上江戶的生活開銷驚人[16]，所有日常用品，包括碗筷，都得自己花錢購買。她好不容易才買了枕頭與新鞋[17]，但身上的衣服還是那套一路從越後穿來的深色和服與

10〔譯注〕當時禁止夜間演出，戲劇表演從清晨七點就開始，持續到傍晚五點左右。
11〔原注〕見〈住吉町〉，《日本歷史地名大系》。有些歌舞伎演員自己也在其他地方開店，見田口章子，《江戶時代の歌舞伎役者》，二三三—三八。
12〔原注〕《林泉寺文書》，編號一六九九。
13〔譯注〕大黑天，為七福神之一。形象為頭戴圓帽，背負一囊，手持寶槌，坐在米袋上，象徵招財進寶。
14〔原注〕常野的雇主可能跟當地有些淵源；她稱他為「銀座來的主人」（銀座の旦那），儘管「銀座」也可能是指日本橋附近的銀座町。當時的鑄幣機構即緊鄰住吉町，見《国史大辞典》，〈大黑常是〉條目。
15〔原注〕《林泉寺文書》，編號一六九九。
16〔原注〕《林泉寺文書》，編號二〇四九。
17〔原注〕《林泉寺文書》，編號一七一〇。

外套。每次在路上遇到熟人，她都尷尬無比[18]，要是叔父能把所欠的三兩金寄還給她，她就能添購新衣，或許還夠她在住吉町過上不錯的生活。

事實上，知名歌舞伎座一場戲的票價可能不是常野負擔得起的。靠近舞台的包廂[19]要價一兩半，相當於一名普通女傭半年的工資；在大型劇場，就連離舞台最遠的位子也得花上約莫一個月的薪水[20]。但小劇場的夏季公演，舞台側邊[21]的站票差不多是幾碗麵的錢就買得到，而且寺院前的空地隨時有演出，街頭也有非正式的表演，有時甚至是同一批演員[22]。

常野要是買得起票，就能踏入一個明亮歡騰、絢爛華麗的歌舞世界，她可以待上好幾個小時，如癡如醉，沉溺其中，直至曲終人散。但江戶其他地方就會相形遜色，顯得索然無味。武陽隱士曾說過，歌舞伎會讓女性與現實脫節。「的確[23]，女性只要看過一次歌舞伎就會沉迷上癮，寧可三餐不吃也要再看一次。去看戲的年輕女性完全為之傾倒，無法自拔。」他寫道。所幸還有一些不用花錢也能躬逢其盛的方式。常野可以徘徊流連在錢湯門口或街頭轉角[24]，細細欣賞當季公演的彩繪畫報，在演出陣容中找尋自己喜歡的演員；在家聽見巷弄小販在兜售海報，就馬上衝出去買。這些剛印好的版畫海報散發著廉價油墨的味道——以發酵的柿汁與菜籽油渣混合而成，充滿新季節的酸澀氣味。常野可以一遍又一遍讀著這些海報，或是左鄰右舍傳閱的印本。要是喜歡，還能將它貼在牆上，每晚睡前再看一眼，希望那些以粗體列名的知名演員，以及用小字寫著藝名在旁陪襯的新秀能夠入夢。

江戶名氣最響亮的歌舞伎演員半四郎並未出現在任何戲單上。第五代岩井半四郎[25]過去以反串純真勇敢的少女角色聞名，之後一反傳統，改演懷恨惡毒的女主角。幾年前，他開始以新藝名演出，但「半四郎」這個名號已經在歌舞伎界佔有難以撼動的一席之地，在江戶無

18〔原注〕《林泉寺文書》，編號一六九九。

19〔原注〕見 Teeuwen and Nakai, eds., *Lust, Commerce, and Corruption*, 336。

20〔原注〕十或二十匁銀，相當於一兩金子的四分之一至三分之一。見田口章子，《江戶時代の歌舞伎役者》，六七—六九。

21〔原注〕Shimazaki, *Edo Kabuki in Transition*, 89。

22〔原注〕吉田伸之，《身分的周縁と社会＝文化構造》，一二五。

23〔原注〕Teeuwen and Nakai, eds., *Lust, Commerce, and Corruption*, 336。

24〔原注〕此處與歌舞伎相關的江戶出版文化參考自 Shimazaki, *Edo Kabuki in Transition*。

25〔原注〕當時最新的第六代岩井半四郎（第五代半四郎之子）於天保八年（一八三七年）逝世。關於歷代承襲半四郎名號的演員及其傾國傾城的美女形象，見 Durham, "The Scandalous Love of Osome and Hisamitsu," 64-66。常野並未明說「半四郎」指的是歌舞伎演員，在此筆者係根據岩井半四郎的族譜記載推論（其家族在住吉町擁有屋宅）。第八代岩井半四郎於文政十二年（一八二九年）於當地出生，見野島壽三郎《歌舞伎人名事典》，一四三。

人不知、無人不曉，就連藝伎也將之套用在自己的藝名上[26]。女性穿著稱為「半四郎」[27]的木屐，底部有小切口，因為近似他在舞台上所穿的木屐而得名。就連在越後，有在看戲的人也一定知道半四郎。他們或許看過他演出的廣告傳單，總是身穿全套戲服粉墨登場，看起來嫵媚動人，女人味十足。

出走越後之前，常野或許曾注視著半四郎的畫像，心想那就是自己永遠無緣擁有的一切：時尚、高雅，以及江戶。如今這一切卻似曾相識，幾乎近在眼前。現在她可以在寫給家裡的信中隨口就提到「半四郎」這個名字，甚至無需帶姓，彷彿熟人似的。某種程度上差不多是如此，她可以自豪地跟家裡說[28]，她現在住的房子就是他的。

平心而論，那並不是半四郎的家，他本身也不住那裡。堂堂第五代岩井半四郎的住所無論位在何處，肯定非比尋常。常野住的房子不大，是半四郎在住吉町的「別室」，過去他的兒子一直住在那裡[29]，直到意外去世為止。現在他將屋子租下作為小妾的居所。也許他認為這樣做能讓她芳心大悅，因為對方是藝伎，本身就有藝術涵養，況且又來自以精緻文化著稱的京都。半四郎的大手筆確實給常野留下了深刻印象，幾乎樣樣令她咋舌，包括所花費的高額鉅款、髮油，尤其是對吃食的講究。

常野認為江戶的東西什麼都好吃[30]。在北國鄉村活了大半輩子，她見到城裡的餐館食肆有如田裡蔓生的雜草，到處林立，不禁有些不知所措。一八三〇年代，江戶的町名主統計過[31]，光是城內的主要大街上就有將近七千家的熟食小吃店，這還不包括他們無法一一細數的後巷酒肆、流動小販、路邊攤，因為它們隨處可見，總是一邊搖鈴一邊哼唱悲涼的旋律，賣著熱騰騰的餃子與冷豆腐。町名主所掌握的商家，賣的大多是一口大小的零食點心或燉煮的下酒菜；有七百多家麵舖，不是烏龍麵就是蕎麥麵。麵食是江戶歷史悠久的特色美食，大家對於調味的濃淡、食用的速度，甚至咀嚼的次數各有堅持，激辯不休[32]。然而真正的老饕堅信最好吃的麵，是在店家都已打烊的深夜時分，躲在路邊陰暗角落享用的無名麵攤現煮美味。但他們對壽司的研究就沒有那麼深入了。常野來到江戶時，生魚握壽司[33]的歷史才幾十年，卻愈來愈受歡迎，尤其在炎炎夏日，更成了大眾化的平價小吃。當時的蝦壽司與鮪魚壽

26〔原注〕東京大學史料編纂所 編，《大日本近世史料 市中取締類集》，一：四四。
27〔原注〕見《日本國語大辭典》，〈半四郎下駄〉條目。
28〔原注〕《林泉寺文書》，編號一六九九。
29〔原注〕伊原敏郎，《近世日本演劇史》，四七〇。
30〔原注〕《林泉寺文書》，編號一六九九。
31〔原注〕吉田伸之，《伝統都市・江戸》，二七四—七六。
32〔原注〕Terado Seiken, "An Account of the Prosperity of Edo" (Edo hanjōki), trans. Andrew Markus, in Jones, ed., *An Edo Anthology*, 491。
33〔原注〕Nishiyama, *Edo Culture*, 171。

司一個只要幾文錢，而美味的玉子（雞蛋）則要價兩倍。

江戶的高級料亭完全不是常野能夠踏足的地方，但或許對她的新雇主半四郎而言並不陌生。在私人的庭園包廂內，商人、幕府官員、大名代表齊聚一堂，舉行奢華的宴會，享受一道又一道精緻美食，華美繽紛的擺盤，鋪陳在光彩奪目的盤皿中。當時江戶首屈一指的料理名店「八百善」相當講究，據說店裡的師傅[34]洗白蘿蔔（大根）時只用甜酒，就連山芋、漬物、茶湯等普通菜色也都得按照嚴格的工序精心製作。這些名廚彷彿自詡精通武藝的劍客，個個自命不凡、戲感十足。他們所寫的暢銷料理書名[35]都相當浮誇，例如：《諸國名產大根料理祕傳抄》、《甘藷百珍》、《式正包丁料理切形秘傳抄》。

即使在知名料亭，料理也鮮少成為重點。宴席通常會找來藝伎唱歌跳舞、陪酒玩樂，半四郎與他的新歡很可能就是在這種場合上認識的。有時料亭宴席也會成為藝術表演的舞台，上演各種精彩緊湊的餘興節目[36]。知名藝術家與歌舞伎演員帶來罕見或顛覆常規的破格表演：書道家同時展開幾十把紙扇，龍飛鳳舞地振筆疾書；役者俳優表演吟詩作對。著名畫家展開瘋狂的較勁，雙手左右開弓，甚至上下顛倒地畫。以《神奈川沖浪裏》遠近馳名的資深畫家葛飾北齋就是這類宴席的常客，雖然他早就說過厭倦這種場合，但就跟大家一樣，他需要賺錢以求溫飽。

常野的生活算不上光鮮亮麗，但起碼比在旗本宅邸裡收拾被褥、裝水的那段短暫時光來得好。她在半四郎新裝修的茶室負責煮茶[37]，這她多少略懂一些。雖然越後的家裡沒有任何茶具，但受過良好教養的年輕女子應該具備基本的茶道知識[38]。此外她也得打雜跑腿[39]，不論誰都會做；剩下的時間都在做針線活。她甚至用厚重的絲綢縐紗給半四郎縫了一套和服，這可是相當花工夫的。縫紉是常野最引以為傲的技藝，也幸好她對此相當擅長。會做針線活的女傭[40]比起不懂的人，可以賺到更多錢，有時幾乎與武士身邊的侍從不相上下。

儘管在江戶買工具很方便，常野還是請母親從家裡寄來量尺，或許那是她最喜歡的一把，抑或就只是用習慣了。無論她身在何處，縫紉的儀式永遠不變：以尖細的針線刺穿布料，發出「啵」的一聲；鋒利的裁刀「嘶」的一聲，索利地劃過絲帛。很久以前，在漫長的冬天，當院子裡積雪漸深，她就與清見跟著母親練習過，當作打發時間的消遣。原來從那時

34〔原注〕Nishiyama, *Edo Culture*, 167-69。

35〔原注〕Rath, *Food and Fantasy in Early Modern Japan*, 176-78; Nishiyama, *Edo Culture*, 150。

36〔原注〕Clark, "What is Ukiyo-e Painting?"。

37〔原注〕《林泉寺文書》，編號一六九九。

38〔原注〕Corbett, *Cultivating Femininity*, 98-121。

39〔原注〕《林泉寺文書》，編號一六九九。

40〔原注〕小川顯道，《塵塚談》（一八一四），引用於《江戶風俗志》，五七。

起，她便開始為將來鋪路，準備走上不同的人生。她肯定也想過，有一天會換她教自己的女兒縫紉。

雖然未能如願，江戶的種種仍使常野心懷感激：劇場街傳來的鼓聲，青果店裡已經切好[41]、可以直接烹煮的鮮蔬；人形町上，輕輕晃動著小巧人頭的木偶；雅緻的茶室、門牌上的姓名，以及她手中冰冷的錢幣。

值得慶幸的是，越後那些扯著大嗓門、頭髮疏疏落落，看了就教人不舒服的老男人，沒有一個是她託付終生的對象。

整個冬天到翌年春天，常野都在幫人洗衣服。即使是隆冬，晴朗的日子裡後巷依然掛滿棉衣、外掛以及各式各樣的內襯，有如街頭裝飾。拆洗後的外衣變成一條條的長棉布，吊掛在竹竿上，之後再重新拼接；外掛則是晾在木架上，攤平的寬長袖迎著寒風微微飄揚。在春末盆花綻放之前，這些衣物就是灰樸樸的暗巷唯一的色彩。它們大多以棉布為主，印著條紋或花紋圖案，邊角早已磨損褪色，但仍不乏絲綢和服。當時庶民服裝的品質水準不斷提昇，正如十年後有本書提到：「過去[42]在鄉下，除了武士之外，罕有庶民擁有條紋或印花圖樣的

加賀絹布羽織（外套），如今就連長屋大雜院內的工匠似乎也人手一件。」這說法當然過於誇張，至少常野就沒有。儘管如此，後巷晾衣一字排開的景象還是相當震撼，連串的展示，彷彿在炫耀著常野依然無法實現的小小奢望：擁有更多衣服，以便交替換洗。

另一方面，當時市面上流通的美人畫與歌舞伎傳單已經都是全彩刷印的「錦繪」[43]，常野因此對江戶流行的時尚多少有了些瞭解。當然，不少戲碼都與歷史人物有關，但戰國時期的武將打扮根本不是重點；也有一些以當代女性形象為主，例如藝伎及商人的女兒。常野只要研究她們布料花紋的形狀、衣領的弧度、精確的腰帶綁法或木屐的高度，就能憑直覺判斷出未來一週或一個月內的流行趨勢。此外，有些經典的舞台形象[44]早已成為江戶永垂不朽的時尚，例如第五代市川團十郎飾演的女僕所帶動的「團十郎茶色」；佐野川市松演出悲情的年輕戀人，掀起黑白格紋交錯的「市松紋」風潮。至於半四郎也不落人後[45]，開創出專屬的

41〔原注〕原田信男，《江戸の食生活》，二七。

42〔原注〕志賀忍，〈三省録後編〉（一八五六），一：一三。《江戸時代女性文庫》卷五二。

43〔譯注〕以多層色版重疊刷印而成的彩色版畫，常見於後期的浮世繪。

44〔原注〕菊地ひと美，《江戸おしゃれ図絵：衣裳と結髪の三百年》，一〇二—三。武陽隱士舉了更多例子說明，見 Teeuwen and Nakai, eds., *Lust, Commerce, and Corruption*, 336。

45〔原注〕見《日本國語大辞典》，〈半四郎鹿子〉條目。

「半四郎鹿子」紋樣，麻葉形狀的斜紋交織排列，呈現幾何美感。常野若仔細注意天保十一年（一八四〇年）正月的劇場宣傳畫報（役者繪）[46]，一定會看到知名歌舞伎演員尾上榮三郎的藝伎扮相。畫中的他身披紫、橙、綠三色相間的格子罩衫，內搭白色斑點的淺紅內襯，以蜷縮的姿態現身。

常野深色和服的優點就是不顯髒，但看起來土裡土氣。她要是有其他像樣點的衣服可換就好了。當時即使是高階武士[47]也會光顧當舖，以相當不錯的價格買到漂亮的衣服；就連破爛到幾乎不能穿的舊衣也能找到買家。拾荒者[48]背著成捆骯髒、面目全非的舊衣，在巷弄四處逡巡。他們什麼都收，來者不拒。常野絕對不會想跟他們買，但反正他們也不賣——他們會將一整天下來的戰利品拿到神田川沿岸（柳原河堤）的路邊攤，清洗後再出售。該地有不少業者聚集，形成舊衣零售市場，一般人逛起來很方便，但對已經見慣錦衣華服的常野來說，說不定還是無法滿足她的需求。

就在人形町通幾個街町外的富澤町[49]，有個知名的古著（二手舊衣）市集。該町因十七世紀（慶長年間）的大盜鳶澤甚內而得名（日語「鳶澤」音近「富澤」）。鳶澤原本是做買賣贓品生意的盜賊，後來遭當局逮捕，被求處死刑；為了保命，他與幕府達成協議：幕府答應放他一馬，條件是他必須改邪歸正（從事舊衣生意），藉此協助當局監視前來銷贓的盜匪。從此以鳶澤為名的古著市集就成了江戶舊衣交易的集散地，經銷商在這裡向取得高級衣物的批發商進貨，再轉賣給零售商。有些會賣給江戶的流動攤商[50]，相當於拾荒的回收業者，他們挑著堆滿衣服的扁擔沿街叫賣；有些則是交給東北地方的舊衣商，鄉下農民對江戶的舊衣總是趨之若鶩。常野越後老家的鄰居，有些人穿的或許就是從富澤町批發來的舊衣。過去她的衣著總是比他們高級許多，如今她連保暖的衣服都沒有。她寫信向孝德求援：「那些好東西我一件都不需要[51]，但求求你，拜託你，請幫我將棉襖及兩件鋪棉外衣寄來，讓我能夠禦寒。」她也請母親寄來前掛[52]（工作圍裙）與鏡子、髮簪、梳子等，以便整理頭髮。

至少，常野的困境只是一時的。赤貧的窮人長期無衣可穿，有些人家裡的衣服還不夠讓

46〔原注〕節目單（辻番付）：繪者不明，《梅咲若木場曾我，河原崎座》，演出日期：天保十一年一月；宣傳畫報：歌川國貞 繪《尾上菊五郎のおまつり佐七、尾上栄三郎の芸者小糸》，天保十一年。有些場景是後來才添加，因此這張畫報很可能是在首演後才推出。

47〔原注〕磯田道史，《武士の家計簿：加賀藩御算用者の幕末維新》，六三。

48〔原注〕吉田伸之，《伝統都市・江戸》，二五九—六〇。

49〔原注〕見〈富澤町〉，《日本歷史地名大系》；杉森玲子，〈江戸の古着商人〉。

50〔原注〕吉田伸之，《伝統都市・江戸》，二五八—五九。

51〔原注〕《林泉寺文書》，編號一七一六。

52〔原注〕《林泉寺文書》，編號一六九九。

所有人穿。幕府甚至讚許在隆冬不穿衣就頂著嚴寒外出、將衣物讓給雙親禦寒的孝女[53]。另一方面，從事體力勞動的人[54]（大多是男性）在工作時早就習慣赤身裸體，一來他們沒錢買衣，二來工作上也不太需要。這些男性僅在下半身綁上纏腰布（褌），就在街上替人拉車、扛轎或送件捎信，四處奔波。幾乎一絲不掛的打扮就如同武士腰間那兩把佩刀，成了他們卑賤地位最顯著的象徵[55]。彷彿是為了彌補，這些勞動者在身上刺滿五顏六色的紋身[56]，從後背一路延伸到大腿，為他們裸露的皮膚披上厚實的外衣與盔甲，覆滿璀璨閃耀的魚鱗、龍鱗以及剛挺的虎斑鬃毛。紋身這項時尚借自幕府對罪犯施予的「入墨」之刑，一方面象徵社會底層的反抗，同時也是自豪的證明，代表他們在江戶待得夠久、有穩定的收入與積蓄，才能多年來週而復始不斷紋身。

有些人穿的則是用好幾十張厚紙做成的紙衣[57]，作法是先將和紙揉皺，使之軟化，接著再以柿汁處理，使其能夠禦寒。這種衣服聞起來雖然有股怪味，但保暖效果不錯。如果用新紙，還能染上各種顏色，缺點是不能洗。此外也有使用回收舊紙做成的外衣，價格更便宜，上面還依稀可見印刷文字、彩繪與筆墨塗鴉的痕跡。這種衣服曾被拿來製作歌舞伎的戲服，流行一時，吸引民眾模仿。他們在精美的絲綢外衣上隨意塗鴉，形成一種高端的街頭時尚。原本是山窮水盡的替代品，經過包裝後反而洋溢迷人的都會風情。

常野所在的街町，人人深諳「佛要金裝，人要衣裝」的道理，必須透過裝扮行頭，打造美麗的幻想。劇場製作人、木匠、雕偶師、結髮師、畫家、作家、舞台設計師等，都是靠著營造炫目絢麗的舞台假象維生。然而年復一年，這種華奢的風氣逐漸顯出疲態。當時製作一齣戲的支出攤開來看，依然令人咋舌。據傳河原崎座劇場於天保十年（一八三九年）推出的《國姓爺合戰》[58]，劇中三位主角的戲服[59]就斥資千金，遠遠超過大多數旗本的年俸。但

53〔原注〕《藤岡屋日記》，二：一三六；《江戸町触集成》，一三：一八二。
54〔原注〕Teeuwen and Nakai, eds., *Lust, Commerce, and Corruption*, 303。
55〔原注〕牧原憲夫，《文明国をめざして》，一四—一六。
56〔原注〕關於紋身在江戶時代的用途，見 Botsman, *Punishment and Power*, 27。
57〔原注〕丸山伸彥，《江戸のきものと衣生活》，六五。
58〔譯注〕江戶時代劇作家近松門左衛門所作的人形淨琉璃歷史劇，以鄭成功反清復明為主題。一七一五年（正德五年）在大坂首演，大獲好評，後改為歌舞伎形式在京都及江戶演出。
59〔原注〕田口章子，《江戸時代の歌舞伎役者》，二一三—一四；相關探討見吉田節子 編，《江戸歌舞伎法令集成》，三四七—四八。

也有不少差強人意的劇作，演員在舞台上所穿的華麗戲服只能遠看[60]，一旦近看就會露出馬腳：雖然仍是繡著金邊的中國進口絲綢，但這些戲服並非新衣，而是劇場老闆從當舖贖回來的典當品——平常沒有公演的空檔，這些戲服就被押在當舖，等新戲上檔時再贖回。

包括半四郎在內的大牌演員，據說年薪仍在千兩以上，這筆支出對劇場而言是很大的負擔。此外由於夜間觀眾如市，大量燈火照明造成劇場街火災頻仍，歷經一次又一次的重建，經營者為了籌措資金而債台高築，疲於奔命。類似的慘劇發生過數次，幾間大劇場因此歇業，入夜後黯淡無光。雖然歌舞伎還是有死忠的戲迷支持，購買海報、在低矮狹窄的「鼠木戶」[61]前排隊等待進場，但看戲的普羅大眾卻愈來愈少。由於劇場票價高昂，此時也出現了其他選擇。雜技棚（見世物小屋）[62]只需幾文錢，就能欣賞到令人大開眼界的怪奇秀，展示各種奇珍異獸，如外國禽鳥、豪豬、臭氣薰天的鯨魚屍體，以及掃帚打造的巨大塑像。此外還有真人演出與特異的畸形人，包括女力士、弄蛇人、機械假人、奇胖無比的胖子、巨人、有陰囊的女性，以及渾身長滿鱗片的男孩等。更有一個半人半蠻的小男孩[63]，能將自己的眼珠挖出來，遞到觀眾面前，即使是最厲害的歌舞伎演員也無法與之匹敵。

大型歌舞伎劇場為了喚回觀眾，的確也試著仿效雜技棚製造噱頭[64]。十九世紀初的數十年間，歌舞伎多以華麗浮誇的幻想與怪誕的場面為主。到了常野來到江戶時，風格走向世俗化，故事的舞台換成了江戶最陰暗的死角，並將社會底層的市井小民塑造成英雄。劇情依然不乏忠肝義膽、為主君不惜犧牲一切的武士，同時也加入其他類型的角色，例如自小無父無母的棄兒、流浪的江湖盜匪與面目猙獰的鬼魂。傳統派對此痛心疾首，曾有劇作家悲歎：「歌舞伎沉淪至此，積重難返。」[65]

然而，這些通俗的新戲碼卻真實刻劃出江戶生活某些重要的面向，讓大家注意到各種為了謀生而使用的欺騙技倆。例如人們會藉由絲綢羽織與金錢或是紙衣與刺青，來表現出某種無懈可擊的完美形象，事實上卻毫無說服力。也許，在他們光鮮亮麗的打扮底下，所有江戶人就像歌舞伎《四谷怪談》的女主角阿岩[66]一樣，平常是個溫順的妻子，但當貪得無饜的丈夫強硬脫掉她的外衣、扯下髮簪打算拿去典當變現時，她就失控陷入瘋狂，露出猙獰的面目

60〔原注〕東京大學史料編纂所 編，《大日本近世史料 市中取締類集》，一：二二九；藤田覺，《遠山金四郎の時代》，八一。另一份報告也提出同樣看法，認為當時的歌舞伎劇場不再花錢製作華麗的金銀絲綢戲服，而是回收舊衣重新改製。見《大日本近世史料 市中取締類集》，一：二二〇。

61〔譯注〕江戶時代歌舞伎座或小劇場的正面入口，為了防範逃票而設計得相當低矮，僅容一人通過。

62〔原注〕Markus, "The Carnival of Edo"。

63〔原注〕深澤秋男，《旗本夫人が見た江戶のたそがれ：井関隆子のエスプリ日記》，六四—六六。

64〔原注〕Shimazaki, *Edo Kabuki in Transition*, 226-27。

65〔原注〕《壽阿彌筆記》（一八四〇），引用於 Shimazaki, *Edo Kabuki in Transition*, 101。

66〔原注〕相關討論見 Shimazaki, *Edo Kabuki in Transition*, 111-19。

——說不定每個江戶人都是利用華服與髮簪來維持某種理智的假象。又或者，大家本來都是善良正直的好人，但當他們一再瞭解到，永遠無法擁有那些自認屬於自己的東西時，就會性情大變，成為失控發狂的野獸。

新年伊始，常野的母親終於寄來了包裹[67]，是兩件棉襖。林泉寺的祕書傳八話講得明白，該寺正式與常野斷絕關係的事實不變，這些衣物是她母親擔心常野受凍而私下寄來的。常野此刻最需要的就是這些衣服。後來她又收到一份更豐厚的大禮[68]，是幾件單衣和服與其他配飾。但這兩件行李原先都是寄到之前長屋的家守甚助手上，裡面的東西全被他妻子私吞[69]，連一件衣服也不留。常野欠甚助的債尚未還清，這或許讓他以為能夠以此相抵，作為補償。在常野眼中，他就只是個可憎的小人。她寫道：「假使家裡要再寄東西過來，應該順便附上警告信，叫他別動歪腦筋。」

然而，就算寫信也無濟於事——任何辦法都沒用。

越後的人都勸常野放棄，早日回鄉。就連她在江戶的同鄉舊識，同時也是林泉寺信眾的安五郎在春天返鄉務農[70]前也不斷苦心相勸。常野相當失望，因為他是她與村裡唯一的聯繫管道，她希望安五郎能將她在江戶展開新生活的近況轉達給母親。「我有很多事要講[71]，這些事在信中很難交代清楚。但每次見面，他只會叫我『回家吧！回家吧！』，乃至於到最後，我有很多事想說卻苦無機會開口，我覺得相當遺憾。」常野寫道。

到了夏天，道路恢復暢通，家人都認為她該回去了。常野收到傳八來信，懇求她回越後。她淚流滿面，反覆讀了好幾遍。雖然義融依然不願提筆寫信，但她或許並未真正失去家人與故鄉。終究，她讓大家失望了：她不會離開江戶，回去林泉寺重新過著那令人窒息的生活，這一點自始至終從未改變。「我心裡明白，你認為[72]我應該在十八或十九之前回去，但我不這麼想。」她寫道。「無論我有多怕惹你不悅，我都不想嫁給鰥夫作繼室。」雖然信中語氣聽起來大逆不道，但她更擔心因此而與家人產生裂痕。她自知口氣不佳，尤其透過紙筆來表達自己的違逆，殺傷力更大。「就在寫這封信的時候，我不知如何下筆，反覆拿起又放下起碼十次、十五次。儘管如此，我還是緊張得直發抖，困窘不已。」她坦言。然而她還是下定了決心，寫道：「畢竟，我所寫的一字一句都是由衷的肺腑之言，請務必理解我的心情，認真讀完。」最後，常野列出一些她還欠缺的物品，包括衣服、手巾、備用的布料以及

67〔原注〕《林泉寺文書》，編號一六九八。
68〔原注〕相關描述見《林泉寺文書》，編一七一〇。
69〔原注〕《林泉寺文書》，編號一七一五。
70〔原注〕《林泉寺文書》，編號一七一七。
71〔原注〕《林泉寺文書》，編號一六九九。
72〔原注〕《林泉寺文書》，編號一七一〇。

量尺。

常野以舊衣裹身，用逞強掩飾恐懼，靠工作填補生活。她只需要合適的衣裝來扮好自己的角色，便足以在江戶安身立命。

春天過去，江戶的巷弄迎來了初夏，天保十一年就如同往年般平淡無奇。在街上掛起慶祝男孩節的鯉魚旗之後，梅雨季登場，路上泥濘一片，街頭瞬間綻放出數十萬朵傘花。當烏雲散去、艷陽高照，換成紙扇盛開，彷彿有百萬之譜。

炎炎夏日，要是吃得起，江戶人都喜歡吃鰻魚[73]。白天時間拉長，橫跨午夜的子（鼠）時幾乎跟著消失。劇場會上演票價低廉的怪談故事，街頭的壽司小販也開始販賣金魚。

至於街談巷議的八卦話題，則一如往常充斥著不倫、謀殺等駭人的傳聞。町奉行所張貼在各町出入口及「高札」（告示板）上的公告[74]，都是無關緊要的日常小事。先前他們譴責桂庵業者未充分調查求職者的身家背景；過了幾個月，時序入夏，他們又警告民眾別在人多的地方施放煙火。夏末，則表揚了某位結髮師之子的孝行，讚許他無微不至照顧年邁癱瘓的父親。唯一稍微能振奮人心的消息，是讚揚兩位守衛與木戶番英勇的義舉，兩人合力制伏了一名精神失常、在街上拔刀作勢要傷害行人的男子。

盛夏的祭典日，兩國橋附近人山人海[75]，橋頭廣場上擠滿喧鬧的攤販與擊鼓狂歡的民眾，現場燈火通明，將黑夜照得亮如白晝。隅田川上，兩隊人馬在駁船上比拚，看誰放的煙火比較精彩。璀璨花火綻放的瞬間，高懸夜空，照映著攤販、鼓聲及整座江戶，隨即化為煙霧，灰燼如雪花般落在流光閃耀的河面上。

這讓常野想起了越後。夏天的道路少了積雪，變得順暢許多，信件往來也更便捷，北方的雪國似乎又近了些。儘管許多旅居江戶的越後人紛紛趁這時候返鄉協助收成，常野卻不打算回去，與她做出同樣決定的，還有一名來自故鄉鄰村、名叫井澤博輔的男性友人。常野是在來到江戶之後才意外與博輔重逢[76]，在這之前她已經整整二十四年沒見過他了。兩人自小就認識，常野是林泉寺住持的女兒，博輔則是蒲生田村長的兒子，從小就和義融他們玩在一

73〔譯注〕日本自江戶時期開始就有在夏季炎熱時節吃鰻魚的習慣，藉此強身補氣、增進活力。
74〔原注〕《江戸町触集成》，一三：三二九—三七。
75〔原注〕深澤秋男，《旗本夫人が見た江戸のたそがれ：井関隆子のエスプリ日記》，五七—五九。
76〔原注〕《林泉寺文書》，編號二〇四九。

起。常野在寫給義融的信中說道：「你跟他就像親兄弟[77]，對他當然十分了解。」現在兩人只要一碰面就會聊起越後。博輔與家裡依然保持密切聯繫，可以順便將家鄉親友的近況轉達給常野。由於義融還是不肯與她聯絡，對於博輔的好意，常野更是感恩在心。此外兩人都打算返回越後養老，在家鄉群山田野的圍繞中，在至親好友的陪伴下，安享天年。

博輔跟常野一樣，為了到江戶闖蕩而不惜放棄鄉下安穩的生活。他曾短暫效力於某名旗本麾下，被僱用後也具有武士資格[78]。有時，他在私人與其他人的信件中被稱為浪人，意即無主武士。這是一個名義上的問題：他的武士身分只是暫時的，無法承襲給後世。他只是個自詡為武士的普通人。但他在受僱期間依然可以跟武士一樣，身穿有家紋的袴（裙褲），代表該武士世家的顯赫地位，受到眾人的尊敬，有時甚至還能佩刀[79]。由於博輔識字，且寫得一手好文章，背後又有家裡的奧援，使他的地位比起被派遣到武士營舍的普通人更高一級，不用被仲介業者[80]當成牲畜使喚，還得被扣除一部分的收入。對決心待在江戶的人來說，這項工作足以謀生，且又有社會聲望，對身為村長之子的博輔而言算是相當合適的選擇。

博輔對常野表示想娶她為妻[81]，但他不是第一個有這種念頭的人。在他之前至少有八個人——包括常野的三任前夫與其他五名被拒絕的追求者。這些僅只是林泉寺文書記錄有案者，實際上的人數說不定更多。不過博輔是第二位不經由常野父母或義融安排，直接向她求婚的人。在他之前這麼做的人是智侃：將近一年前，智侃陪常野來江戶的路上，也曾試圖說服她，但一度遭到拒絕。然而博輔與智侃不同，他與常野的家人是舊識，不希望得罪對方。他打算正式提親。

沒有太多時間做決定。博輔性子急，相當不耐煩。假使常野拒絕，他就要另找對象成親。過去的經驗告訴常野，她必須小心謹慎。她認為應該再緩緩，多找時間相處，重新認識彼此。畢竟二十四年不見，有太多事他們不知道。如今常野在江戶算是安頓下來了：她喜歡現在的雇主半四郎，對住所及工作也相當滿意。與她一起工作的女傭不僅是她商量和借衣服的對象，還替她的處境做出務實分析：「妳現在雖然窮[82]，但工資不算太差，要是能自食其力，無須依順他人，無論發達也好，窮迫潦倒也罷，依然甘之如飴。」的確，女性在江戶若能夠獨立謀生，又何必嫁人呢？

77〔原注〕《林泉寺文書》，編號二〇四九。
78〔原注〕Botsman, *Punishment and Power*, 75-77。
79〔譯注〕武士的隨從稱為「武家奉公人」，可分為「若黨」、「中間」、「小者」等三種，其中「若黨」具有武士身分，其他兩者則否，在外出時負責替武士拿道具（中間）或提鞋（小者）。
80〔原注〕Yoshida, "Hitoyado"。〔譯注〕日文說法為「人宿」，是江戶時代專門仲介男女幫傭的人力業者。
81〔原注〕《林泉寺文書》，編號二〇四九。
82 同前注。

然而當初一路驅策常野來到江戶的那股自信，如今已搖搖欲墜：她可以清楚預見自己悲慘的未來。她的經濟狀況不穩定，欠甚助的錢也尚未還清。「如你所知[83]，即使現在我勉強還過得去，但筷子茶碗樣樣都得花錢，江戶的東西實在太貴了。我咬牙苦撐，好不容易攢到四兩，卻得拿去還債，令我心痛不已、焦躁難安。」常野在信中對義融說。另一方面，她對智侃的事始終無法釋懷，成為心頭上沉重的負擔。她請傳八將她最初從江戶寄回的家書統統交由母親保管。「放在你那邊[84]實在太難為情了。」她寫道。常野想澈底忘記與智侃在一起的那段日子，不希望這項人生污點留下任何紀錄。

關於常野的財務問題，博輔能做的就是替她分擔債務，況且眼前似乎也沒有更好的結婚人選。她寫道：「我們有意結為連理[85]，既然無法嫁給江戶的有錢人，跟著他總比繼續一籌莫展來得好。」博輔的出現，也讓她與義融長久以來無止境的爭執有了解套。這樣一來，他就不會老想著要把她嫁出去。常野不禁再次強調：「就算要我一輩子待在家裡[86]，我也不想嫁給鰥夫。」

再者，能從義融手中扳回一城，反將他一軍，也讓常野頗為得意。她三度接受家裡安排，遠嫁他鄉，行前她只知道對方姓名與家中概況，緊接著，三段截然不同的未來先後開展，賦予她各種身分：寺院坊守、農婦以及町人之妻。如今，她終於能夠自己作主。

這一次常野不設宴，也沒有主家或賓客。重點是不會有人來要錢，沒有人會點鯨魚肉、舉杯討酒；也不會列出傭人名單或清點嫁妝，逐項造冊。沒有鄰里親友圍觀出嫁隊伍與歡送的歌聲，也沒有家具需要搬運。就只有常野一人，雖然眼睛不好，但擁有敏捷的思緒及求生本能。

直到鄰居將消息捎回林泉寺，義融才知道[87]常野結婚。全家人又驚又喜，雖然母親還是希望常野能回來越後。向來極富責任感的義融，認為自己有義務提醒博輔他即將背負的壓力：「或許如您所知[88]，舍妹相當任性自私。日後若進展不順，請將她遣回越後。」也客套地祝福他們百年好合：

83〔原注〕《林泉寺文書》，編號二〇四九。
84〔原注〕《林泉寺文書》，編號一七一〇。
85〔原注〕《林泉寺文書》，編號二〇四九。
86 同前注。
87〔原注〕《林泉寺文書》，編號一七二二。
88 同前注。

「仁憫之家，必有福蔭。誠心祝願二位白頭偕老，永浴愛河。舍妹有幸覓得良緣，吾家倍感安心，家母更是無比欣慰。」

此刻他們最需要的就是心靈的平靜。那年適逢多事之秋[89]，義融與常野的小妹伊野不幸去世，加以母親生病，佐野又難產。寺裡的祕書傳八得了眼疾，讀書寫字不方便；就連義融也身有微恙，無法繼續通信。他給博輔寫信，也意味著寫給常野，感覺如釋重負。他還順便寄了些東西給她，包括衣物、被褥及縫紉用的絲綢布料。現在常野什麼都不缺了。

常野知道博輔只是個平凡的普通人，卻願意自稱為她的丈夫，此舉為常野的處境帶來奇蹟般的改變。一直以來，常野始終被視為林泉寺的恥辱，令家人蒙羞。她被拒於門外，無依無靠，被人辜負，且能力平庸，為人又不可信。這一年來，她寫信回家求援，總是碰到軟釘子與有意無意的羞辱。但區區兩字「再婚」，卻大大挽回了她的地位，成為她的救贖。

反觀博輔，他身上的那股自信改變了常野的人生，或許容易招來她的怨恨。如同常野，他也不願甘於平淡，所以離鄉背井、翻山越嶺，來到同樣的江戶大街上尋求出路。他在街頭到處遊走，彷彿這就是他該來的地方；他也絕不像常野那樣軟弱容易受騙。他不會引來像智侃那種人的覬覦，也無需面臨委曲求全或被半路拋棄的兩難。他不用承擔後果——要是他吃了虧、受了傷，最起碼無需向任何人謝罪道歉。

另一方面，常野始終明白，男人與女人本來就不同。舉凡所學的技藝、書寫的文字、穿著打扮以及命運，統統不一樣。即使死後到了西方淨土，女性想獲得重生也相形困難。有些住持在講道時表示[90]，女性以經血及分娩的產血玷污人間，死後會下地獄。不少婦女為了悔過而捐錢贖罪，希望死後能離苦得脫。常野從未想過長大後會像父親一樣出家，也從沒想過跟義融一樣學會寫漢詩、代表林泉寺參與村裡的集會、替村民向官府提出正式的陳情書狀，或是計算年貢賦稅等。這些事對常野而言，有如要她剃光頭般荒謬可笑。

翻開《女大學》，第一句話便開宗明義揭示：「女大當嫁」[91]。常野小時候就聽過這個道理，不是在這本書，就是在其他寫給女孩看的教科書裡讀到，所有讀本寫的都差不多，對十二歲就嫁到大石田的常野而言的確如此。但時間一久，每個女人都明白這不是件簡單的事。身為女性，她們無可避免地會感到羞愧並缺乏自信，更重要的是，受到束縛。而自處的訣竅，就是在情況允許下學著為自己找個棲身之地，好比遙遠異國的女性學會以扭曲變形的雙腳走路，或屏住呼吸，塞進宛如撕心裂肺般痛苦的緊身胸衣，有時她們甚至把這些束縛視

89〔原注〕《林泉寺文書》，編號一七二二。

90〔原注〕Williams, *The Other Side of Zen*, 50-58, 125-28。

91〔譯注〕完整原文為「女子は成長して他人の家へ行き舅姑に仕える者なれば、男子よりも親の教えをゆるがせにすべからず」。

為一項優勢。畢竟，女性若需搬運重物就無法束胸或纏足。貧窮的婦女沒有時間學習禮儀，要是目不識丁也就無法寫信向人致歉。

常野的筆跡優美，寫得一手好字。她用的雖然是溫柔婉約的女性語言，字裡行間卻充滿對眾多世事的憤懣不平。她所針對的並非空泛的禮教觀念，而是人。例如皆川町的家守甚助，真正令她怒不可遏的是他的為人，而非付房租這件事；又如義融，她雖然對他心有怨懟，對父權至上的家庭制度卻毫無所感。常野怎麼可能氣自己是女人呢？畢竟，她也沒有別的選擇。

河原崎座劇場後臺，岩井半四郎五世打開他的登台化妝箱，裡面放著以碎紅花做成的豔紅胭脂、塗臉的白粉、用來突顯他那雙招牌大眼的墨黑眼線，以及大大小小的牡丹毛刷、海綿與吸油布。天保十一年（一八四〇年）十一月，他一人分飾流鶯與老嫗兩種女性角色[92]。六十五歲的他，從第一次登台演出到現在已經過了五十年。他扮過公主及縱火犯，也演過女神與藝伎。這次的戲碼是首度公演，所以這兩種角色對他而言是全新的嘗試，而男扮女裝的反串演出卻是數十年如一。

他先將鬍子刮乾淨[93]，接著抹上潔膚霜。他在白粉中摻入髮油，調成厚重的粉底，接著拿起最大的扁刷，將脖子及肩膀周圍塗成雪白，再從額頭往下，雙眼緊閉，沿著鼻樑刷過淺紅色的嘴唇。然後在眼皮中間畫上幾抹若有似無的淡粉眼影，並延伸至雙頰，形成腮紅，最後再上一層白粉定妝。他在眼尾塗上鮮紅眼妝，再描出濃黑的眼線，並在粉白的嘴巴上畫出紅豔的脣形。若角色是町人之女，嘴唇就得畫寬一些；藝伎是豐滿的櫻桃小嘴，老嫗則看起來單薄細長。扮演已婚婦女時，他會跟常野一樣，以鐵漿將牙齒統統塗黑。

半四郎接著戴上假髮。他對女裝的穿法並不陌生，也懂得如何模仿女人蓮步輕移、拉高音調講話。他的女裝扮相維妙維肖，一顰一笑，顧盼生姿，舉手投足散發嫵媚的魅力。但對他而言，扮演女性不像單純的角色扮演、背誦台詞，等到下戲卸妝後就能回歸自我那麼簡單。這已經是他的身分及公眾形象。沒有人想看到半四郎以身穿普通棉衣的老人形象出現在海報傳單上，看起來就跟他平常在家賦閒寫詩的打扮差不多。有時，觀眾期待見到的是年輕

92〔原注〕初代歌川國貞 繪，演員：初代澤村訥升飾演武田勝賴，初代岩井紫若飾演衣紋の前，初代岩井杜若飾演妓女おきみ，第五代岩井半四郎飾演船夫三五郎；歌川國芳 繪，演員：第五代市川海老藏飾演橫藏，初代岩井杜若飾演勘介之母，深雪；初代澤村訥升飾演慈悲藏。

93〔原注〕此段描述參考自長谷一美，《歌舞伎の化粧》。

勇猛的武士權八，但更多時候，他們要的是穿著酒紅色和服，有著紅豔雙唇、濃密黑髮的美麗女子。就連他自己的紀念畫像[94]，第五代半四郎也是以年輕女子的形象出現。

大部分能在江戶生存下來的人都得擅長應變。有些人，好比半四郎，既要經營公眾形象，又得兼顧私生活；其他人則是周旋在各種工作及街坊鄰里間，比如找到新雇主的傭人或是四處搬家的房客。在春天販售鯡魚子的商人到了冬天就改賣地瓜；長屋大雜院的女孩們苦練三味線，希望有朝一日能成為藝伎；經商失敗的生意人[95]租來柳條簍匡，出門拾荒；街頭叫賣的流動小販放下扁擔，剝起了蛤蜊和牡蠣；突然喪偶的年輕寡婦做起家庭手工。此外，所有人都改了名：半四郎成了岩井杜若，半左衛門改名為輩，金四郎改稱景元[96]，儀助也改為義円。

常野換上家裡寄來的衣服，看起來與過去別無二致，依然是那位高雅體面、出身地方望族的佛寺千金。義融終於把她的東西寄來了，有絲綢襦袢、內襯衣帶、深秋棉襖，以及和服腰帶等衣物。她每天攬鏡自照（終於有鏡子了！），並依照初次結婚以來的習慣，將牙齒染黑。時間一久，就算沒塗鐵漿，她的牙齒也彷彿染上一層淡淡的鐵灰。鏡中的常野容貌依舊，只是多了些歲月滄桑，過去的自己（右衛門的女兒、義融的妹妹）彷彿回望著她。而今在江戶，她再度找到了歸宿，終於能以全新的身分重新出發。

在江戶，總會有些人知道林泉寺並聽過常野的事。但對大多數遇到她的人而言，站在他們眼前的，只是一個平凡的普通人，一名將近四十歲的已婚女子。他們並不清楚常野過去如何被人辜負與背叛、如何使手足蒙羞，也不知道她一路走來到底跌了多少次、傷得有多重。

常野捨棄了父母給她的名字，在家書中改以「阿金」署名。這個名字簡潔有力，又有金錢的寓意，相當吉利，同時也獲得了義融的認可[97]。他在寫給博輔的信中，鄭重地請他代為向「阿金」問好。但他私底下仍習慣沿用舊名，只是在表面上假裝接受常野改名換姓，有了全新身分的事實。

「阿金」這個名字聽起來相當體面，說不定常野前半輩子曲折迭起的人生，也將隨著改名而歸於平淡。阿金或許會在江戶平靜度過餘生，大家沒必要知道她年輕時婚姻失敗、三度出走的往事，也沒人會記得她曾與智侃有段短暫的過去，以及她在寒冷冬夜的長屋裡，縮著身子瑟瑟發抖或好幾個月無衣可換的窘境。阿金就跟任何人一樣平凡，也或許，她與常野不同，從不令人操心、不與手足爭執，也絕不會重蹈覆轍，惹出麻煩。

94〔原注〕初代歌川國貞《初代岩井杜若の死絵、三代目岩井粂三郎》。感謝嶋崎聰子分享見解。
95〔原注〕吉田伸之，《21世紀の「江戸」》，八九—九一。
96〔譯注〕遠山金四郎，出仕後改名遠山景元，為江戶時代著名的町奉行，其懲奸除惡、伸張正義的軼事是日本時代劇的經典題材（見第八章）。
97〔原注〕《林泉寺文書》，編號一七二三。但在他私人紀錄中還是沿用舊名常野來稱呼她。

第七章　幕府的遠憂

Troubles at Home

日本近代的動亂或許是源自大坂，就在一八三七年（天保八年）那個悲慘的夏天，正值天保饑荒災情的高峰。大坂是日本第二大城，人口將近四十萬[1]，居民以經商為主，向來以喧鬧聒噪聞名，據說他們吃得比任何地方的人都來得好。大坂與江戶、京都並稱「三都」，皆為直屬幕府管轄的領地，而非地方藩國。大坂以其戰略地位重要而被幕府納管，在三都之中，江戶是幕府所在，京都是天皇的居城，大坂則是維繫兩者存續的日本經濟重鎮。

大坂周遭地區在天保饑荒所受的災損雖然不及東北地區嚴重，但米價仍然居高不下，加以當時幕府為了防止江戶發生暴動，將糧食全都運往首都，更使情況雪上加霜，大坂的貧民因而連最基本的生計都顧不了，面臨斷炊。有位名叫大鹽平八郎[2]的儒學者，過去曾是幕臣，本身奉行中國的陽明學，對政府不管百姓死活的作法相當驚愕。為何富商能囤積米糧與錢財，窮人只能挨餓？為何正直清廉之人得屈從於收賄索財、揮霍無度又傲慢自大的貪官污吏？事實上，大部分的幕府官僚都是如此，跟強盜或在路邊偷小孩食物的竊賊沒兩樣。天保八年夏天，大鹽高舉「救民」大旗，號召三百人組成反叛軍，發動起義。他們堅信此舉是替天行道，打算從幕府手中奪下大坂。然而這場大鹽平八郎之亂只維持了半天，就被幕府軍隊強勢鎮壓，宣告失敗。大坂在這場暴動中陷入大片火海，數以千計的民宅付之一炬。

大鹽順利脫逃，並短暫銷聲匿跡了一陣子，但行蹤終究曝光，在藏匿地被追捕隊伍團團包圍。眼見走投無路，最後他在屋內引火自焚，親手了斷自己的性命。其他黨羽被逮捕後遭受酷刑，最終也難逃一死。在審訊過程中不幸喪命者，屍體被人用鹽保存起來，與其他人一起綁在木樁上處決。即使看到這些被燒得面目全非、血肉模糊的死寂焦屍，掌權者也無法放心。如果區區一名幕臣就能在三都之一的大坂發動叛亂，誰又能知道其他地方未宣誓效忠德川家的異議分子會引發何種暴力抗爭呢？對德川幕府最重要的政績（大和盛世）而言，這又預示著什麼呢？大鹽事件傳遍全國上下，即使是石神村這樣的小村莊，百姓也都議論紛紛，抱著同樣的疑問。

在江戶，大坂發生叛亂的消息加劇了民眾對幕府都城發生動亂的擔憂，不安的情緒日漸高漲。饑荒期間，多虧了町奉行與財力雄厚的各町名主通力合作，確保糧食供應無虞，江戶才勉強不致發生暴動，但經濟依然一蹶不振，還是有許多窮人飢貧交加，難以計數。要是這些人像一七八〇年代的天明饑饉那樣群起造反，幕府很可能會被推翻，尤其若有像大鹽這樣對政府心懷不滿的武士支持，事態將更加難以收拾。街頭開始散播不祥的消息，牆上貼滿公告，警示大鹽平八郎的同路人正伺機而動，只待信號一出，就要發動起義。為此，江戶町奉

1〔原注〕關於江戶時代大坂的人口規模，至今眾說紛紜，見藪田貫，《武士の町大坂》，一—二八。

2〔原注〕Bolitho, "The Tempō Crisis," in *The Cambridge History of Japan*, vol. 5: The Nineteenth Century, ed. Marius Jansen, 8-9; Jansen, *The Making of Modern Japan*, 248-51; Najita, "Ōshio Heihachirō"。

行破天荒[3]在日本橋下張貼告示，譴責大鹽的暴行。人們印象中，這是首次有大坂的犯罪事件被遠在三百里外的江戶官府正式承認。

後來，有人認為大鹽之亂是江戶幕府由盛轉衰的轉捩點，天保饑荒引發的社會動盪宛如星火延燒，最終演變成燎原大火，席捲整個日本，形成幕府的政治危機。但也有人認為，真正的危機始於一八三九年（天保十年），發生在距離江戶近兩千里外的中國廣州[4]，一個喧鬧擁擠的地方。英、法、美等西方諸國紛紛東來，在當地高掛旗幟、開設工廠；印度人也前來經商。那裡的方言混雜著葡語、印度語、英語及粵語，熱鬧而活潑。廣州是當時東亞的商業中心，帝國列強及國際企業競相搶進，以在瞬息萬變的世界經濟及政治秩序中爭取一席之地。而德川幕府卻沒有半個臣民踏足廣州，因為當時日本實施渡海禁令，最遠只能航行到東海上的琉球群島。

常野跟大多數日本人一樣，對中國的認識不深[5]，只依稀知道那裡是古聖先賢的智慧哲理與書中俠義故事的發軔之地，所以就算她沒聽過廣州這個地方也不足為奇。彼時，日本的知識分子，尤其是派駐在長崎的幕府官員，對知識求知若渴，大量閱讀中國的學術專著，不過一般人卻對彼岸大國的當代政治局勢漠不關心。對大部分人來說，只要多少認識一些漢詩，或者到專賣「中國貨」的店裡買些絲綢與瓷器（但不知是否產自該國）就夠了。一八三九年（天保十年）春，名叫林則徐[6]的清國官員從廣東的英國商人手中查扣了高達兩萬箱的鴉片，而在日本卻有將近一年的時間對此毫無所聞[7]。要是常野聽說了，或許也不以為意，反而會誤以為遙遠的異國土地上，因鴉片而起的衝突紛爭都與自己無關。

兩萬箱鴉片加起來重達千噸，價值千萬銀元。當時清國嚴禁鴉片進口，林則徐奉命查禁，並澈底根絕廣州的鴉片貿易。更重要的是，他深諳鴉片成癮對人危害至深，身為朝臣，他有道德義務保護大清子民不受貪婪無良的外國商人摧殘。為了展現決心及道義，他召集六十名官員和五百名工人合力銷毀鴉片：將黏稠的黑色球狀鴉片膏敲碎，加入鹽滷石灰溶解後，再引水順著溪流排入大海。他並於事後祭海，為此謝罪。

英國商人自知從事鴉片走私觸犯了大清禁令，但也對林則徐一口氣銷毀其上千萬的財物卻未提供任何補償大為光火。他們請求英國政府對清國展開報復，維護該國從事鴉片貿易的

3〔原注〕藤田覺，《天保の改革》，一九—二〇。

4〔原注〕Platt, *Imperial Twilight*, xviii。

5〔原注〕關於複雜的中國地名、漢學知識及「中國貨」，見 Jansen, *China in the Tokugawa World* 及 Suzuki, "The Making of Tōjin"。

6〔原注〕Platt, *Imperial Twilight*, 350-81。

7〔原注〕日本要等到一八四〇年（天保九年）才從荷蘭人口中得知這件事。藤田覺，《天保の改革》，一八六。

利益。英國政府不願賠償菸商的損失，但經過議會討論後，決議派出一支由四艘武裝輪船、十六艘軍艦組成的艦隊遠征。一八四〇年（天保十一年）夏天，如此夢幻寧靜的季節，常野與博輔在江戶結為夫妻；同一時間，英軍抵達廣州，展現海上霸權強大的軍事力量，就連彼岸的日本也感受到震撼。

清國的實力完全無法與英國匹敵[8]：武器老舊生鏽，有些火槍甚至已經用了兩百年。指揮作戰的將領不得不將士兵關在碉堡，以防他們臨陣脫逃。另一方面，英軍則擁有首次在東亞亮相的遠洋鐵甲輪船，以及世界上最強大的海軍。歷經一場又一場的血戰，清國損傷不斷增加，引起日本有識之士的注意[9]。他們的恐懼與日俱增：這些西方砲艦要是連如此強大的滿清帝國都不是對手，有朝一日它們兵臨城下、駛入江戶港，日本絕對沒有戰勝的希望。

最後，日本的領導階層對於「內憂」與「外患」的危機意識終於擴散至全國上下，從受過教育的農民乃至長屋庶民都認知到國家當前的危險[10]。這股不祥的預感將籠罩全日本，上自幕府將軍，下至越後稻農，無不受其影響。而首當其衝的是江戶。

天保十一年冬末，德川家齊這位暴躁易怒的前任大將軍，躺在江戶城中奄奄一息[11]。他

在位五十年，子嗣多達數十人，即使退位，仍是全天下最有影響力的掌權者。他四十七歲的兒子德川家慶雖已繼任第十二代將軍，但不像父親那麼強勢。幾個月來，家齊的隨從親信對其病情三緘其口，深怕消息傳開會造成幕府權力的真空。最後，家齊於天保十二年（一八四一年）正月初七辭世，隨從依然遵照他在世時的作息，照常工作，彷彿沒事發生。

家齊病歿的消息正式公布後，舉國震驚。某位名叫井關隆子的旗本武士夫人寫道：「就連普通人也能長命百歲[12]，既然他貴為大將軍，凡事無不順心如意，享壽應不只七十。將軍手握天下大權，雖忙於國政、日理萬機，猶生龍活虎，百姓敬畏萬分。然生死冥冥自有定數，難以預料。」守喪期間，井關家的男性五十天內不得刮鬍剃髮[13]，不過才二十幾日，他們就判若兩人。這就是死亡的本領：將熟悉的家人變成陌生人。

8〔原注〕Platt, *Imperial Twilight*, 412, 421-22。
9〔原注〕藤田覺，《天保の改革》，一八五—九四。
10〔原注〕Walthall, *The Weak Body of a Useless Woman: William Steele, Alternative Narratives in Modern Japanese History*, 32-60。
11〔原注〕深澤秋男，《旗本夫人が見た江戶のたそがれ：井関隆子のエスプリ日記》，一六八—六九。
12〔原注〕深澤秋男，《旗本夫人が見た江戶のたそがれ：井関隆子のエスプリ日記》，一七〇。
13〔原注〕出處同前注。町名主則是七天，見東京古文書館 編《江戶：一八三八—一八四一》，一二一。

翌年夏天，常野的母親（春真）在林泉寺辭世[14]。在這之前，她已臥床數月，全家人都不確定她能否撐過冬天。義融寫信到江戶[15]告知常野母親病情惡化的消息：自從么妹伊野去世後，母親便高燒不退，伴隨心悸、呼吸困難等症狀。兄弟姊妹紛紛回到林泉寺，輪流在夜裡看護。有時病情略見起色，但隨即再度加劇。母親纏綿病榻期間曾請人代筆給博輔捎了短信：「吾女阿金[16]個性叛逆，有負眾人期待，老身難過不已，深感愧疚。然汝願娶她為妻，老身甚感欣慰。今後小女還請汝多多照顧。」

常野接獲母親去世的消息，心裡已早有準備。在離家二百里外的江戶，她和博輔收集林泉寺信眾的弔唁慰問[17]，為她上香祈福。常野在家書中對喪母之痛著墨不多，僅以一句話簡單帶過：「身在異地，聽聞娘親辭世，悲慟欲絕。」[18]不然她還能說什麼呢？母親三度將她送出家門，第一次是在她年僅十二歲時，為的是讓她過上好日子，替她找了背景相當的人家，安頓下來。常野自作主張離家出走時，母親擔心不已。常野寫給母親的家書總是報喜不報憂，語氣和悅，絲毫看不出她在手足面前的憤怒與痛楚。例如，她寫道：「我在此不愁花用，生活無虞[19]，唯一困擾是無衣可換。」「我在江戶會堅持下去[20]，請勿掛心。」「這裡的前輩（指傭人）[21]對我相當好，能寄些醬醃蘿蔔給我當謝禮嗎？」也許常野無法忍受母親的指責，又或是不忍心見她痛苦。她知道，只要母親健在，家裡一定會有人給她寫信，替她操心。

春真死後，他們在江戶並未舉行公開的弔唁儀式，寺院的鐘聲如常響起，劇場大門敞開，祭典照樣舉行，武士無須蓄鬍留髮，僅遵照一般佛教儀式，上香並供奉祭品，連續誦經念佛七七四十九天，為亡魂超渡。自常野有記憶以來，母親始終在替別人做這些事，這是身為坊守的天職。如今，江戶人為前任大將軍服喪告一段落，輪到常野替自己的母親上香念佛，寄予哀思。

14〔原注〕《林泉寺文書》，編號二〇五四。
15〔原注〕《林泉寺文書》，編號一七二三。
16同前注。
17〔原注〕《林泉寺文書》，編號二〇五四。
18〔原注〕《林泉寺文書》，編號二〇六四。
19同前注。
20〔原注〕《林泉寺文書》，編號一七一二。
21〔原注〕《林泉寺文書》，編號一七一三。

一八四一年（天保十二年），江戶街頭出現新的公告。有時張貼在町界的圍牆上，看守木門的老人在旁賣著草鞋和金魚。那裡總是貼著町奉行所頒布的嚴令，目的是培養百姓守法守紀的觀念，內容通常僅象徵性地列出某些芝麻小事加以嚴厲斥責，比如購買不合時令的昂貴蔬菜。如今，這些告示張貼的次數愈來愈頻繁，而且語氣異常嚴厲，規定庶民不應穿絲綢縐紗[22]，就算僅用於襯裡或袖口也不行；禁用天鵝絨布料、金銀或玳瑁材質的髮飾；山王祭的燈籠[23]過於明亮花俏，應該縮減尺寸、降低亮度。另外，城裡的人過七夕時所掛的竹枝[24]及紙飾品太長了，只准用短的。神田祭禁止民眾贈禮[25]（就連漬物也不行），因為那是不必要的浪費。

這些語帶威脅的公告為接下來長期的幕政改革揭開了序幕，這項以重振封建統治為目標的政治行動，史稱「天保改革」。主導者不是將軍德川家慶本人，而是他底下的首席「老中」[26]——水野忠邦。水野忠邦認為，幕府面臨內亂與外患的雙重威脅[27]，需要強而有力的手腕與新政策才能因應眼前的變局。家齊始終不願改革，但水野忠邦在其死後察覺到契機：他趁亂肅清了家齊生前的權臣親信，包括幾位具有影響力的大奧女中。接著，他說服德川家慶正式宣布改革時代的來臨。這次行動效法傳統，試圖以「改革」之名，一方面解決幕府的財務危機，二來強化將軍對藩國大名的權威，恢復幕府的統治秩序。

水野忠邦的看法與前人一樣，認為「改革」不僅是施政的當務之急，同時也是道德訴求：秉持復古的理想主義，主張恢復封建時代的舊秩序，人民必須尊敬君主，並克勤克儉，藉此展現順服。因此水野忠邦這位積極擁護幕府利益的改革者，便自詡為道德權威。他語帶威脅地逼迫町奉行所，要求他們頒布更多更嚴格的禁令，以端正民心。

諷刺的是，水野忠邦的素行不良，惡名昭彰[28]。他酒量奇大且吃相十分難看。此外他還喜歡蒐集金銀供品，彷彿一尊靈驗的佛像，但他與慈悲的佛祖差了十萬八千里。對於窮人，他從不出手相助；性好漁色，每每出門尋花問柳，沒有一次不在妓院過夜。人們對他毫無半

22〔原注〕《江戸町触集成》，一三：三八〇。

23〔原注〕《江戸町触集成》，一三：三八一。

24〔原注〕《藤岡屋日記》，二：二〇〇；《江戸町触集成》，一四：三九二。

25〔原注〕《江戸町触集成》，一四：四〇四。

26〔譯注〕將軍的直屬家臣，負責統領全國政務，為幕府地位最高的官職。常設四到五人，每月輪番掌管不同事務。

27〔譯注〕天保年間（一八三〇—一八四三），日本因天災歉收引發全國性的饑荒，加上政府管控不力，放任物價飛漲，形成嚴重的經濟問題。各地民亂暴動隨之而起（如大鹽平八郎之亂），加深百姓對幕府統治的不安。同時，一八四〇年的鴉片戰爭清國戰敗，更使日本當政者意識到西方勢力的潛在威脅。

28〔原注〕Bolitho, "The Tempō Crisis," 40-41。

點好評[29]。江戶人開玩笑說，他就連髮型都很糟糕。他們認為水野忠邦雖未明說，但真正目的是鞏固自己手中的權力。

水野忠邦一開始要求整頓風俗、厲行儉約的作法，看來不會維持太久。畢竟，江戶人早就見識過同樣的改革狂熱。五十年前，為了解決天明饑饉及隨之而來的動亂，幕府進行了類似的改革[30]。雖然結構性的市政革新得以延續，但旨在端正社會道德的法令規定僅推行了幾年就無人聞問。這次的天保改革換湯不換藥，沒有理由不會步上同樣的後塵。

江戶人也相信，一個野心勃勃、獨攬太多權力的幕臣終將自取敗亡。常野的家人之中，碰巧有人間接見證了這段註定以失敗收場的改革歷史。她的么弟義仙也來到了江戶[31]，在淺草知名的淨土真宗寺院——德本寺工作。該寺最為人所知的，是旗本佐野政言[32]的長眠所在。一七八四年（天明四年），佐野政言在江戶襲擊了老中田沼意次之子。田沼意次跟後來的水野忠邦一樣，雖大力推動改革，但因貪污傲慢而遭人唾棄。他在長子遇刺身亡後因故黯然下台，百姓莫不歡欣鼓舞。佐野政言被迫切腹，以死謝罪，江戶人卻將他奉為英雄，尊稱為「大明神」（世直し大明神），並在他墓前獻花致意。一八四一年（天保十二年），天保改革上路，這座墓碑彷彿也預示著水野忠邦兩年後的垮臺，儘管義仙在信中從未提起此事。

大多時候，義仙盡量避免接觸政治與任何會引發爭議的事。他與姊姊常野並不親，從小對她認識不深。他是家中的老么，常野第一次出嫁時，他還是小孩子。幾年後，常野與他雙雙離異，回到林泉寺，兩人才又有了交集，當年正好是天保饑荒最嚴重的時候。後來常野三度失婚，飽受人生失敗的苦痛折磨，義仙反而改頭換面，變得勤奮又負責，並帶著家人的祝福前往江戶。

雖然義仙性格乖順，不曾忤逆，但他與脾氣火爆的姊姊常野在個性上倒是有幾分相似：兩人與軟弱壓抑、缺乏自信的義融不同，都很有主見。這也許是因為兩人上有兄長，自小就輪不到他們負責，所以做人不用講求圓融或以和為貴。義仙的家書寫得極好，遣詞用字洗練優美，但他若認為某人愚蠢至極，就會不客氣地用「馬鹿」（笨蛋）來形容[33]，毫無歉意。

義仙以常野在江戶的代理監護人自居，這是他身為男人的特權與責任之一。他與姊姊常野不同，有權代表林泉寺出面處理村務及財產分配的問題。事實上，早在幾年前常野二度

29〔原注〕《藤岡屋日記》，一：一九三。

30〔譯注〕即德川家齊任內，由老中松平定信於天明七年至寬政五年（一七八七—一七九三）實行的「寬政改革」，仿效過去的「享保改革」，一反前朝老中田沼意次的重商主義，回歸重農抑商的政策方針，並反對日漸自由的社會風氣，重視傳統等級。

31〔原注〕《林泉寺文書》，編號二〇四七。

32〔原注〕Hall, *Tanuma Okitsugu*, 133-35。

33〔原注〕《林泉寺文書》，編號二〇四二。

被休後，義仙就被家裡派去跟對方交涉[34]。他在江戶時經常會帶點小東西去探望常野，例如生薑[35]，並向義融回報近況。起初，他很高興地表示常野在她第四段婚姻的前幾個月過得相當平順，一切均安。他寫道：「我知道博輔在蒲生田村的家人[36]很關心他，但他四處奔波，在不同雇主手下工作，相當忙碌，不用過度擔心。常野大姊過得相當幸福，氣色看起來很好。」

夏末，町奉行接獲密報[37]警告，江戶經濟岌岌可危，即將崩盤。大型吳服屋抱怨生意一落千丈，都沒人要添購新衣；木匠也大發牢騷，由於民眾另有打算，導致他們的工作跟著停擺。工匠幾乎失業，無事可做，就連燈紅酒綠的娛樂區也一片寂然。官方的政令宣導變得異常嚴格，限制消費，厲行儉約，就連最低下的窮人也憂心忡忡，不知道未來會如何演變。

不過水野忠邦還是一意孤行。到了秋天，町奉行召集各町名主，組成調查物價的「諸色掛」[38]，並要求他們提出更多政策來加強社會秩序的管控。眾人理所當然地聽命行事。

眾町名主抱怨，街上出入分子複雜[39]，每個人都把頭臉包得緊緊的。應該攔下行跡詭異者，令其露出真面目，登記列管，有絲毫可疑之處就拘留於各町番屋[40]。

女性已經習慣跟男性一樣，穿著羽織外套。有些貧窮婦女無衣可換，就借穿丈夫的外套來保暖，也未嘗不可。但有些女性卻為了追求時髦，故意穿上奢侈華麗的男性羽織，當局應該公告禁止，以遏止歪風。

那些自稱為「歌唱師匠」的女性，以教授普通人家的女兒音樂維生，不少人實際上與私娼無異。江戶的家長竟然讓自己的孩子跟這種人廝混，應引以為恥，女孩也該感到羞愧。應該立即禁止授課，若師匠與學徒執意不從，應向自身番告發。

庶民以金銀煙斗吸食菸草，奢華至極，簡直荒謬，此歪風應遏止。

地圖及觀光案內（指南）上印有相撲力士、遊女（妓女）及歌舞伎演員等無足輕重的市井小民之名，應明令禁止。

更多規定陸續增加，不及備載。

34〔原注〕《林泉寺文書》，編號一六七四。
35〔原注〕《林泉寺文書》，編號二〇六四。
36〔原注〕《林泉寺文書》，編號二〇六七。
37〔原注〕東京大學史料編纂所編，《大日本近世史料 市中取締類集》，一：二一五。
38〔譯注〕「諸色」意謂各種商品及物價，當時江戶共有二十一組，稱為「市中取締掛」或「諸色取調掛」，負責調查物價、檢舉不法哄抬。
39〔原注〕吉田節子編，《江戶歌舞伎法令集成》，三五六。
40〔譯注〕各町設立的守望哨所，又稱「自身番」，功能近似現在的派出所及消防隊，最早係由地主自行負責警衛勤務，後交給町內家守輪流值勤。番屋為町內的公共設施，有時用於宴會、會議，或者拘留犯人的審訊所。

九月，神田祭一如往常舉行，但所有平民女性都穿著普通木屐，頭插樸素的髮簪。旗本夫人井關隆子[41]忍不住抱怨，武家年輕男子的衣著單調乏味，她很懷念他們為了慶典盛裝打扮的英俊身影。在她看來，所有魅惑迷人的事物都成了於法不容的禁忌。

不料，就在短短幾週後芝居町發生大火，幾座劇場慘遭祝融。火勢從中村座開始，一路延燒到隔壁街區的河原崎座。由於劇場為木造建築，加上人滿為患、大量使用燈火照明，火災在所難免，幾乎成了家常便飯。也因此這場大火看似並不嚴重，知名的江戶庶民生活記錄者[42]只在日記中簡單提及[43]，指出劇場將遵循往例暫時遷往淺草，而水野忠邦卻將這場大火視為推行改革的大好機會。

水野忠邦對劇場相當嫌惡，不滿它們在江戶的大眾生活中佔有重要的一席之地。他反對的理由，乃基於武士階級對其世襲特權及禮制崩壞的擔憂。嚴格來說，那些知名的歌舞伎演員都是社會地位低下的戲子，甚至連平民都不如，收入卻足以令大多數的旗本武士欣羨不已。江戶人有樣學樣，也開始模仿歌舞伎昂貴奢華的打扮。町名主所抱怨的女性羽織歪風[44]，其實都要歸咎這些演員。後來，當歌舞伎的穿著也沾染市井習氣，流於粗俗，就連武家女性也起而效尤。風靡常野及眾多都會女性的劇場街，成了社會秩序敗壞的死角。問題不只是火災頻仍，還包括街上四處逡巡的小額高利貸業者[45]，他們收取高額利息，並派人恐嚇無力償還的借貸者。另外，茶屋也成了男性向年輕貌美的藝者[46]買春的場所[47]。這就是整個劇場街所瀰漫的氛圍：嘈雜、喧鬧，浪蕩而墮落。

水野忠邦曾考慮勒令所有劇場停業，最後還是被說服，將其搬遷到位於郊區的淺草。就在町奉行一聲令下[48]，歌舞伎、人形淨琉璃等劇場陸續遷走。常野以前住的街坊被拆除，茶屋也步上劇場後塵，搬離了人形町。雖然賣人偶的店家還在，但少了劇場似乎有些格格不入。整條街安靜了下來，再也聽不見鼓聲，人潮散去，絢爛終歸平淡。

41〔原注〕深澤秋男，《旗本夫人が見た江戸のたそがれ：井関隆子のエスプリ日記》，五五。
42〔譯注〕幕末時期的江戶二手書商須藤（藤岡屋）由藏，記錄文化元年（一八〇四年）至慶應四年（一八六八年）間的江戶風俗、天災人禍、政治形勢、幕府政策及庶民生活，寫成《藤岡屋日記》（共一五〇卷，一五二冊，抄本），為研究幕末江戶庶民生活史最重要的文獻史料。
43〔原注〕《藤岡屋日記》，二：二一六。
44〔原注〕吉田節子 編，《江戶歌舞伎法令集成》，三五四；*STR*, vol.1, 239。
45〔原注〕吉田節子 編，《江戶歌舞伎法令集成》，三五三。
46〔譯注〕日文說法為「芸者」，指在宴會或酒席上跳舞或彈奏樂曲助興的表演者。
47〔原注〕Pflugfelder, *Cartographies of Desire*, 155-157。
48〔原注〕吉田節子 編，《江戶歌舞伎法令集成》，三七三—七七。

與此同時，町奉行所貼出了更多禁奢令：人偶身高不准超過九寸[49]；小孩子沒有必要玩如此精緻的玩具，這樣只會讓他們奢侈成性、養成不良習慣；女性不准穿著精美的刺繡服飾；禁止施放煙火；不應販售昂貴的盆栽；男性在下雨時不該撐傘[50]。豆腐[51]的價格太高，不然就是切得太小塊；每塊應該定價八文錢，並按照統一規格切成同等大小。各町番屋[52]應訂立諸如草鞋或提燈等物品的出借規定，並將規則詳細列出，貼在牆上公告周知。

禁止女性結髮師[53]招攬生意。就算是白天打零工的婦女及女傭也會花錢梳頭，此為「可恥的金錢浪費」。她們只能自己梳髮髻，即使弄得一團糟也只能將就湊合。不遵守規定者，若被發現梳了時髦的髮型並抹上髮油，便會被當街逮捕。

另一方面，街頭店面後方的小房間、幕府糧倉附近的奢華茶屋、日本橋附近的船埠邊，或是神田市場的柿子與葡萄攤位間，到處可見人們聚集，談論沉重的話題。江戶景氣愈來愈低迷，每個生意人都很擔心，水野忠邦試圖平抑物價，成效卻不如預期，無法立竿見影。有傳言指出，政策將有重大轉變。

秋末冬初，幕府頒布新法令，強制解散株仲間（類似今日的同業公會）[54]，這些由各行各業批發商組成的同業合作組織，影響力強大，世代以來始終支撐著江戶的經濟運作。水野忠邦認為，市場供應鏈長期落入株仲間的把持，是導致物價上漲的禍首。株仲間的會員皆為江戶地位最高、財力數一數二的富商，其商社也被標註在地圖上。但隨著政策改變，町名主組成的調查小組奉命前往各株仲間辦事處，沒收並銷毀會員名冊。就連「株仲間」一詞也被官方列為禁語，不准公開使用。百餘年來，江戶幾間大商社門口始終高掛著旗幟，昭告身為株仲間的地位，如今所有標示都只能撤下。

幾週後，數十名表演流行樂曲的女性樂師[55]遭到掃蕩並強行逮捕。天保十三年（一八四二年）初春，她們被冠上敗壞道德良俗的罪名，手腳上銬；三味線也被砍碎，在町奉行所一把火燒毀。

49〔原注〕《藤岡屋日記》，二：二二二—二三。
50〔原注〕《藤岡屋日記》，二：二二八。
51〔原注〕《江戸町触集成》，一四：三〇—三一。
52〔原注〕《江戸町触集成》，一四：七一—七二。
53〔原注〕《藤岡屋日記》，二：二六〇。
54〔原注〕片倉比佐子，《大江戸八百八町と町名主》，一九九—二〇〇。
55〔原注〕《藤岡屋日記》，二：二三一。

常野與博輔聽說芝居町搬遷的消息，也目睹「株仲間」的旗幟被撤下。起初，他們安然度過這波改革動盪[56]，但江戶經濟日漸蕭條，不見好轉，博輔的工作也愈來愈不穩定。很快地，兩人陷入身無分文的窘境。義仙見到常野夫婦過著一貧如洗的生活而驚愕不已，卻仍說服不了常野返回越後。「萬一遭逢什麼突發危機[57]，我會再聯絡你。」他在寫給義融的信中說道，語氣聽起來相當疲憊。

常野去了另一個武家工作，這次是在淺草附近。雇主給了她一些蠟燭、木炭以及一盞提燈，工資與一般行情差不多，大約是幾枚小判金幣。但現在她還有博輔要養，只好拿私物去典當變現；有一次，她賣掉的小提袋裡甚至還放著一封家書——她錯過了飛腳收件的截止期限，於是把信帶在身上，打算自己寄出。等她發現，為時已晚，信再也找不回來了。[58]

在這之後，常野又寫了信回家，講到在江戶的其他同鄉：有個名叫飯助的男人，是鄰村的人，也在江戶當夥計。他始終找不到地方住，四處投靠朋友，居無定所。另外有個高齡七十歲的老婦，來到江戶打算嫁人，卻落得窮困潦倒的下場。她來這裡討生活已經過了一年，幾乎衣不蔽體，看了令人難過。還有個叫阿初的女人，奇胖無比，是常野朋友的母親，經常來家裡白吃白喝、討錢花用。「她不斷上門打擾，卻連半句道歉也沒有！」[59]常野寫道。同時，常野也認識一些負債高達七十兩的人，她簡直無法置信。「看看我[60]，才從當鋪借了一兩又二文錢，就已經夠辛苦了！」她說。

市井小民被逼得走投無路，常野都看在眼裡，與她周遭的富貴人家形成強烈對比，其豪奢程度更是越後人難以想像。「鄉下人[61]對江戶一無所知，沒見識過真正的宅邸。」她寫道。即使是窮人也得講究儀態打扮。常野始終認為，自己缺少合適體面的衣著，在江戶社會上相當吃虧。她在信中說：「除了我以外還有四名傭人[62]，平常除非提醒我做錯了什麼事，否則她們從不跟我講話。她們彼此競爭且相當執拗，不肯讓步。如今我的衣服都拿去當光了，日子過得很辛苦，但只要再撐一下情況也許就能好轉。」她怕義融不懂又補充說：「這裡跟鄉下完全不同，在外走動，打扮千萬不能邋遢。」

56〔原注〕《林泉寺文書》，編號二〇五九。
57〔原注〕《林泉寺文書》，編號二〇六三。
58〔原注〕《林泉寺文書》，編號二〇五一。
59同前注。
60同前注。
61同前注。
62同前注。

水野忠邦的改革表面上是為了限制炫耀性的消費，但殘酷而諷刺的事實是，一般人連吃飯都成了問題，根本無力維持外在的體面。即使是衣物的典當生意（常野缺錢時常用的最後手段）收益也不如幾年前那麼好。町奉行所的情報指出，當鋪衣滿為患[63]，古著屋也被迫停業——衣服賣不出好價錢，原因之一在於沒人知道什麼樣的衣服才是可接受的款式。女性甚至擔心引人注目，不再佩戴廉價的髮飾[64]。那些比常野有錢的人感到很困惑，無所適從；窮人則幾乎衣不蔽體。

此外，還有其他問題困擾著常野。她在信中寫道：「博輔性格相當暴躁[65]，從去年開始沒有一天不發脾氣，成天跟我吵架，每當他怒火中燒就會咒罵咱家歷代祖先，要把我趕回娘家。」她沒想到與博輔的婚姻竟如此難熬。「情況會變成這樣，我毫無心理準備，但他的親戚都是有頭有臉的人，根本無法相信他會落得這番境地。況且我也不是沒有考慮過將來的事，我是因為喜歡才嫁給他，就算遇到困難，我們也會攜手度過、同甘共苦，我是這麼以為的。最後，等我們都老了，就會返鄉安享天年。」

常野對未來的美好憧憬看似實現無望，於是她開始思考下一步該怎麼走。她甚至認為離婚也是不無可能（這已經是她的第四次），但博輔不肯點頭。「我已經跟他提過好幾次[66]分手。當然，這種事若由我開口就毫無意義。」她寫道。嚴格來說，離婚必須由丈夫主動提出[67]，由他寫離緣狀[68]，否則離婚就無法成立。常野問過義融及其他兄長能否出面與博輔或他的家人交涉，協議終結這段婚姻，但她未必想離開江戶。她信中提到，來年春天或許能回家一趟，她依然抱持希望，只要再忍耐一下，撐過去就好。

一八四二年（天保十三年）夏，清國在鴉片戰爭中終於不敵強大的英國海軍，認輸投降。根據雙方簽訂的《南京條約》，清國同意支付二千一百萬銀元的賠款，並割讓香港。其中對清國影響至巨的是開放沿海通商口岸[69]，允許英國在當地貿易；協定關稅，清國不得為

63〔原注〕東京大學史料編纂所 編《大日本近世史料 市中取締類集》，一：三〇六—七。
64〔原注〕東京大學史料編纂所 編《大日本近世史料 市中取締類集》，一：三一八。
65〔原注〕《林泉寺文書》，編號二〇五一。
66 同前注。
67〔原注〕Fuess, *Divorce in Japan*, 78-79。
68〔譯注〕江戶時代，庶民離婚時所寫的休書俗稱「三行半」（正式名稱為「離緣狀」或「離別狀」），內容只需表明當事人休妻之意願並允許對方再婚，長度正好三行半因而得名。
69〔譯注〕包括廣州、廈門、福州、寧波和上海等五處港口。

了保護國內產業而任意變更稅金；同時，英國公民若在清國領土犯罪，得交由英國領事審判，無須根據大清律法治罪。

在日本，幕臣與具有防衛意識的武士都認為，這對清國來說是一次嚴重的挫敗，說不定對日本而言也是如此。某些鷹派知識分子認為應該讓人民瞭解這個問題及其急迫性，包括英國可能會將目光（以及船隻）轉向日本，然而此倡議遭到幕府反對，寧願採取一貫的保密政策粉飾太平。但傳言早已甚囂塵上，就連江戶的老百姓也議論紛紛。

幕府的老中首座水野忠邦開始擬定計畫，加強國防。幕府軍身著西式軍服，以荷蘭語發號施令[70]，在江戶郊外的鄉間進行操演。他同時取消《異國船驅逐令》[71]，頒布《薪水給與令》，針對來航的外國船隻一律提供水與燃料補給，並禮送出境。之所以做出這項改變，並非幕府決定敞開大門歡迎外國人東來，而是清楚認知到，挑釁擁有強大戰力的西方海軍絕非明智之舉，恐怕只會惹來亡國之禍。

另一方面，經常扮演男角，與第五代岩井半四郎演出對手戲的江戶歌舞伎演員第五代市川海老藏[72]，則在某間尚未搬離芝居町的大劇場被人拖了出來，戴上鐐銬，強行帶到町奉行所為他的罪行接受審判。最大的問題在於他的住所——位於深川的豪華宅邸，庭園到處擺設著偌大的石燈籠，格狀天花板金碧輝煌，精雕細琢的鑲嵌家具上擺著一系列的精緻人偶。幾個月以來，町奉行一直在等待時機成熟，蒐集情報，甚至買下並抄寫他祖父親手寫給後代子孫的家訓，強調為人必須謙遜，並厲行儉約。町奉行嚴聲斥責眼前這名驚惶不已的演員：「你不但違法犯紀[73]，還違逆了自己祖父的家訓！」。

最後，市川海老藏被町奉行逐出江戶[74]，他的豪宅被夷為平地，貴重珍寶充公，收藏品散落一地。城裡的歌舞伎劇場從此不再迴盪著他中氣十足的聲音。幾年後，他重回江戶，但他所扮演的英雄（那些勇敢、俊美的年輕男子）再也不會以同樣的風格現身舞台。

天保十四年（一八四三年）的新年來臨，江戶街上一如往常地空曠乾淨，年節的裝飾卻

70〔原注〕藤田覺，《天保の改革》，一九七—二〇一。
71〔原注〕藤田覺，《天保の改革》，二〇七—一〇。
72〔原注〕《藤岡屋日記》，二：二七七—七八。〔譯注〕襲名後成為第七代市川團十郎，為江戶知名歌舞伎演員。
73〔原注〕松岡英夫，《鳥居耀藏：天保の改革弾圧者》，二五—二六。
74〔原注〕《藤岡屋日記》，二：二七八。

不如以往奢華。酒變得非常昂貴[75]，就連有錢的武士夫人也抱怨連連。那年春天，有四名二十多歲的平民女性外出賞櫻時被逮捕，她們皆未穿著天鵝絨、錦緞、絲綢等違禁品，裝扮卻被認為「過於花俏」，有違改革期間的規定。事情傳開以後百姓紛紛為其抱屈，大嘆不公：「她們全身上下穿的都是棉布衣（連襯裡也不例外），沒用到任何絲綢。對區區小民而言，這出手實在太重了。」[76]

到了三月，幕府又頒布新規定[77]，對江戶貧民造成更直接的衝擊。公告是這麼寫的：「近來，從農村赴江戶者與日俱增[78]，且多已適應本地民情風俗、無意返鄉，徒增困擾。本所將進行普查，出身農村者將強制遣送回原籍。」但接下來的內容有些模稜兩可，針對已經在江戶成家立業的人或許會從寬處理，不過結語倒是相當明確：「近幾年才來到江戶、無妻無子、賃居裏長屋且以打零工維生者，應立即遣返農村。」

常野有些擔心，她與博輔雖然是夫妻但沒有小孩，又剛來江戶不久而且不事生產，沒有穩定的收入。另一方面，博輔也找不到工作來維持冒牌下級武士的身分。夫妻倆在江戶街頭四處遊走，最後流落到江戶西部邊境，客棧、餐館及妓院林立的內藤新宿。

內藤新宿是往來旅人的必經之地，同時也有不少豺狼虎豹[79]聚集在此，這些人不是黑道就是保鏢，甚至是更凶殘的惡徒。此外，宿場還有一百五十名的遊女（公娼）[80]與數倍於此的宿場女郎（私娼）在此提供性服務。她們在茶屋接客，有時也會走上街頭，有些則是坐在木格柵欄後等客人上門。有些人出身越後，儘管年紀比常野小上許多且出身清貧，幾乎都相當眼熟。在席間表演歌舞助興的藝者，不分男女總是打扮得異常時髦搶眼，但在天保十四年，他們卻比往常收斂簡樸。誰也無法忘記[81]百餘年前幕府第一次推動改革[82]期間的慘況：整個宿場被關閉，旅店、遊廓（紅燈區）及餐館生意一蹶不振，荒廢長達五十多年。如今，內藤新宿一帶在水野忠邦上任兩年後雖然安然無事，但不可能永遠走運，遲早會遭受波及。

75〔原注〕深澤秋男，《旗本夫人が見た江戸のたそがれ：井関隆子のエスプリ日記》，四二。
76〔原注〕《藤岡屋日記》，二：三二三。
77〔譯注〕《人返令》，強制要求滯留江戶的農民返鄉，並禁止新農民移入，此令旨在確保農村勞動力，並防止江戶貧民增加。
78〔原注〕《江戶町触集成》，一四：三二一—二五。
79〔原注〕吉田伸之，《身分的周縁と社会＝文化構造》，四五三。
80〔原注〕Yoshihara, *Naitō Shinjuku*, 95-101。
81〔原注〕Yoshihara, *Naitō Shinjuku*, 170-71。
82〔譯注〕指一七一六年（享保元年）第八代將軍德川吉宗任內展開的「享保改革」，以改善財政為重點，政策包括頒布《儉約令》以抑制支出、改行新稅制以增加稅收，成功重建幕府財政，成為後來寬政及天保兩次改革的範本。

不受上天眷顧的常野夫妻倆最後只能投靠博輔的胞弟——半左衛門[83]。半左衛門為人不牢靠，行徑可疑，憑著一張嘴能言善道，四處打零工維生，且經常改名，行蹤難以掌握。或許這就是主要的問題所在。若說他有任何正當職業，應該就是經營小餐館，也就是那種路上常見的「飯屋」，方便工人去私娼寮尋歡之前先填飽肚子。這家店至少讓常野有工作可做。除了小時候在家以及長大嫁到農村後學到的廚藝，她沒有什麼特別的烹飪經驗，但在武家擔任女傭的工作歷練，倒是讓她學到了接待的禮儀、如何點菜以及收拾碗盤。

然而他們的生意並不好。早先遇上饑荒，使得餐館數量[84]大減，天保改革期間，景氣更是雪上加霜。除了水野忠邦，幾乎所有人都認為將歌舞劇院遷至郊區、要求外來的勞動人口返鄉務農、強行調降物價等措施，根本無助於重振經濟。餐館倒閉或許不是半左衛門的錯；博輔與常野爭吵不休[85]雖然不能全怪罪於他，但實在教常野忍無可忍。

天保十四年夏，常野與博輔還在新宿為生計苦撐，幕府又針對在江戶地區擁有封地的大名及旗本頒布了一連串的新法令[86]。當局要求他們交出土地，幕府將適時指定其他領地作為交換，立即生效[87]。不久，大坂鄰近地區以及越後國（常野的故鄉）新潟港當地的藩主也收

到類似消息。某種程度上，這是一項防衛性的策略，也是水野忠邦的諸多國防改革之一，旨在加強幕府的防禦能力，以保護日本不受外國海軍攻擊的威脅，但另一方面也有經濟上的考量：「如今大名領地境內，良田沃土竟然多於幕府，實為不妥。」[88]

被幕府點名的各國大名及旗本一片愕然——幕府如此大動作的行使威權，幾乎前所未見。過去兩百多年來，從未有任何人親眼目睹。新的土地要從何而來？又將如何分配？大名們可能得等上好幾年，甚至遙遙無期。這段期間，各藩若非頓失收入來源，起碼也是銳減，教他們要如何度日呢？

83〔原注〕《林泉寺文書》，編號二〇四二。「半左衛門」是相當常見的名字，在此無法確定此人與博輔胞弟是否為同一人，但可能性相當高。

84〔原注〕吉田伸之，《伝統都市・江戸》，二七六。

85〔原注〕《林泉寺文書》，編號二〇四二。

86〔原注〕Bolitho, "The Tenpō Crisis," 39-40。

87〔譯注〕水野忠邦為了強化中央實權，頒布《上知令》，提議徵收大名及旗本在江戶、大坂的封地，改由幕府直接管轄，針對這些地區的防務進行統一規劃，但遭受激烈反對，並未落實。

88〔原注〕Bolitho, "The Tenpō Crisis," 40。

就在朝野一片嘩然中，神田祭[89]突然宣布取消，原因據說是將軍剛出生不久的第二十三個孩子不幸夭折。住在高級宅邸區的武家之女本已準備上澡堂、梳妝打扮，將衣裳擺出來。消息傳來，慶祝活動戛然而止，整個江戶陷入愁雲慘霧之中。

到了中秋，幕府的改革終於瀕臨潰敗極限[90]。混亂的法規與經濟亂象所引發的民怨眾怒，只要不發生騷亂都還招架得住，說不定永遠沒有爆發的一天。但江戶大名與旗本就不一樣了，他們氣憤難平，堅決反對領地重新分配，其拒絕妥協的強硬態度，使得將軍的立場有些站不住腳。

德川家慶迫於壓力，意識到不能再繼續放任水野忠邦主導大局，於是在天保十四年的閏九月十三日，免除了他的老中職務。

水野忠邦下台的消息立刻傳開。即使他的宅邸大門深鎖，依然聚集大批民眾守了一整天。到了晚上，眾人開始歡呼叫囂，紛紛拿起小石子朝門砸去——攻勢之猛烈，彷彿一場突如其來的冰雹從天而降，落在江戶這處烏雲密布的屋宅內，主人正是淪為過街老鼠的水野。群眾怒火一發不可收拾，轉而突襲附近的守衛番所，嚇得武士及守衛拔腿就跑，人們連忙將疊蓆與家具自屋內拖出，將家當物品統統扔進宅邸的排水溝。最後，鄰近的大名不得不派出自家人馬來平息這場騷動。數百名下級武士手提印有家紋的燈籠，集結整隊。很快地，場面就有如火災現場般混亂：家具散落一地，民眾在街上四處逃竄，武士試圖包圍群眾，限制其行動；他們徹夜奔波，直到天亮才好不容易平息騷亂，但愛湊熱鬧的年輕男女仍然不肯散去，等著看更多好戲上演[91]。

整個秋天，街上的江戶人都在玩拍手遊戲[92]，唱歌擊掌，慶祝奸臣終於下台。百姓透過發自內心的怒吼，替天行道：水野忠邦再也無法一意孤行，強迫江戶人接受他的改革。

就在水野忠邦倒臺、轟動全國的前幾天，常野獨自橫越大半個江戶，穿過迷陣般的武士屋敷白牆，沿著外壕北緣繞行，一路走到加賀藩大名的上屋敷，以及那道她進城第一天經過的赤門。轉眼已將近四年，當時她與智侃在一起——如今想來不堪回首。嫁給博輔，本應可以泯除這個錯誤、挽回聲譽，但其他女傭卻勸她離開博輔，試著自己去闖闖。她們的建議是

89〔原注〕深澤秋男，《旗本夫人が見た江戸のたそがれ：井関隆子のエスプリ日記》，五六。
90〔原注〕Bolitho, "The Tenpō Crisis"。
91〔原注〕《藤岡屋日記》，二：三七五。
92〔原注〕《藤岡屋日記》，二：三八三—八五。

對的。

常野來到上野不忍池畔的教證寺[93]。盛夏時，池面蓮葉田田，一片蒼翠；但到了深秋時分，景色蕭條，只剩乾枯如稻稈的蓮梗與凋萎的殘花，瘦小的水鴨穿梭其間。天氣已經變冷了，天也黑得早。常野之所以知道這間寺院，是因為弟弟義仙在這工作。她已經好幾個月沒有跟他聯絡（她與博輔搬到內藤新宿，刻意不告知他新住所），但心想或許可以報上他的名號，這招向來管用。果不其然，出身佛寺的好家世加上可憐落魄的外表，令寺方心生惻隱願意收留她幾天。

住持把義仙找來，他發現自己的姊姊衣衫襤褸，竟然為了逃避另一段麻煩的婚姻，而前來打擾家裡的熟人舊識，為此感到相當難堪。他認為以常野現在的狀況，或許不該繼續待在江戶。沒想到常野竟默許了這項決定。義仙捨不得花錢，便安排飛腳護送她回越後。就在出發前夕的深夜，常野卻反悔，說自己無法脫身，因為開餐館的小叔半左衛門絕不會輕易讓她離開。

理論上，半左衛門無權對常野提出任何要求。他雖然供她吃住及工作，但畢竟不是她的丈夫，不具任何特殊的名義或權力。然而，他確實令人望而生畏。義仙確信半左衛門絕非善類，肯定在做什麼不法勾當。他講話的口氣就跟流氓沒兩樣。教證寺的住持把半左衛門找來，問他為何不讓常野離開，他的回答讓眾人大吃一驚：「只要有常野在[94]，我就能隨時跟她家裡討錢，先從她大哥下手，這樣一來就不愁沒錢喝酒了。」義仙大怒，常野怎麼又和一個陰險無良的男人扯上關係？這已經不是她第一次這麼糊塗，賠上林泉寺全家的聲譽；想當然爾，她在江戶窮困潦倒的窘境必定又會傳回越後的親友耳裡——沒有一次例外。

義仙對常野已經忍無可忍，打算與她斷絕關係。他多麼希望義融能對他說，照顧常野不是他的責任，反正她也不會聽他的。對義仙而言，他似乎不曾有過常野這個姊姊。「說真的[95]，他們三個（常野、博輔、半左衛門）都是無可救藥的馬鹿（笨蛋）。」他寫道。

儘管如此，義仙還是放下自己明智的判斷，想辦法[96]替常野另覓棲身之處。他認識一位名叫谷戶儀助的針灸師，偶爾會來教證寺替師父們治療。儀助是出羽國人，常野初次結婚就是嫁到當地，並且住了十五年。儀助將她視為「北國鄉親」[97]，油然生起同情之心。兩人相當合得來，或許這根本不足為奇，常野對男人總是有種莫名的吸引力。他們說不定聊過最上川的河港小鎮、紅花與白帆小舟等共同話題。

93〔原注〕《林泉寺文書》，編號二〇四二。
94 同前注。
95 同前注。
96〔原注〕《林泉寺文書》，編號二〇四一。
97 同前注。

儀助雖然沒什麼錢，但願意讓常野到家裡幫傭，起碼試用幾個月。她的身分還是有夫之婦，但義仙並未懷疑儀助是否別有居心；他只是感到如釋重負，終於找到人願意照顧常野。「至少現在[98]她就不能說我們從來沒替她做過任何事了。」義仙暗自叫屈。他向德本寺的師父借了些被褥給常野，並警告她要是再惹出麻煩，就會立刻送她回越後。實際上他並不樂觀。「事實上[99]，要女人明哲保身簡直難上加難。就算她好不容易擺脫博輔與半左衛門的掌控，江戶依然到處是可怕的男性，說不定她到頭來會流落街頭，淪為流鶯。」

跟儀助同住當然比在路邊賣淫好。但就常野而言，跟著針灸師沒什麼前途，吸引力並不大。針灸往往是窮人逼不得已才會選擇的職業，他們通常是殘疾人士，找不到更好的工作。儀助窮得連被褥都沒有[100]，而作為針灸師的女傭，具體工作究竟包含哪些也不得而知。一七二九年（享保十四年）的越後[101]，幕府當局曾特別表彰某位名叫八藏的家僕，他的雇主是位貧困潦倒的武士。這位武士迫於生計，不得已開始學習針灸，八藏自告奮勇當他的練習對象，讓武士一次又一次地對他下針，直到肚子發紅腫脹才停手。幕府認為八藏忠誠的表現相當值得讚許，但不是每個人都喜歡這種工作。

幸運的是，常野發現了更理想的選擇[102]：借她被褥的德本寺正好缺女傭。儘管她沒在寺院林立的淺草住過，對該區卻相當熟悉。搬遷後的芝居町[103]就在附近，那塊地本來隸屬德本寺某個武士信徒。縱使街町風貌改變，劇場依然高掛著許多熟悉的人名與演員繪像。雖然不若以往熱鬧，至少僥倖逃過風紀整肅的劇場人士還在，他們充分把握機會，在新的地方東山再起。

對常野而言，德本寺的工作與其說是新的開始，不如說是回到過去。寺院就是她兒時的世界，隨著一次次的重返，她的地位愈來愈卑微。她曾是父母的掌上明珠，後來變成別人的媳婦，接著是讓兄弟頭痛的失婚手足，如今淪為女傭。冬日一天天過去，就像念珠一樣，清冷堅硬。常野忙著打掃、聽人差遣，很少與義仙聯繫，儘管他與德本寺關係匪淺——這是他在江戶最初工作的地方。「他（義仙）既現實[104]又不近人情，讓我非常生氣。」常野在家書中抱怨道。「在我面前，他總是擺出高高在上的樣子，出言恐嚇：『我從現在起只把妳當外人看。』」博輔對他也是滿腔怒火，這並不意外——憤世嫉俗如他，看任何人都不順眼。

98〔原注〕《林泉寺文書》，編號二〇四一。
99 同前注。
100 同前注。
101〔原注〕菅野則子，《江戸時代の孝行者：「孝義錄」の世界》，一一二—一一四。
102〔原注〕《林泉寺文書》，編號二〇三四。
103〔原注〕《林泉寺文書》，編號二〇四七。
104〔原注〕《林泉寺文書》，編號二〇三五。

常野雖然與博輔分居，還是竭盡所能替他張羅生活所需。她寫信向義融求援：「江戶沒有任何地方願意出借被褥給傭人[105]，我問義仙：『看在他（博輔）是我丈夫的份上，求你借點東西給他好嗎？』他卻對我視若無睹，博輔會暴怒也是正常的。」

常野之所以落腳德本寺[106]，是因為那裡剛好有地方收留她：房間、被褥、毯子及火盆一應俱全。根據義仙的說法，她向寺方宣稱，一直希望自己勤奮努力的表現能獲得義仙肯定，並替她把當舖的衣服贖回來，才會來到德本寺工作。「但在她要離開時，德本寺上下早就對她嫌惡至極。」[107]他寫道。

過完年不久，常野離開德本寺[108]，回到博輔身邊。可惜他的狀況仍然不見起色，常野又找了一份幫傭的工作[109]，工資並不高。她也拿過東西去典當，但僅是杯水車薪：換得的金額連原來一半的價值都不到。她大發牢騷：「江戶人傲慢又自大[110]，只因我是外地人，就把我當異類看。」更糟的是常野的衣著實在太寒酸，就算再怎麼氣不過，她都無法反駁。她的樣子難看到根本連房間都沒臉踏出一步[111]。

接下來幾個月，常野夫妻倆的工作斷斷續續。博輔往往做了幾個月就被解僱，常野只好做手工來維持生計，兩人一度被迫穿同一件衣服[112]。她在信中對義融說：「我這麼說，你聽了或許會生氣[113]，但博輔過得也很苦，我十分同情他。」她的語氣不變。三年來，常野不斷與義融作對，如今她開始自省，態度謙卑，低頭認錯。她深怕自己窮困潦倒，終至老死。「一切都跟我想的不一樣[114]，我從沒想過會這麼辛苦。」

另一方面，博輔的情緒愈來愈不穩定[115]。每回好不容易掙到幾文錢，全都被他拿去大吃大喝。兩人身無分文時，他就賴在家裡睡上一整天。到了秋天，他甚至連工作都不想找。

105〔原注〕《林泉寺文書》，編號二〇三五。
106〔原注〕《林泉寺文書》，編號二〇三一。
107 同前注。
108 同前注。
109〔原注〕《林泉寺文書》，編號二〇四四。
110 同前注。
111 同前注。
112 同前注。
113 同前注。
114 同前注。
115〔原注〕《林泉寺文書》，編號二〇二七。

「當初我要是對他的個性有所瞭解，哪怕只有一點點[116]，他再怎麼死纏爛打，我都不會嫁給他。」常野無法想像怎會有人這麼難相處：「我知道自己的脾氣也很差[117]，但像他這麼暴躁易怒的人真是前所未見。的確，就算千人裡頭也找不到第二人能與之匹敵。」博輔不停數落別人的缺點，卻從未注意到自身的缺失。友人正吉來訪，兩人竟然齊聲斥責常野，並要她去找義融及其他兄弟借錢。後來沒借成，他們就冷嘲熱諷，笑她沒權繼承家產，甚至口出惡言，咒罵義融：「和尚根本半點用處都沒有。」[118]有時兩人更是囂張跋扈，跟攔路搶劫的強盜一樣動歪腦筋。「我們要把妳家的土地財產統統搶過來[119]，石神村旁那些田地早晚都是我們的。」

常野雖然與大部分的家人感情不睦已久，但林泉寺終究是她出生的地方。兄弟手足既然是她的血親，他們的祖先就是她的祖先，博輔沒有權利仇視他們並且說三道四。「我處處與義融作對[120]，彼此合不來，這我心知肚明，但他畢竟是我兄長！博輔無時無刻不在毀謗義融，我氣憤難平，更何況他自己根本就是個草包。」她後來說道。

「我實在忍無可忍[121]，對他已經澈底死心了。」常野寫道。

在那難熬的幾個月，兩人爭吵不休，博輔六度寫好離緣狀[122]並交給常野，但每次都反悔討回。到了第七次，弘化元年（一八四四年）九月初一當天，常野緊握著離緣狀，走出家門。離緣狀的內容很短[123]，只有三行半，上面寫著博輔清晰的字跡，還蓋了印章。內容僅寫說常野是個不稱職的妻子，並宣布她已經重獲自由。

常野離開德本寺，形同自斷後路，很清楚不該再去找義仙求助。於是她前去投靠博輔的舊識[124]藤原雄藏，對方住在本鄉，附近就是加賀藩大名屋敷的赤門。雄藏有份好職業，他在武士手下工作，家裡還有間小空房，答應收留常野一陣子。

116〔原注〕《林泉寺文書》，編號二〇二七。
117同前注。
118同前注。
119同前注。
120同前注。
121同前注。
122同前注。
123〔原注〕《林泉寺文書》，編號二〇〇九。
124〔原注〕《林泉寺文書》，編號二〇〇三；博輔與雄藏的關係，見《林泉寺文書》編號二〇〇六。

在桂庵的協助下，常野陸續找到一些短暫的零工。她每月工資照理說[125]有一兩金又二百文銅錢，但實際上只領到半薪再多一點。同時，博輔還在向她討錢，於是她每個月還得撥出五百文給他花用。扣除支付給桂庵的傭金，她手上只剩三百文，比街頭小販一天的淨收入還少[126]。

常野分別給義融及義仙寫信，坦承一切[127]：她細數博輔的惡行惡狀，並坦言當初不該嫁給他。她懇求他們替她未來的人生作主。她想回家，想去母親墳前祭拜。

藤原雄藏[128]雖然好心收留常野，其實不怎麼高興。他把義仙找來，以為他多少會願意扛起照顧長姊的責任，孰知他完全不肯幫忙。常野央求雄藏聯繫義融，於是他致信林泉寺，盡可能說明當前情況。他不清楚來龍去脈，只知道常野與博輔已經正式離緣；且她窮得連衣服都沒有，急需用錢（或至少一套新衣）以便找到好工作，快點搬出他家。

過了一個月，雄藏寄去的信遲遲沒有下文，於是又寫了一封[129]，再次說明情況，措辭更加嚴厲。總得有人出面照顧常野。她被丈夫害得一貧如洗，很難找到穩定的工作，么弟又棄之不顧，實在令人難以置信：「他們兩人[130]似乎毫無手足之情。」雄藏不可能讓一個衣衫襤褸又離過婚的女人永遠與他共處一室，最好的方法不是義融給她寄來衣物與生活費，就是由他找人護送她回越後。

等到常野處境悲慘的消息終於傳回林泉寺，亦即雄藏的第一封信寄達，已經過了一個月又七天，義融感到萬分羞愧[131]，顏面盡失。去年他才寫信給義仙，要他別替常野擔心：家裡根本無力照顧她。但他還是老樣子口是心非，表明他是逼不得已才做出這項決定，並非不關心她。他在信中寫道：「常野的監護人應該是博輔才對[132]……你也知道，我們在春天講過，家裡狀況的確不好過，即使她需要的錢不多，我也真的無能為力。不管是誰，我都幫不上忙，所以我別無選擇，只能視若無睹，讓她自己想辦法。」如今，江戶某個素未謀面的武士走投無路，寫信求助，義融不得不重新盤算。他回信[133]表達深切的歉意，並答應安排接常野回越後。

義融找到一名適當的護衛人選，是越後當地山王飛腳問屋的人，請他到江戶找常野。其

125〔原注〕《林泉寺文書》，編號二〇二七。
126〔原注〕妻鹿淳子，《武家に嫁いだ女性の手紙：貧乏旗本の江戸暮らし》，一六三。
127〔原注〕《林泉寺文書》，編號二〇二七。
128〔原注〕《林泉寺文書》，編號二〇〇三。
129〔原注〕《林泉寺文書》，編號二〇〇五。
130同前注。
131〔原注〕《林泉寺文書》，編號二〇〇四。
132〔原注〕《林泉寺文書》，編號二〇四三。
133〔原注〕《林泉寺文書》，編號二〇〇四。

他細節就交由義仙安排，因為他是常野在江戶的手足代表。義仙醜話說在前頭：「有了上次常野表明想回越後卻被阻攔的前車之鑑[134]，我確信，即使找雄藏談了，事情也不會成功。」但他還是遵照義融的吩咐，認真安排這趟遠行。他甚至考慮替她買張通行手形，這樣她就能暢行無阻，順利通過途中所有關所。最後他與相關官員商量後，確定沒必要準備：每個人都說這樣做太麻煩了，不值得。

十一月末，護送常野的人到了江戶，她也準備出發。但博輔得知常野要離開[135]，竟勃然大怒。雖然他早已遞出離緣狀，其實一直不想讓她走。事實上，他曾向義融在江戶的朋友[136]表示不會歸還常野的任何物品，除非她回到他身邊。現在他不顧一切想把常野留在江戶。他承認兩人早已不是夫妻，也久未聯絡，但她不該在沒有與他商量的情況下返回越後。再怎麼說，現在上路很危險，是一年中最不適合遠行的時節——誰會願意在隆冬翻山越嶺，繞過關隘，千里迢迢回到越後呢？[137]

博輔寫信向義融表達不滿與憤怒，並找來半左衛門[138]，當時他化名武田五郎（他的眾多假名之一）在某處武家宅邸工作。半左衛門把常野找來，還找了一名認識的武士出面說情，勸她留下。最後勸說無效，半左衛門竟不讓常野離開，甚至設法拘禁了那名越後來的護衛。但兩人不知怎麼辦到的，雙雙順利脫身。半左衛門在江戶眼目眾多，立即派人進城搜捕，卻無功而返。他怒不可遏，直奔義仙所在的寺院，打算逼他讓出常野的監護權，但義仙已不知去向。此時，常野早已離開江戶[139]。就在十二月初六的清晨，不辭而別。

常野在弘化二年（一八四五年）的新年前夕順利回到林泉寺[140]，當時她已年過四十，離過四次婚。回首來時路，她捨棄大片稻田，換取江戶簡陋長屋的蝸居生活；日夜迴盪耳際的音聲，從寺院梵鐘變成劇場太鼓；最熟悉的美味不再是母親親手醃漬的醬菜，而是深夜街角的麵條。她當過女傭，作過女侍，也曾嫁作浪人之妻。她很清楚掙錢的辛苦，也知道如何撙節開支，這樣一來才能支付房租；懂得計算有多少比例的收入會落入桂庵手中。她的丈夫是自己選的（但她不諱言自己眼光很差），也待過旗本宅邸，與其他女傭聊著小道消息。常野有段不堪的過去，她的人生經歷，任何鄉親聽了都難以置信。如今，她已毫無未來可言。

134〔原注〕《林泉寺文書》，編號二〇〇六。
135〔原注〕《林泉寺文書》，編號二〇一一。
136〔原注〕《林泉寺文書》，編號二一二七。
137〔原注〕《林泉寺文書》，編號二〇一一。
138〔原注〕《林泉寺文書》，編號二〇一四、《林泉寺文書》，編號二〇一七。五郎其實就是武田輩，亦即半左衛門。常野也將武田輩稱為五郎，見《林泉寺文書》，編號二〇〇九。
139〔原注〕《林泉寺文書》，編號二〇一七。
140〔原注〕《林泉寺文書》，編號二〇一八。

過去五年來的政局動盪，遭遇更悲慘的大有人在。當代著名的言情作家為永春水[141]在天保改革如火如荼期間，遭當局以傷風敗俗罪名逮捕，盛傳他在所有原作木版全被沒收後，抑鬱而終。還有些人在審問過程中精神崩潰，或在獄中等候處刑時不幸喪命。成千上萬的江戶人失去生計，眼睜睜看著自己的作品、樂器及畢生心血毀於一旦。

若這些損失能換來某些永久的改變，或許會有它的意義。但事與願違，日本似乎又回到了改革前難以為繼的困境。只有當法令廢止、婦女又可以上結髮店梳髮、庶民從儲藏間拿出或從當舖贖回絲綢襯裡的和服、名店越後屋不再販售「需要留心的商品」[142]、祭典如常舉行，百姓才會意識到改革已經結束。除了搬遷劇場、拘捕流鶯及樂師、銷毀樂器及兒童玩具外，天保改革毫無建樹，江戶（或整個國家）的根本問題絲毫沒有解決。江戶的武士照樣窮困潦倒，窮人依然挨餓，處於弱勢。外國炮艦依然冒著蒸煙，搭載大砲，企圖叩關，而日本列島實際上仍舊毫無防備。西方商人仍持續將鴉片銷往亞洲各港，如今還有強大的英國海軍為了維護本國利益在背後撐腰，即使是懲罰性質的《南京條約》，也不如表面上有如此決定性的效力。在清國，同樣的當事雙方將在短短幾年後為了鴉片再起爭端。

常野又落入讓她無法忍受的境地。這次她有時間好好思考問題的癥結所在，應該歸咎外在因素，例如多災多難的政治時局，才導致她的婚姻破滅？抑或問題其實始終存在，就像土壤中潛伏的疫病，等到季節變化就隨之爆發？她望向林泉寺的庭園，此刻映入眼簾的（誠如任何人所見）就只有皚皚白雪。

141〔原注〕Shirane, *An Early Modern Anthology*, 388-92。
142〔原注〕東京大學史料編纂所 編，《大日本近世史料 市中取締類集》，一：四九二。

第八章　南町奉行所

In the Office of the City Magistrate

與江戶相比，鄉下的生活有如白紙，平淡而沉悶。周遭景物熟悉依舊：田野堆滿積雪，白茫一片；灰濛濛的冰天雪地，空氣中瀰漫露天爐灶飄出的純樸煙味。明淨如鏡的大池遠方，群山聳立，若隱若現；西邊的雲彩隨風掠過。村裡牆上空蕩如也，不見任何塗鴉與告示——就連江戶常見的「小心火燭」標語也無。在石神村這樣的小地方，幾乎所有消息都是透過街頭巷議口耳相傳，或寫在紙上對摺後親手傳閱。

常野身穿厚衣棉襖，裹著溫暖的被褥與毛毯，安居在堅實的屋宅內度過漫漫寒冬。短短幾週過去，她還是忘不了當初在江戶餐風露宿、被人一覽無遺的感受，刺骨寒風穿透她單薄的棉衣，被陌生人以生冷的目光掃視臉龐，以及長屋大雜院內毫無隱私的生活：嘆氣、打鼾、爭吵等各種人聲動靜，都被隔牆不知名的鄰人聽得一清二楚。

回到林泉寺，墓園裡多了么妹伊野與母親的墓碑。常野雖然錯過了第四十九日的法事，至少終於能去她們墳前祭拜。另一個妹妹年野[1]也不幸離世，不過她葬在夫家的墓地。前一年春天，年野突然身染重病，家裡請在高田行醫的孝德去她住的村子看病。孝德盡了力還是沒能救活她。年野去世時只有二十七歲。

這時，義融已步入中年，妻子佐野一如既往，忙著照顧幾個小孩及操持寺務。兩人的長子喜博[2]（同時也是林泉寺的繼承人）已經十二歲，人在高田求學，學習四書五經。常野在家沒有閒著，也捲袖幫忙——家裡多了個女人在，總能成為有用的人手：縫紉洗衣、照顧嬰兒、整理墓園、打掃大殿，統統難不倒她。

偶爾，她會在家中某處發現過往的回憶。某個春日，女傭正在洗衣，常野認出其中一條小被子是用她小時候的衣服縫成。這是母親在她第一次出嫁後，用她留下的衣物拼湊縫成的。母親肯定邊縫邊惦念著這個年紀輕輕就嫁人的女兒，捨不得她離鄉背井、遠居外地。她本來可以把常野的衣服拆掉，重新縫製給年幼的女兒們穿，但最後卻拿來做成只有一半大小的嬰兒被。也許這是她要送給常野第一個小孩的禮物。若真如此，這份禮物，她這輩子始終無緣送出。

常野從成堆的衣物中一把將被子抓起。「這件我要拿走，這是我的。」她說。義融大怒，這條被子在他家已經用了三十年，早就是林泉寺的了。但他還是選擇退讓，不與常野計較。跟這麼愚蠢的人爭辯根本無濟於事，他說[3]。事實上，他肯定相當清楚，只要常野認真想得到某樣東西，他永遠爭不贏，就算只是一條用了三十年的破被子。反正那也不值半毛錢。也許這條被子代表常野對母親的回憶，象徵母親春真對常野人生的期望與現實之間難以

1〔原注〕《林泉寺文書》，編號二一一四、二一一一、二一一二。
2〔原注〕《林泉寺文書》，編號一六四五。
3〔原注〕《林泉寺文書》，編號六三七。

彌補的落差。但或許這就是常野一貫的處世原則，該屬於她的，一定爭取到底。

一八四六年（弘化三年）春，常野回到越後已經一年多。某天，突然有飛腳上門[4]，捎來寄自蒲生田村的信，原來是博輔的大哥寫來轉達他的近況。博輔終於在江戶找到了固定工作，並希望找人去探望常野。他請哥哥向林泉寺打聽，問常野願不願意與他破鏡重圓。

常野對博輔所有的缺點瞭若指掌：個性急躁、懶惰、貪婪又容易受騙。作為丈夫，他實在相當糟糕，兩人的婚姻最後以失敗告終，至今還未滿一年半。常野的家人都很瞧不起博輔，誰也無法預料他這份據說相當穩定的新工作能否一直待下去。要是常野答應復合，難保不會重蹈覆轍，落入當初離開時一模一樣的下場，棲身於某個冷清街區的簡陋長屋，挨寒受凍，又為了上當鋪的事爭吵不休。

另一方面來說，博輔終究是來自鄰村的青梅竹馬，是常野在江戶自己選擇的夫婿，若沒有遇見他，她或許會繼續獨自過活。他是少數幾個對她前、後半段的人生瞭若指掌的人（當初他也是拋下越後安定的生活，前往江戶挑戰未知的未來），況且他也是常野遇到唯一性格脾氣與她合得來的男人。她若不回到博輔身邊，就得待在林泉寺幫忙佐野及女傭做家務，此外她也不清楚義融能否一直忍受她的存在[5]。她得替自己找個去處。

世上不只江戶一個選擇，有些城下町從不下雪，空氣中瀰漫柑橘清香，隨風迎面撲來；當地農民栽植甘藷，水稻一年收成三季。不然還有京都，當年常野還是新嫁娘時，曾經遊歷這座古都：御所內，天皇吟詩作對；織工用紅花染成的絲綢織出華麗的錦緞。

除了這些地方，在叢林猛虎出沒、草原紅鳥飛啼的異國海外，還有更多陌生的城市。人們在倉庫裡堆放成箱的茶葉、印花棉布及鴉片；市場老婦賣著硬韌難嚼的辣椒乾及松綠石；大教堂內，家家戶戶齊聚以四部和聲詠唱復活節的讚美詩。有些地方春雨綿綿，灑落在鵝卵石與玻璃窗上；婦女穿著鐘形蓬裙與緊身胸衣，或印度紗麗與金手鐲；有些人穿的是市售布料做成的衣裳，搭配串珠頭巾，戴上有小鈕扣的羊皮手套；但也有人光著腳，衣衫襤褸。與常野年紀相仿的婦女為了咖哩葉討價還價，還買了好幾盒松露巧克力。有些人得洗地、照顧小孩，有些則待在家裡織羊毛圍巾。她們的兄弟姊妹中，有人在巨大的工廠操作嘎嘎作響的織布機，有人從事礦工，以挖煤維生。

在這些遙遠的國家首都與海風吹拂的港口，人們對日本充滿好奇。他們將貨物搬上船隻

4〔原注〕《林泉寺文書》，編號六三七。

5〔原注〕傳八提醒義融，常野除了江戶無處可去。見《林泉寺文書》，編號六三七。

並擬定計畫，想像著日本城市的樣貌，從書上認識幕府。他們見到的，是個「閉關自守的國度」，他們要打開日本的大門，尋求貿易機會、利益與榮耀。正如常野將自己的命運想像成一扇深鎖的金屬木門，在外國人眼中，江戶就是打開這道門的鑰匙。

就在常野考慮是否要與博輔復合的時候，兩艘美國軍艦正朝著江戶而來。坐鎮的指揮官是曾參與一八一二年第二次獨立戰爭的將領詹姆斯．比德爾（James Biddle）[6]。在這之前，他才剛代表美國與滿清簽訂第一個條約[7]。挾此成功經驗，比德爾打算如法炮製，與日本天皇簽訂類似的通商協定。美國艦隊一駛近江戶灣口[8]，旋即被日本的小艇團團包圍，船上載滿全副武裝的武士，他們收下比德爾希望入港通商的書面請求，並在美國船艦停泊期間任意登船，四處查看。日本人對美國船隻相當好奇，比德爾也大方開放讓他們上船。他相當感激日本提供的免費補給，包括數百隻雞、青蘋果及好幾桶乾淨的飲水，這是他們此趟遠行獲得最豐盛的物資。但他的請求卻被某位幕府老中在回信中一口否決：日本人拒絕與美國進行貿易——除了荷蘭與清國以外，他們不會與任何外國通商。

幕府的回應令美方大失所望，整個過程更是弄巧成拙。比德爾登上日本船艦打算把信領回，卻未事先知會。有位武士見他作勢準備登船，情急之下將他往後一推，害他失足跌入自己的小舟。比德爾勃然大怒，手下一度以為他會下令開砲，點燃戰火。幸好他沉住了氣，但這件插曲讓當事各方都相當難堪，且絲毫無助於日本解決長期以來的對外問題，阻止美國企圖橫越太平洋的野心。雖然比德爾准將從未踏上江戶，但美國海軍早晚會再度上門。

常野的夢想無法跨越大洋，她對鵝卵石、咖哩葉及大教堂一無所知，也從未升過船帆或隨船出海，爬上看不見陸地的桅頂瞭望。她的野心相當明確，僅限於已知的世界，離不開江戶這座她所深愛卻被迫捨棄的城市。對常野而言，除了江戶，再也沒有其他容身之處。所以當博輔找人來當面勸她復合時，她毫不猶豫，一口答應[9]。她願意回到江戶去。

老樣子，問題還是出在義融身上[10]，他拒絕答應讓常野再嫁。博輔不但無法給她衣食無虞的生活，更肖想向他們家勒索錢財，還把她的衣服統統拿去典當，如此不成材的男人，怎

6〔原注〕Long, *Sailor-Diplomat*, 209-16。
7〔譯注〕指一八四四年簽訂的《望廈條約》，除了不含割地賠款，其餘內容皆比照英國辦理，在清國享有通商、關稅、領事裁判權等特殊待遇。
8〔譯注〕今神奈川縣橫須賀市東部的浦賀港外海。
9〔原注〕《林泉寺文書》，編號六三七。
10 同前注。

可能讓自己的妹妹回到他身邊？常野從江戶寄回的家書，義融每封都讀過；她自己也說，博輔密謀奪取家中的土地，並咒罵林泉寺的歷代祖先。義融逢人就說，當初博輔在嚴冬時節棄常野不顧，就是他出錢請人將她帶回越後的。

最後，義融只開出一項條件：常野必須澈底斷絕與林泉寺的關係，不再使用本姓，亦不得向他們借錢。為了避免糾紛，他還擬定相關文書[11]。經過一連串的協議、交換切結書、用印等繁瑣手續，常野正式被逐出家門，她在石神村的人別帳（戶籍簿）上也被除名。

常野雖然想盡早動身[12]，但義融還是不能接受這項安排。就在出發的四天前，義融向博輔的大哥表示，若能拿到關川的通行手形，就算得花上一個月向官府申請，他也會放心許多。常野無法理解，她為何就不能像其他人一樣繞道而行？博輔在信中得知常野遭藉故拖延，不由得怒火中燒，揚言取消婚事。林泉寺的祕書傳八忍耐已久，再也看不下去，提醒義融要是這樣固執下去，只會適得其反。常野一心想走，除了江戶，她無處可去。況且她這女人如此愚蠢自私，能擺脫她反而要高興才對。他奉勸義融放下面子，向博輔澄清這都是誤會一場，並讓常野早日離開。

臨行前幾天，常野與義融找來調解人協商，清算她在林泉寺的財物與資產，意味著她即將正式離家。他們查閱寺內歷年來的財務紀錄，從常野第一次出嫁開始，統計各項開銷與財產的轉讓授予，包括她從未穿過的衣物與積欠她的零錢，統統納入計算。他們還提起智侃以及當年出走途中所賣掉的衣服，就連最近引發爭執的舊被子也在清單上[13]。

義融對白紙黑字以及謄錄、用印、保存草稿等儀式的魔力深信不疑。他必須相信，透過精確詳實的記帳，能幫大家清償債務、消除宿怨。否則，在石神村這種小地方，怎麼會有人肯放過他們呢？但這種工作是男人的差事，只有繼承姓氏及家屋的孝子才能拿起印章蘸墨，在書頁上蓋印作記。常野曾試著將每筆帳目一一牢記在腦中或寫在信上，但這次她沒有未完的事項要交待，也無需在帳本上記下任何細目。

這是常野最後一次離開越後[14]，博輔全家一路送行到高田。比起上次什麼都沒帶，只能偷偷摸摸離開，這次陣仗龐大（包括行李與餞別儀式），盛況堪比她當年初次出嫁。常野先整理了四大箱衣物請人寄到江戶，她沿著熟悉的北國街道，翻山越嶺來到荒井宿，在當地與十一名女性旅人會合，接著前往草津，留宿在朋友家中。整趟旅程相當輕鬆，僅花了十三

11〔原注〕《林泉寺文書》，編號二〇二六。
12〔原注〕《林泉寺文書》，編號六三七。
13 同前注。
14 同前注。

天[15]。然而，就在她抵達當日，江戶風雨交加[16]，城內到處淹水；所有商家都拉上雨淋板，屋簷雨槽下方的大水桶滿溢而出。常野逆著北風，閃躲路上行人的雨傘，狼狽走在泥濘的街道上。她終於回到自己的歸屬之地。

博輔的新雇主不是什麼默默無聞的普通旗本，而是江戶赫赫有名（也是最忙碌）的大人物，其頭銜一聽就令人肅然起敬，老百姓在文令公告上見其名諱，無不「聞風喪膽」。此人就是大名鼎鼎的江戶町奉行——遠山左衛門尉景元（遠山景元）。

江戶設有南北兩位町奉行，採「月番制」每月輪值，統轄都內政務。兩人皆肩負治理江戶的重任，職責範圍相當廣泛，包括審判刑案、受理人民請願、發布法令、維護治安、火災消防、道路養護、水利工程等無所不管[17]。之所以名為南北町奉行所，係以位置區分，兩處相隔不到一里[18]。一八四六年（弘化三年），遠山景元接掌更為氣派的南町奉行所，該所位於江戶城數寄屋橋門[19]附近，東側就是銀座、築地等町人區。雖然他上任才一年，卻對各項事務瞭若指掌，因為他在天保改革初期就曾任北町奉行。不少常野在門牆上看到的苛政峻法即為他任內頒布；其部下在街上見到打扮入時的年輕女性，甚至當場拖離。

背地裡，遠山景元始終不贊同幕府推行的天保改革。為此，他與主導的老中水野忠邦及其心腹南町奉行鳥居耀藏大唱反調。遠山景元對於武士與平民之間應壁壘分明、嚴守分際這一點並無異議。就像其他思想保守的幕臣，他相信自己的天職是替江戶懲奸除惡，因此自視甚高、喜歡說教。一八四一年（天保十二年），有位婦人與人發生糾紛，一狀告上町奉行所，遠山景元半信半疑：「此人身為女流[20]，雖前來申冤，實乃好為事端之人。日日有町婦因故興訟，聞之，皆惹事生非之輩。」但他也認為自己有責任[21]保護町民的生計。當水野忠邦提議將芝居町遷往郊區時，遠山景元特地上書詳述他的反對意見，理由是這樣一來將使當地居民生活無以為繼，陷入窮困，同時也會破壞該區地價，對地主造成損失。另外，水野忠

15〔原注〕《林泉寺文書》，編號二〇二五。
16〔原注〕《藤岡屋日記》，三：五九—六〇。
17〔譯注〕以現代概念解釋，江戶町奉行相當於東京都知事、地方法院法官、警視廳長、消防廳長，集各項要職於一身。
18〔原注〕岡崎寛德，《遠山金四郎》，一四三。
19〔原注〕石井良助，《江戸の町奉行》，一九。
20〔原注〕齊藤博，《質屋史の研究》，一八一。
21〔原注〕藤田覺，《遠山金四郎の時代》，三五—一八〇。

邦下令解散株仲間時，他也拖延了一陣子才公布。同時他也反對強行驅逐外來人口，因為少了這些勞動力，江戶的經濟就無法順利運作。

每次為民喉舌，遠山景元都是從高高在上的武士觀點來看待腳下的升斗小民。他出身於重視名分與盡忠職守的平凡武家，父親遠山景晉[22]年少時被旗本收為養子，該武家年俸不高，正好與其平凡無奇的家世相當匹配。但景晉卻改變了他們一家的宿命。他在幕府官僚的選拔考試中名列前茅，自此飛黃騰達，晉升要職，先後擔任大目付、長崎奉行，最後官拜勘定奉行（掌管幕府財政的大臣）。景晉成為幕臣的理想典範，備受讚譽，經常受到表揚；他同時精通漢詩，對於射箭、騎術及近身搏擊亦有涉獵。他對兒子金四郎[23]同樣寄予厚望。

然而年輕的景元對未來感到一片茫然[24]。雖是長子，但收養他父親的旗本堅持家業必須由有血緣關係的子嗣繼承。他成年之初仕途並不順遂。另一方面，父親經常派駐在外，遠從北方的蝦夷地（今北海道）到南部的長崎，再到西側的對馬島，四處奔波，留下景元待在江戶，受到上級武家嚴格的紀律管束。他空有雄心壯志卻苦無出路，缺少一展長才的機會。

或許就是因為如此，多年以後，民間流傳起遠山景元年少荒唐的故事[25]。大家繪聲繪影，說他在江戶與盜賊及賭徒勾結廝混，令父母為之震駭。據說他經常上妓院，足跡遍布全城；他上半身有刺青[26]，那是工人、黑道及罪犯才有的標記。這些傳言或許真有其事，也說不定人們只是想找個說法來解釋，何以像他這樣的旗本之子能有此俠義仁心，扶弱濟貧。無論事實為何，這些街談軼聞將他塑造成傳奇人物。在江戶人的心目中，遠山景元絕不是個擁有八名子女的中年父親，也從未患有嚴重痔瘡[27]導致無法騎馬，而不得不向幕府申請坐轎進城。反之，他永遠是大家想像中那個豪邁瀟灑的年輕人，對每條大街小巷瞭若指掌，與百姓同樂，說著平民的語言，深知民間疾苦。不知不覺中，他成為江戶位階最高的行政首長，高高在上，為所有人主持公道，懲奸除惡。

江戶町奉行或許是幕府工作最繁重的職位，盛傳執掌此大位者往往案牘勞形，鞠躬盡瘁。的確，歷來確實有不少人因過勞而命喪任內[28]，但年過五十的遠山景元高大魁梧、氣色紅潤[29]，打破了這項說法。他依然精力充沛，審問犯人時聲如洪鐘，令人聞之喪膽。事實在

22〔原注〕岡崎寬德，《遠山金四郎》，二六—五〇。
23〔譯注〕遠山景元幼名通之進，通稱金四郎。
24〔原注〕岡崎寬德，《遠山金四郎》，七六—八六。
25〔原注〕岡崎寬德，《遠山金四郎》，八一—一〇；藤田覺，《遠山金四郎の時代》，一二一—一二三。
26〔譯注〕遠山景元最為人所知的是右肩上的櫻吹雪刺青，有一說是女人的頭顱。審判到了最後關頭，他往往會露出刺青來喝斥惡人，成為經典的戲劇橋段。
27〔原注〕岡崎寬德，《遠山金四郎》，一一一—一一二。
28〔原注〕Beerens, "Interview with a Bakumatsu Official," 174；南和男，《江戶の町奉行》，一五。
29〔原注〕岡崎寬德，《遠山金四郎》，九六。

在證明，他的成就超越了才華橫溢的父親，成為最受將軍信任的幕臣之一。他與妻子阿慶[30]（おけい）結縭超過三十年，子女個個成就非凡，婚姻美滿。

博輔與遠山景元幾乎沒有任何共通點：他只是個離過婚的越後人，經歷曲折，徒具假冒的武士身分。儘管如此，即使地位顯赫的高官也知道博輔的好用之處。旗本通常會安排幾個隨從，美其名為「津貼幫手」[31]，卻暗中替他進行恐嚇逼債、勒索知行地（領地）內的佃農等傷天害理的勾當。博輔也能協助町奉行的工作。遠山景元手下負責犯罪偵搜的大多是官職世襲的武士，但他也會派幾個貼身隨從[32]協助案件調查。在這種情況下，對江戶地下社會相當熟悉的博輔或許能派上用場。若事實證明他毫無用處，起碼能讓他擔任武家奉公人，跟著管家外出跑腿或替主人拿長矛、「鋏箱」（道具箱）。

對博輔而言，能在遠山景元身邊做事是難以置信的走運，他從未有過如此穩定的工作。多年來，他不斷更換雇主，遊走於各個武家宅邸之間，往往只待了一個月左右就遭解僱。但遠山景元這種赫赫有名的大官與一般藩主或旗本不同——只要他在任的一天，身邊就需要人手，而且他也付得起工資，無需擔心斷炊。博輔終於能把常野接回身邊，兩人可以寄住在南町奉行所的役宅。遠山景元任職期間，他和家人也都得住在奉行所內[33]。

常野新的落腳處是江戶最教人不寒而慄的地方之一，就連正門也散發著不祥的氣息[34]：頂端鋪著厚重的黑瓦，兩側設有弧形屋頂的門番所（警衛室）。這樣的配置使奉行所增添一股慴人的壓迫感，彷彿蹲踞在町人地的邊角，濃黑眉頭深鎖，面露慍色。弘化三年六月，常野初次來到南町奉行所，當時大門緊閉，正值輪休期間[35]，不受理民眾訴訟或請願案件，欲爭訟者必須前往北町奉行所。當然，遠山景元在這段期間依然忙於公務[36]，得批閱文書、持續調查案件、上書幕府最高裁判機關「評定所」報告判例、參加會議等。要等到來月南町奉行所的大門再度開啟，這裡才會恢復生氣。

奉行所在町奉行值勤時，大門從清晨開放到傍晚[37]。一入門，迎面而來的是大片黑亮的

30〔原注〕岡崎寛德 編，《遠山金四郎家日記》，一一一一一三。
31〔原注〕Teeuwen and Nakai, eds., *Lust, Commerce, and Corruption*, 53-55。〔譯注〕此處指代替旗本向百姓收取錢財補貼收入的幫手。
32〔原注〕南和男，《江戶の町奉行》，二一。
33〔原注〕有關町奉行生活起居的相關細節，見岡崎寛德 編，《遠山金四郎家日記》；當時博輔的收信地址為南町奉行所，見《林泉寺文書》，編號一九七二。
34〔原注〕笹間良彥，《図説 江戸町奉行所事典》，三九—四一。
35〔原注〕資料顯示隔月換遠山景元值勤，推論南奉行所當月並未開放，見岡崎寛德，《遠山金四郎》，一三九。
36〔原注〕南和男，《江戸の町奉行》，一五。
37〔原注〕石井良助，《江戸の町奉行》，一九；笹間良彥，《図説 江戸町奉行所事典》，四〇—四一。

碎石子地，中間有條青石鋪成的走道，整齊地將路面劃分開來，盡頭就是町奉行所的主要辦公區。庭院占地廣大，是舉行各種正式場合的地點，能見到「與力」（与力）[38]在此列隊集結、立正待命，或町奉行騎著馬，在隨從簇擁下外出執行公務。

一般百姓向來不從正門出入，那只是裝飾用的門面。大家都是走右側的小門，此門[39]晚上會開放，以便受理緊急陳情及突發事件。白天，門口擠滿前來為民事官司作證的當事人及被告；所有人擠在狹小的房間裡，等候傳喚的門衛依照案件一一唱名。來興訟的民眾都很怕這段沉悶乏味的漫長等待，但如此煎熬的折磨在整個案件的審理過程中，通常得反覆經歷許多次。

縱使有諸多不便，走右門還是比左門[40]好得多。人人都對左門避之唯恐不及，因為那是刑案被告[41]專用的入口：來到町奉行所接受審判前，他們會先在「大番屋」（看守所）接受預審，抵達時已經被刺上象徵犯罪的標記且遍體鱗傷。大多數人都已認罪：某些人一看到大番屋的刑具，不待拷問就自行招供；有些則被五花大綁，屈打成招。這些嫌犯一旦被送往町奉行所，就代表他們無望除罪。眼前即將面對的，是幕府不可侵犯的威嚴及公權力的制裁，而宏偉的町奉行所及遠山左衛門尉景元本人，就是權威的象徵與化身。

正式審判前，被告關在牢房內聽候叫名，接著他們被帶往一道深鎖的大門，以巨大的鑰匙[42]打開後，進入一座寬敞的庭園，地上鋪滿粗糙的白砂[43]。罪犯跪在白砂上，低頭候審，要是他們敢舉目窺探，就會看見遠山景元和他的手下坐在高起的審判臺上俯視著自己。審判的過程總是精心策劃：在御白洲這種嚴肅正式的場合，不容許任何即興的脫稿演出。遠山景元會瞥一眼擺在面前的書狀，然後以宏亮渾厚的聲音緩慢而嚴肅地問道：「汝為何人，報上名來！家住何處？家守何人？」其實，他心裡早有定數。

犯人跪在白洲上，嚇得抖顫不止，這些審問句句都令他永生難忘。但對遠山景元而言，大多時候這只是枯燥乏味的例行公事。在犯人被押至白洲受審之前，他通常無暇詳細了解案

38〔譯注〕江戶基層武士的官職，負責輔佐町奉行，執行警務、行政、司法等實務工作。因配備馬匹，故以「騎」為單位，又稱「寄騎」，相當於現代的警察探長。「與力」之下另有「同心」聽從指揮以緝捕嫌犯，類似今日的警探。

39〔原注〕南和男，《江戸の町奉行》，三五—三七；笹間良彥，《図説 江戸町奉行所事典》，四〇—四一；石井良助，《江戸の町奉行》，一九—二〇。

40〔原注〕笹間良彥，《図説 江戸町奉行所事典》，四〇—四一。

41〔原注〕關於犯人從逮捕歸案到判刑的過程，見 Botsman, *Punishment and Power*, 35-38。

42〔原注〕南和男，《江戸の町奉行》，三六。

43〔譯注〕此庭園稱為「白洲」，是象徵審判的場地，相當於法庭。

情[44]。每年南町奉行所受理的民事訴訟及刑事案件成千上萬件[45]，細部的工作需交由下屬處理，但偵辦過程中的關鍵階段，比如確定犯嫌身分後的初審，一律得交由町奉行出面[46]。有時到了深夜，大門緊閉，依然有男女嫌犯被押來受審，因為他們是在町奉行所休息後才被逮捕到案。這時遠山景元就必須快步走出宅邸，穿過重重廣間與迷宮般的辦公處所，趕往白洲。冬天時，他與部屬在滿天星空下就著燈火寫字；每次開口，他吐出的氣息就會凝結成白霧。白洲上未放置火鉢，凍得教人坐立難安，煎熬不已。

在白洲進行的每次初審，結尾幾乎如出一轍。遠山景元會正式宣布：「在此下令，本案調查期間[47]將此人關押入獄。」接下來，尚未宣判的囚犯就會被拖到位於小傳馬町、人人聞之喪膽的牢屋敷（看守所）[48]，該地是江戶的知名地標，四周布滿尖銳帶刺的圍籬。犯人被關在不見天日又擁擠的牢房內，按照慣例承受牢名主[49]的霸凌虐待，尤其沒有親戚朋友幫忙提供「救命藤」（保護費），下場可能更淒慘。此外還有可能再次面臨審訊；若他在初審上拒絕認罪，到了牢裡依然不肯招供，就會遭受嚴刑拷問，例如敲（鞭刑）或是跪在有溝槽的木板上，身體與柱子綁在一起，並在大腿壓上沉重的石板，逐次累加[50]。他所能指望的唯一救贖，就是回到白洲繼續接受審訊，否則將面臨判刑。

常野回到江戶一個月了，她還在適應遠山宅邸的生活，等著行李從越後寄來，這時南町奉行所審理了一樁引人注目的案件[51]。犯人名叫岡田良民（音譯），是江戶城內負責管理茶室、替將軍及大名端茶水送飯的小官（奥坊主）。此案之所以引發大眾關注，是因為嫌犯行徑相當大膽：他趁著夜深人靜潛入城內倉庫企圖行竊。不巧的是，有人聽見倉庫附近傳出奇怪聲響，便召集了一群人前往探查。他們手提燈籠沿著長廊走去，當燈光照在竊賊臉上，赫然發現竟是自己人，大吃一驚。更詫異的是，他在五年前就曾經從幕府偷走三百兩金幣並僥倖逃脫。如今他食髓知味，打算故技重施，只是這次就沒那麼走運了。

44〔原注〕Beerens, "Interview with a Bakumatsu Official" (2), 177。
45〔原注〕南和男，《江戸の町奉行》，四〇—四一。
46〔原注〕Beerens, "Interview with a Bakumatsu Official" (2), 180。
47 同前注。
48〔原注〕有關江戶的看守所及刑求之詳細描述，見 Botsman, *Punishment and Power*, 35-38, 62-66。
49〔譯注〕從囚犯內選出，負責管理牢內秩序的自治幹部老大。
50〔譯注〕此刑稱為「石抱」（石抱き）。跪板名為「十露盤板」，由五根粗糙的三角形木條鋪成，形成鋸齒狀的平面，再利用石板重量讓木錐尖端刺進犯人的小腿。
51〔原注〕岡崎寬德，《遠山金四郎》，一三九—四一；《藤岡屋日記》，三：三八。有關岡田的職業介紹，見 Beerens, "Interview with a Bakumatsu Official," 389, 394。

岡田良民被遠山景元判處死刑，斬首示眾[52]，這是對滔天重罪的極刑。處決在監獄的院子執行[53]，由若干武士監督，其中包括一名負責揮刀的劊子手，但壓制岡田的人是在刑場工作的「非人」[54]，他們是社會底層的賤民，其職業背負著死亡與污穢的惡名。岡田的首級一落地，其中一人隨即將之撿起，用草蓆包起來；另一人扶著屍體，讓脖子噴出的鮮血流到事先挖好的地洞裡。接著，非人與「同心」[55]結隊將首級帶到市郊的土壇場（刑場），插在木樁上公開示眾，並在旁豎立木牌，詳述其罪狀。剩下的遺體則交給幕府主要負責斬首的劊子手兼刀劍鑑定師山田淺右衛門[56]處理，如果他認為岡田的屍體很適合「試刀」，就會用繩子小心翼翼地捆綁起來，接著拿起一把將軍的新刀將之砍劈得體無完膚，並記錄下來以便回報刀刃的鋒利度。試完刀後，他總不忘將膽囊[57]取下，交給妻子作為家傳祕方的藥材。

宣判死刑對遠山景元而言稀鬆平常。多年來，死於他一聲令下的囚犯多達數百。岡田良民伏法的那個月就有十人被處決；忙的時候則有二十多人[58]。偶爾他會法外開恩放死刑犯一條生路，但其實別有用意，目的是讓百姓注意到他想藉此傳達的訊息。岡田被斬首的兩個月前，遠山景元替某名囚犯減刑[59]。該男子與一幫盜賊團夥冒充幕府官員，向寺院勒索錢財。鋃鐺入獄之後，所有同夥在獄中還沒判刑就丟了性命，唯獨他苟活了下來。後來牢裡發生大火，他趁機脫逃，隔天卻主動自首——儘管他早已有所覺悟，回來不是死在黑暗的牢房裡，就是命喪劊子手刀下。事實證明他因禍得福，若非這場大火，他早就被遠山景元下令斬首，但遠山見他心有悔意便網開一面，改流放至遙遠的離島。

常野跟這些案件毫無瓜葛，僅是從博輔共事的武士閒聊中聽說。她是遠山宅邸的人，不屬於町奉行所，雖說兩處相距不遠，只有幾步之遙，中間卻隔著數道深鎖的門扉，劃分邊界。這一次她難得選對了去處，過去她差點淪為町奉行所的階下囚：要是當年她私闖關川關所被逮，或是一八四四年（弘化元年）的嚴酷寒冬，身無長物的她在澡堂偷了別人的外掛被

52〔譯注〕日文說法為「死罪」，除了單純的斬首（下手人），軀體還會被拿來試刀（様斬り）；犯人頭顱被掛在刑場上曝晒三天二夜，稱為「獄門」，即「梟首示眾」。

53〔原注〕有關江戶的斬首之刑，見 Botsman, *Punishment and Power*, 25-26, s53；Beerens, "Interview with a Bakumatsu Official" (2), 195。

54〔譯注〕日本古代的社會階級之一，與「穢多」同屬賤民，主要從事處刑、賣藝、乞討等職業。非人負責在執行死刑後打掃刑場、埋葬屍體或照顧獄中染病的囚犯。與穢多不同的是，非人的身分無需世襲，後代可藉由機會翻身，恢復平民。

55〔譯注〕奉行所的武士官職，聽命於「與力」，負責緝捕罪犯、維護社會治安，是江戶時代的基層警力。

56〔原注〕Botsman, *Punishment and Power*, 20。

57〔原注〕氏家幹人，〈人斬りの家・女の家〉。

58〔原注〕見 "Oshioki no setsu shusseki namae oboe-chō" (1844)。感謝 Daniel Botsman 提供資料並協助謄寫。

59〔原注〕《藤岡屋日記》，三：八九。

人發現，如今境遇就會大不相同。博輔也一度窮困潦倒，當初若沒遇見遠山景元，說不定今天就換他跪在白洲上瑟瑟發抖，不可能成為腰佩雙刀、身穿印有遠山家紋肩衣的武士。

決定兩人命運的分水嶺（一道門、一塊通行手形、一項頭銜、一件肩衣、一段婚姻），清楚地將未來劃分為兩種截然不同的世界：一邊是落魄卑屈，另一邊則是安全穩定。這與常野的性格或行為無關。兩者天差地遠，完全取決於他們的選擇。遠山宅邸與町奉行所猶如天上人間，正因為緊密相依，門禁才必須森嚴——只要走錯一步，哪怕只是一個轉角，人生際遇可能從此大不相同。

江戶町奉行主要仰賴手下的與力及同心來維護都城內的治安。兩者皆為世襲制，隸屬於町奉行所：遠山景元執掌的南町奉行所配置與力二十三名、同心約一百五十名，北町奉行所亦然。博輔與常野是遠山的私人隨從，必須與他同住在役所內；與力和同心則不然，他們全都與家人住在名為八丁堀的擁擠街町。當地住了這麼多執法者，想必是全江戶最安全的地方，但時間一久，這些武士開始分割手上土地，興建長屋出租，吸引形形色色的民眾搬入。起初是醫生與儒學者，身分地位剛好跟與力、同心這類下級武士相得益彰。到了後來，該區

竟淪為皮條客與賭徒的大本營，因為地主就是管理治安的警察，他們所繳交的租金形同保護費，提供了萬無一失的保障。[60]

與力的位階比同心高上許多。在白洲進行審判時，他們坐在審判臺上，位於町奉行的兩側；同心則與嫌犯鋪著草蓆，席地而坐。與力大多時間都在處理案件調查、調度同心人力、偵訊嫌犯及證人等工作，主要職責就是勸阻民眾不要對簿公堂[61]，以減輕町奉行的工作量。他們或許會對當事人說：「這個解決方式很好[62]，你何不就收下和解金，讓孩子過上好日子呢？如此一來也不用鬧得這麼麻煩。」與力的年俸雖僅約兩百石，但有不少收賄[63]的機會，可以增加收入。他們私下買通官員，阻止案件調查；民事官司的當事人也會送禮，以換取有利的審判結果。

與力上街時通常會騎馬，同心則是徒步在城裡巡邏。從遠處一看就認得出他們來，但穿

60〔原注〕南和男，《江戸の町奉行》，二〇二—七。
61〔原注〕例見齊藤博，《質屋史の研究》，一七九，一八八。
62〔原注〕齊藤博，《質屋史の研究》，一七九。
63〔原注〕南和男，《江戸の町奉行》，一九二—九五。

著打扮不大可能成為引領風潮的時尚代表[64]。他們梳著扇形髮髻，身穿印有町奉行所紋章的肩衣，腰間攜著刀與金屬短棍。兩者的主要任務是調查案件及緝捕犯人，同時蒐集各種情報[65]。位階最高的同心稱為「隱密迴」[66]，奉令執行敏感的調查任務，並蒐集有關幕府將軍及家人的謠言。即使是一般的同心，也能在街上打聽到各種光怪陸離的小道消息，例如會說話的馬[67]、長了滿口尖牙的巨嬰、某個女書道師匠[68]突然長出睪丸，或是被狐狸精附身的小女孩等荒唐怪事，以及江戶城壕住著海怪、江戶灣停了一艘外國船、巨大鯉魚[69]化為冤魂，把不小心吃掉牠的男孩們嚇得半死等鄉野奇談。對町奉行而言相當重要的一點是，他必須知道謠言存在的意義：它可能引發動亂，或代表某種凶兆，預示將有不祥之事發生。

有些同心組成小隊，每天近午及傍晚時分在街上巡邏[70]，風雨無阻。另外也有少數人不走固定路線，或被派去視察工地或勘查火災。他們從番所出發，奉命調查城內的離奇案件，比如屢見不鮮、教人匪夷所思的溺斃事件[71]。常野搬進町奉行所的第一年，有個泥水匠喝醉酒，站在與朋友合租的遊船邊小便，不慎失足溺水；某個打算辭職的女傭，被父母硬逼回到主人身邊，憤而投水自盡；某間商家活潑可愛的三千金，被人發現綁在一起，浮屍河中；歌舞伎演員與劇場帶位員在划船時意外溺斃，一看就知道是為了撿回失手掉入水中的船槳而不慎翻覆。以上這些都還只是最廣為流傳的案例。

同心的人數僅兩百人不到，根本無法獨力維護江戶這龐大城市的治安，得仰賴外援協助調查及情報蒐集。他們需要的人必須對罪犯及其組織網絡瞭若指掌，且不具備奉行所的官方身分，不受限於武士的種種約束。這些幫手必須能跨區找出銷聲匿跡的嫌犯下落。為此，同心會私自僱用「手先」[72]擔任助手，這些人本來是數度出入監獄，或被驅逐過一段時間的囚犯，後來轉為線民。就官方立場來說，他們根本不應該存在，如今卻成了奉行所捕吏的手下，身穿工作長褲、手持木刀，跟著同心巡邏。

64〔原注〕南和男，《江戸の町奉行》，一二〇。
65〔原注〕有關街頭謠言或小道消息的政治意義，見宮地正人，《幕末維新期の文化と情報》。
66〔譯注〕同心另外組成「三迴」，是直接聽命於町奉行的警察組織，包括負責祕密偵查的「隱密迴」、負責一般搜查及緝捕工作的「定迴」，以及由資深定迴擔任，指導並協助定迴的「臨時迴」。
67〔原注〕南和男，《江戸の町奉行》，四三。
68〔原注〕宮地正人，《幕末維新期の文化と情報》，五四—五六。
69〔原注〕《藤岡屋日記》，五：二四一—四三。
70〔原注〕南和男，《江戸の町奉行》，一一九。
71〔原注〕《藤岡屋日記》，三：九二，一五七，一六二—六三，一七〇。
72〔原注〕南和男，《江戸の町奉行》，一二〇；Botsman, *Punishment and Power*, 87, 94。〔譯注〕本來稱為「目明し」，十八世紀後因弊端頻傳而遭幕府禁止，但實際上依然存續，中葉以後改稱「岡っ引」；十九世紀後稱為「手先」。

有罪在身卻從事捕吏工作的「手先」，橫跨黑白兩道，定位曖昧不明，界限相當模糊。官方正式任命[73]的線民或捕吏稱為「小者」，有機會晉升為領導階級。手先的工資固定[74]由町奉行所透過同心支付，財源來自民間的罰金。他們還定期召開會議：每天早上，被派往支援遠山景元手下的人，會聚集在神田的松吉茶屋討論當天的工作，有時候受僱於町奉行所協助緝捕及案件調查。他們雖無固定工作，卻懂得利用其身分特權定期聚賭，因為他們知道被查抄的機率很低。此外，他們還會利用職務之便向輕犯者勒索封口費，如此一來就不會告發罪行。若對方是女性，有時還會脅迫她們賣淫，並將收入據為己有。

通常江戶人都很怕遇到手先，避之唯恐不急。澈底避開其耳目是不可能的，因為他們會跟著同心外出巡視，每每發現有人開店就會繞回來勒索保護費。就連某位幕府老中也注意到，比起町名主，百姓更畏懼手先，但明明前者才是一町之主。然而，遠山景元始終認為手先的存在是必要之惡，他曾為了維持城內治安而上書請求聘僱更多手先。

在江戶，犯罪的組織化也有額外的好處，起碼對與奉行所關係匪淺者而言是如此。有位知名的儒學者[75]被宵小扒走了一整捆的文書，找上擔任與力的朋友求助。對方隨即召來同心，透過他交代手先處理。兩人酒過三巡後，所有失竊物品，包括荷包，就順利尋獲，一切完好如初。

多年後，人們盛傳，遠山景元坐在白洲的審判臺上，以誇張的口吻宣判罪犯死刑時，總不忘拉上衣袖[76]，試圖遮掩一路延伸到手臂上的刺青。歷史上是否真有其事？有這個必要嗎？刺青代表某種隱喻，外衣亦然：兩者共同表達了一種心照不宣的默契：在町奉行所道貌岸然、嚴肅剛直、一板一眼、堅守成規的表象下，遠山景元放任下屬取徑旁門左道，遊走於龍蛇雜處的地下社會。不管在他本人身上或轄區內，皆可見正義與犯罪彼此交纏，密不可分，有如一體兩面。他雖然披著黑色外衣，但象徵罪惡的墨跡卻深刻地刺在皮膚上，永遠無法磨滅。

常野如今已是遠山家的人，無須擔心成為路上隨機犯罪的受害者。當年偷走她衣服的老家守甚助，再也無法對一名受到町奉行庇護的女性故技重施。她在法律上的地位也今非昔

73〔原注〕更多實例，見阿部善雄，《目明し金十郎の生涯：江戸時代庶民生活の実像》。
74〔原注〕Tsukada, "Meakashi"。
75〔原注〕南和男，《江戸の町奉行》，三五—三七。
76〔原注〕藤田覺，《遠山金四郎の時代》，二二。

比：博輔在遠山手下工作後便獲得武士身分，只要沒被解僱就能持續保有。遠在越後家鄉的大哥曾擔心他一事無成，對他能擔任如此「要職」[77]敬佩不已。常野依舊過著掃地、端盤子、替丈夫張羅晚餐、為錢發愁的生活，但重點是她已經不再是從前落魄無依的獨身女子，生活也安定無虞。

常野選擇回到博輔身邊，卻與家裡斷絕了關係，內心難免失落。重返江戶之初，她曾有意去探望義仙[78]卻吃了閉門羹。他說義融不准他與常野交談，但這是不可能的，因為義融不但照樣收下[79]她贈送的書紙，還問她打算如何處置家裡沒帶走的雪鞋。即使如此，兩人並未定期保持聯繫。常野不是沒有努力過。春天時，她寄了雛偶[80]給姪女及村裡的女孩當禮物，以為來得及趕上女兒節[81]，卻遲遲未收到回音。如今的她終於在江戶出人頭地，但比起當年獨居長屋時頻繁的魚雁往返，現在她與家人變得更加疏遠。

一八四八年（嘉永元年），常野做了一個奇怪而鮮明的夢[82]。夢境中，時光不知為何倒流，回到童年，她變成了小女孩，與兄弟們在林泉寺玩耍。夢醒後，她困惑不解，心想這絕對不尋常。就在這時飛腳捎來義仙的信，上面寫說他生了重病，即將不久人世，希望能見她最後一面。常野心想，這個夢果然是個預兆。她已經兩年沒有義仙的消息了。

常野把信拿給博輔看，他卻不以為然地說：「他早就不認妳這個姊姊跟我這個姊夫[83]，現在病了才寫信說想見妳，到底在打什麼主意？」但常野不知[84]，這件事博輔早就知情。幾天前，飛腳捎來義仙在病榻上所寫的道歉信，博輔把這名可憐的信差打發走後，忍不住破口大罵，滔滔不絕地數落義仙當初對待他與常野有多麼苛刻。即使他的身分今非昔比，火爆的性格絲毫未見收斂。

常野自己請了醫生去探望義仙，此事沒必要讓博輔知道。幾天後，遠山宅邸內上上下下為了迎接景元的次女及夫家來訪，忙得不可開交[85]，常野卻偷溜出去，走了兩里半來到義仙臥病的教證寺，此刻他已經奄奄一息。一八四三年（天保十四年）的嚴冬，為了逃離博輔的

77〔原注〕《林泉寺文書》，編號六三七。
78〔原注〕《林泉寺文書》，編號二〇九〇。
79〔原注〕《林泉寺文書》，編號六三七。
80〔原注〕《林泉寺文書》，編號二〇八四。
81〔譯注〕日本傳統習俗，每年舊曆三月三日（現改為新曆）為女兒節（雛祭り，ひな祭り），自二月上旬起到女兒節當天為止，有小女孩的家庭會在家裡架設三至五階不等的雛壇、擺放雛偶（雛人形），祈求女兒健康成長。
82〔原注〕《林泉寺文書》，編號二〇九〇。
83〔原注〕《林泉寺文書》，編號二〇八四。
84〔原注〕《林泉寺文書》，編號九四三。
85〔原注〕岡崎寬德 編，《遠山金四郎家日記》，七二。

魔掌，她在那裡過了四天痛苦的日子[86]。五年後的今天，她從南町奉行所再度直奔而來。

常野見到病榻上的義仙[87]，他臥床已經好一段時間，根本無力起身。他寄給常野的最後一封信是託人口述寫成，他連筆都握不住。寺裡的和尚替他清點了物品，住持將清冊塞進被單。每個人都知道他不久人世，這麼做是為了方便處理後事，而義仙本人無權自理。幾個月來他的身體每況愈下，一直試著聯絡上常野。他託人去找他們共同的朋友針灸師谷戶儀助，甚至央求博輔的流氓弟弟半左衛門出面幫忙[88]，雖然義仙向來對他毫無好感，如今也不得不有求於這個他曾經嗤之以鼻的「惡徒」、「馬鹿」（笨蛋）。義仙很清楚自己來日不多，此生再也見不到家人。

常野跪在義仙病榻前，他緊握她的雙手，齊心祈求佛祖保佑。她問義仙能否進食或喝水，想不想吃點東西？「葡萄[89]，或是梨子。要是再來點蛤蜊就更好了，感激不盡。」他說。儀助也在一旁，他跟常野都開口表示願意效勞，但義仙沒有回應。說不定儀助也愛莫能助。他與常野從來沒有聊過彼此的過去，她未曾提起家裡的手足、自己的婚姻，以及與家人長年疏遠的關係。她回越後時，自覺一事無成，相當失意。

回到町奉行所，宅邸的女眷依然為了遠山次女來訪忙得天翻地覆。同時間，所有人也忙著張羅另一件大事：遠山景元被幕府傳喚登城[90]，在將軍面前進行「公事上聽」[91]。這類場合並不常見[92]，頂多每幾年舉行一次且事關重大。除了町奉行，寺社奉行、勘定奉行、大老[93]、全體老中、目付等要職皆列席在場。南北町奉行都必須進城，在所有官員面前審理兩起案件。「公事上聽」結束後，他們會收到將軍頒贈的禮物，通常是全套的正式衣著。若其中有一方表現得格外優秀，還會獲得特別表揚。遠山景元在天保十二年（一八四一年）即獲此殊榮，但他並未因此懈怠或沾沾自喜。就在他登城前幾天，全宅邸上下都忙著替他打點穿著、道具及馬匹，並接受各界的祝福與禮物。

86〔原注〕《林泉寺文書》，編號二〇四二。
87〔原注〕《林泉寺文書》，編號二〇八四。
88〔原注〕《林泉寺文書》，編號九四三。
89〔原注〕《林泉寺文書》，編號二〇八四。
90〔原注〕根據博輔所言，見《林泉寺文書》，編號二〇八八；根據常野所言，見《林泉寺文書》，編號二〇八四；岡崎寬德編，《遠山金四郎家日記》，七三。
91〔譯注〕將審判現場搬到江戶城內，於庭園內設置白洲，在將軍面前進行正式審判，並聽取寺社、町、勘定等三大奉行的裁決。
92〔原注〕常野記載每十年或十一年舉行一次，見《林泉寺文書》，編號二〇八四。有關「公事上聽」，見笹間良彥，《図説 江戸町奉行所事典》，九九—一〇二；藤田覺，《遠山金四郎の時代》，二九—三〇。
93〔譯注〕幕府地位最高的職位，負責輔佐將軍，相當於宰相，定員一人，非常設。

常野探望義仙回來後，隔天就傳出他的死訊[94]，但她實在忙得分身乏術，根本無法前往奔喪。次日天剛破曉，她就去了教證寺[95]，因為她是義仙在江戶最近的親人，必須替他料理後事。「在替他洗身更衣時[96]，我吃足苦頭，因為氣味實在太難聞。我一個人替他沖水，在這之後半左衛門與寺裡的傭人也來幫忙清洗。」她寫道。接著，他們給義仙換上素樸的殮衣[97]，整件衣服一線縫到底，完全不打結，以免他被這輩子的業障糾纏，無法解脫。寺內師父齊聚為他誦經，寫下法名，然後入殮。葬禮上，師父們與弔唁者在鐘鼓和鳴下唱誦讚偈，感謝佛祖接引。喪禮結束，眾人將義仙的靈柩運到城郊小塚原刑場旁的寺院[98]火化。他的遺體終將化為灰燼與白骨。

常野參加過的法事不計其數（不管是為了弔唁，或是多年前身為住持之妻的職責所需），但這是她首次親手為家人處理大體。按理說這本該是義融的工作，但他遠在越後趕不過來。為此，他寫信致歉[99]，並請常野跟博輔派人將骨灰送回林泉寺。

常野對於將義仙的後事全部委由外人辦理，還得花錢找陌生人做法事、取法名，似乎相當痛心[100]。她在信中向義融強調，她已盡力：「我親手替他沖水洗身[101]，即使大可以花錢了事，但我不想這麼做，因為這樣一來不就意味著我是外人了嗎？」然而她也坦言，給義仙取法名的重責大任[102]不得不假手他人，這項在他們家司空見慣的神聖工作，如今已淪為金錢與服務的交易。

結果，義仙的身後事[103]辦得並不平靜。有三間寺院爭相替他辦法事（以及賺錢），彼此吵得不可開交。雪上加霜的是，當初教證寺住持藏在義仙病榻下的遺物清冊[104]竟不翼而飛。常野與半左衛門相信，肯定有部分財物已經遭竊，但他們無法證明。半左衛門本來想向寺社

94〔原注〕《林泉寺文書》，編號二〇七九。
95〔原注〕《林泉寺文書》，編號二〇九〇。
96〔原注〕《林泉寺文書》，編號二〇八四。
97〔原注〕有關各項喪儀細節，尤其是常野信仰的淨土真宗，見 Hur, *Death and the Social Order*, 150, 161-62。
98〔原注〕《林泉寺文書》，編號九四三。
99〔原注〕《林泉寺文書》，編號一九七二。
100〔譯注〕江戶時代幕府嚴禁天主教，利用佛教作為禁制手段，採行「寺檀制度」（又稱寺請制度），賦予佛教寺院管理民間戶籍的權限，規定家家戶戶必須歸屬在某宗派的某寺院之下。每個人從出生、搬遷、嫁娶到死亡，都必須向所屬寺院報備登記，禁止擅自脫離或更換寺院，也因此民眾無法自由選擇墓地及做法事的僧侶。
101〔原注〕《林泉寺文書》，編號二〇八四。
102〔原注〕《林泉寺文書》，編號二〇九〇。
103〔原注〕《林泉寺文書》，編號二〇八四、編號九四三。
104〔原注〕《林泉寺文書》，編號二〇八六、編號九四三。

奉行報案，但重要的證據卻憑空消失。最後他認為沒必要，況且他也不想打斷喪禮進行。事後博輔與常野將剩餘的遺物清冊，連同籌辦後事及接待弔唁者的費用明細[105]寄給義融。他們將義仙大部分的衣服賣了，隨喜捐給了教證寺，但也留了一些物品放在靈柩內[106]，當作獻佛的供品。

想不到向來忠恕順服、對長兄言聽計從的義仙，死後竟遭和尚與寺院背叛，捲入神祕的竊案疑雲，人生最後如此不堪。更奇妙的是，最後待在他身邊、送他走完最後一程的，竟然是與他斷絕關係的常野。

南町奉行遠山景元最擅長的是替別人的人生做出了斷。當值的那幾個月，他高坐在白洲的審判臺上決定犯人生死：下場通常不是驅逐流放就是斬首，有時也會判處「火罪」，被綁在木樁上活活燒死[107]。儘管如此，對於自己的命運，他也無法全然操控。

截至嘉永元年（一八四八年），他已經審理了數千起案件，肩負著全天下最沉重的責任。多年來歷經官場浮沉，一度遭到罷黜又重新復出[108]，有讚揚也有批評，他都挺過來了。然而，町奉行並不好當，工作之繁重堪比犯人在獄中遭受的石抱之刑，一件件如重石般壓在他身上。待裁決的案子接二連三而來，每天得在白洲坐上好幾個時辰，這可不是輕鬆的事。

遠山景元請了好幾個月的長假[109]，期間就由北町奉行代行其職。不料他有個親戚本身貴為旗本，竟利用他的名號在大坂的米市招搖撞騙、四處借錢而遭到逮捕。儘管這件弊案與遠山無關，卻害他顏面盡失。此後他的健康每況愈下，經常生病，最後黯然辭官退隱。

常野雖比遠山小十歲，但隨著年紀增長，她也開始思考老後的事。她與博輔並未生兒育女，老了怕無人照顧，兩人考慮收養小孩[110]。江戶雖然有人願意出養，但他們無法接受讓陌生人的孩子住進家裡，不過若是認識的親戚，那就另當別論了。博輔依然心懷芥蒂，不願與常野的家人直接往來，他請半左衛門寫信向義融提議，問他是否願意將女兒阿竹過繼給常野

105〔原注〕《林泉寺文書》，編號九四三。
106〔原注〕《林泉寺文書》，編號二〇八四。
107〔原注〕有關遠山判處火刑的案例，見《藤岡屋日記》，三：一八五。
108〔譯注〕遠山景元曾於天保年間擔任北町奉行，與當時力主改革的水野忠邦及南町奉行鳥居耀藏互為政敵。後來鳥居耀藏得勢，以明升暗降之計剝奪其北町奉行職位，改任大目付，使他毫無發揮空間，到了弘化年間才再度受到重用，接任南町奉行。
109〔原注〕岡崎寬德，《遠山金四郎》，一五〇—五二。
110〔原注〕《林泉寺文書》，編號一九七二。

夫婦當養女。在義仙過世後，這似乎是雙方重修舊好的大好機會。

倘若義融有回覆，那封信就不會留存至今。他既然了解博輔的為人，又怎麼可能把女兒送去江戶？如此荒謬無理的要求，他根本不會答應。

翌年（一八四九年，嘉永二年）十一月，義融辭世[111]。他這輩子從未離開過林泉寺，生養了五名子女，主持無數法事，誦唸無數經文。他實現了父親遺願，接下重擔；過了五十年，他終於成功勝任年輕時看似不適任的角色，成為林泉寺的住持。臨終前，他知道長子喜博已經出家，即將接下衣缽，家業後繼有人。就各方面來看（不管是林泉寺、石神村或淨土真宗），義融的表現可圈可點，相當盡責。他畢生欠過的債務、對人生世事的怨懟不滿、悲慘的第一任婚姻，以及與手足之間的矛盾衝突，全都深埋在滿坑滿谷的日常書信中，不見天日。

對常野而言，義融的離世象徵兩人這輩子的對峙終於劃下句點。他們不僅立場相對，就連性格也南轅北轍：義融缺乏安全感、焦慮、內斂；常野則是衝動、意志堅定。每當義融施壓，她就反抗；常野有任何盤算，他總是出面阻撓。兩人為彼此帶來痛苦，但誰也不曾放手。比起博輔、義仙，甚至母親，義融才是常野生命中恆常的存在：他代表著家，象徵一切約束，也意味著令人安心的熟悉感。他是家中長子，自小收到的禮物就比她多。她還在學爬，義融已經會跑了；她在練習縫紉時，他已經開始學漢詩；她出嫁時，他在外地剃度出家；是他在她離家出走時，一肩扛起持家的重擔；她反抗叛逆時，他始終默默守護、從未走遠。義融說她荒唐離譜、愚蠢可笑、脾氣暴躁、頑固執拗，但讓步的永遠是他，因為常野比他更強勢、更有自信。如今他不在了，叫常野要如何認清自己呢？

義融離世，再也沒有人給常野回信，江戶再也收不到寫著他優雅字跡的家書；再也不會有人與常野為了錢斤斤計較，或對她的作為破口大罵。這場手足之爭沒有輸贏，兩人終究未能和解。

越後，從未如此遙遠。

111〔原注〕《林泉寺文書》，編號一二三一。

第九章　尾聲

Endings and Afterlives

一八五二年（嘉永五年）元月，美國海軍准將馬修・培理（Matthew Calbraith Perry）收到來自華盛頓的電報[1]：「準備接掌東印度艦隊。」他毫無心理準備。他參與過一八一二年第二次獨立戰爭及美墨戰爭，追捕海盜；育有十名子女，差點死於黃熱病，還獲頒紐約市鑰殊榮。他曾橫渡大西洋，沿著非洲海岸航行，穿越地中海，但從未見過太平洋。

他雖然已經五十七歲，依然滿頭黑髮，雙眼堅定有神，但對於新的海外冒險興趣缺缺。他寧可接掌地中海中隊，帶著家人巡航歐洲。令他在意的是海軍已經廢除鞭刑，這樣一來他要如何維持軍紀？另外，他也不曉得這次會被交付何種任務。政府派他前往亞洲，是應華盛頓政界人士的提議，打算開啟與日本通商的大門？抑或扮演美國的民主大使，以改變日本的政治體制為最終目標？美國積極想讓舊時代的君主國家轉型成共和政體，這股熱情在一八四八年歐洲爆發革命風潮之後，更是與日俱增。對此他抱持懷疑態度。他認為，美國人應該「學著不去干涉鄰國事務[2]，把心力放在本國身上。」

然而，培理確實明白這次任務的重要性。過去四年來，他都待在布魯克林海軍造船廠監督新輪船的建造。這些船隻在當時是最尖端的科技，意在向世界展現美國的實力，但少了煤炭作為動力就無法橫越太平洋前往清國的通商口岸。當時的國務卿韋伯斯特（Daniel Webster）對美國的商業利益及對外戰爭同樣關心，他表示，打造一座燃料補給站以符合國家利益，乃天經地義之事。他寫道，煤炭是「上天的恩賜[3]，是造物主為了全人類的利益，而埋藏在日本列島的地下深處。」培理雖不像他如此誇大其詞，亦深諳當中的利害關係，尤其是對軍方而言。只要能力許可，美國海軍船艦想造多少就有多少，但如果沒有日本的煤炭補給，他們就無法在東方與英國一較高下。

培理開出條件，希望上級答應[4]讓他挑選屬意的軍官同行，並保證不會步上老友比德爾的後塵，被日本的無名武士推入小艇，顏面盡失。他也要求上級授權必要時可動用武力。他遠渡重洋，繞遍半個地球去到日本，不是為了接受對方禮貌性的回絕、載著滿滿的飲水及雞隻補給，無功而返。

獲得上級承諾後，培理這位老准將準備再次出航。原先海軍有意讓他掌舵普林斯頓號[5]，據說採用的是當時最先進的蒸氣技術，但他心存懷疑，因為該船的建造品質相當糟糕，鍋爐也不穩定。最後他還是選擇了最鍾愛的老戰友[6]——在美墨戰爭中讓他如虎添翼的

1〔原注〕關於他的考量，完整內容見 Morison, "Old Bruin," 261-75。

2〔原注〕Morison, "Old Bruin," 273。

3〔原注〕Morison, "Old Bruin," 268。

4〔原注〕Morison, "Old Bruin," 273-75。

5〔原注〕Pineu, ed., *The Japan Expedition 1852-54*, 3, 29。

6〔原注〕Walworth, *Black Ships off Japan*, 21-22。

密西西比號（Mississippi）。這是艘漂亮的外輪汽船[7]，由培理親自監造，船身優美而有力，配備高聳的桅杆及現代化的八英寸艦砲，能以七節以上的速度航行，絕對會讓日本人留下深刻印象。

培理從紐約市的住家出發，前往安那波利斯，於該地登上密西西比號。時任總統費爾摩（Millard Fillmore）亦登艦，祝福任務順利成功。船上滿載煤炭前往維吉尼亞州的諾福克，這是個擁有六千人的繁忙小鎮，居民有黑奴也有自由人，位於以造船聞名的城市郊區。培理在當地監督出航前最後階段的補給作業，確保物資無虞：裝滿飲水的木桶、新鮮蔬果、吊床、酒、工具儀器、筆、墨水。此外還有籌備了好幾個月要送給日本人的禮物[8]：農具、書籍、好幾匹機織棉布，以及火器發明家柯爾特（Samuel Colt）製造的槍械武器。最重要的是費爾摩總統親筆寫給日本天皇的信函[9]，共有英文、荷蘭文、漢文三種版本，此信旨在向日本要求「建立友好關係」並「開放通商」，特別是提供美國船隻補給與安置遇難船員等相關協助。信中盛讚新成立的加利福尼亞州富可敵國（每年可生產價值六千萬元的黃金），並吹噓美國發明的輪船只需十八天就能抵達日本。這些書函[10]的外觀看起來同樣自信而霸氣：以大張羊皮紙[11]寫成，用藍色絲絨裝訂，連同妥放在純金盒子裡的美國紋章，並置於紫檀木盒內。

最後，有了總統署名的親筆信函，物資也順利完成補給，一切終於準備就緒。一八五二年十一月二十四日，超載的密西西比號吃水比平常深了三尺[12]，在海軍准將培理的率領下自諾福克出港，正式前往江戶。

常野與博輔換了新的雇主[13]，這次是飯山藩主本多助賢。宅邸距離常野在江戶的初任雇

7〔譯注〕十九世紀初美國人發明蒸汽船，船腹的兩側裝有類似水車般的「明輪」，又稱「外輪」。船隻行駛時，蒸汽機上的活塞會一上一下地運動，透過齒輪帶動明輪旋轉，使明輪上的撥水板推水使船前進（引自臺灣港務股份有限公司網頁）。

8〔原注〕Walworth, *Black Ships off Japan*, 23。

9〔原注〕"Letter of the President of United States to the Emperor of Japan" reprinted in Pineu, ed., *The Pesonal Journal*, 220-21。

10〔譯注〕除了給日本天皇的親筆信，還包括授權培理與日本談判條約的國書。

11〔原注〕Pineau, ed., *The Personal Journal*, 98。

12〔原注〕Walworth, *Black Ships off Japan*, 28。

13〔原注〕在此指的可能是常野或博輔，或兩人一起，信內並未交代清楚，見《林泉寺文書》，編號二八四二。

主松平友三郎的屋敷僅有一街之隔[14]。從飯山家走到皆川町只有幾步之遙，當年她剛來到江戶，就是在那裡的長屋度過悲慘的最初幾週，但這並不意味著回到起點重新出發。如今她已經再婚，在武家工作多年，從前那段茫然徬徨的日子竟也過了將近十五年：當時的常野棲宿長屋，挨寒受凍，每天藉著油燈與燒紙的火光，澈夜給她摯愛的家人寫信。如今她已經四十八歲，那些與她通信的人幾乎都不在人世。她已九年沒有回越後，與村裡愈來愈疏遠。她還在工作，依然辛苦過日，在遠方的墓碑與永遠寄不出去的信裡找到前進的力量。同時她也有了歸屬之地，起碼可以說她好不容易獲得了小小的勝利——她終於成了貨真價實的「江戶人」。

一八五三年（嘉永六年）初，常野病倒了[15]。以前她也生過不少病（在十九世紀能活到中年就算僥倖了），但這次情況不同，顯然她染上的是某種「傷寒」[16]，伴隨發燒、畏寒等症狀。幾十年後，或許就能準確診斷出究竟是斑疹傷寒、瘧疾還是流感。幾週過去了，常野病情未見起色，博輔找來大夫、向他買藥，但未見效。他找了另一位並開出不同藥方，常野卻拒絕服藥。「我心意已決。」[17]她說道。博輔明白再怎麼勸都沒用，她還是一如既往的固執。最後她終於略見好轉，可以喝點酒了，而病情依然不輕。博輔向飯山藩主告假，全心照顧常野。他強調自己已經竭盡所能：「從頭到尾都是我一個人在照料她。」[18]博輔以顫抖的筆跡寫下這些字句，語氣聽起來有如愛發牢騷的老人。

博輔寫信給常野的姪子喜博，小時候她曾經寄了幾文錢給他。某次她在給義融的信中寫道：「這孩子現在肯定長大了吧！」[19]那是好幾年前的事了。如今他已經受戒出家，以二十一歲的年紀成為林泉寺的住持。他自小就沒見過常野這位姑母，但依然禮貌性地回了信[20]，並附上二朱金，自稱只能略盡棉薄之力，為此相當羞愧。

就在常野發燒臥病在床時，美國海軍准將培理與部下來到非洲馬達加斯加島東邊，以生

14〔原注〕見〈駿河台小川町絵図〉，《江戸切絵図》。

15〔原注〕《林泉寺文書》，編號二八四二。信中並未提及年分，此為筆者根據其他信件記載的常野死亡日期推測得來，見《林泉寺文書》，編號六七〇。

16〔原注〕「傷寒」（しょうかん）。感謝廣川和花說明信中的診斷結果並告知現代說法。

17〔原注〕《林泉寺文書》，編號二八四二。

18 同前注。

19〔原注〕《林泉寺文書》，編號一七二五。

20〔原注〕《林泉寺文書》，編號二〇二七。

產蔗糖聞名的模里西斯[21]小島。他們的船隻航行了幾個月，橫越大西洋，繞過好望角來到非洲東岸。培理之所以對模里西斯特別感興趣，不僅是因為那裡的港口設施十分完善（有些值得美國借鏡之處，他有意向美國燈塔委員會報告），同時也能趁機觀察大英帝國廢除奴隸制度[22]後，對當地造成的影響——這肯定是讓他想到了國內爭辯不休的蓄奴議題。當地的非洲黑奴解放後，勞力空缺改由印度移工填補。培理後來寫到他對此留下良好的印象，因為農園主人照樣能夠賺錢。

到了春天，常野忍過長達數週的疼痛與畏寒，培理的艦隊則順利航渡印度洋，途經錫蘭、新加坡海峽，最後抵達廣州。他對這座傳說中的港口城市大失所望，街上到處是「衣不蔽體的可憐人」[23]，「又窮又髒」。密西西比號上那名年僅十幾歲的事務員難得有機會下船看看，在廣州待了好幾天，反而玩得更盡興。他學會殺價、吃了好幾頓豐盛的美食，還跟朋友在街上放煙火。「中國人一定以為[24]我們是群剛被放出籠的惡魔！」。

常野在幾週後去世，那時她已經臥病將近三個月；纏綿病榻的日子肯定一成不變，或許她早就失去時間感，連季節遞嬗都毫無知覺——江戶剛邁入初夏[25]，紫藤花開、杜鵑鳴啼的

時節，紙扇與蚊帳紛紛出籠，街上小販賣起鴨蛋，日本橋的人形市集再度登場，共同譜出江戶的夏日風物詩。

有人將她死去的確切日期[26]轉告給越後的家人：那天是嘉永六年（一八五三年）四月六日。常野生前總說將來想回鄉養老，臨終時也不想離家太遠。但她終究選擇了博輔（以及江戶），不再歸屬於大池湖畔的石神村。

當年常野初次前往江戶還是個年輕少婦，每筆帳都在腦中算得清清楚楚並記在帳簿上。她把留給叔父的錢及抵押給當舖的衣服、各種工作賺來的薪水、積欠的房租以及借款利息，

21〔原注〕Pineu, ed., *The Personal Journal*, 29-36。

22〔譯注〕模里西斯自十七世紀起先後受到荷蘭、法國（一七一〇—一八一〇）、英國（一八一〇—一九六八）殖民，最後於一九六八年獨立。英國統治期間，於一八三五年廢除奴隸制，對當地社會經濟及人口造成顯著影響，莊園主人轉向自印度及亞洲其他地區引入勞工，後來也吸引華人來此經商，大多是來自清國東南沿海的移民。

23〔原注〕Pineu, ed., *The Personal Journal*, 54。

24〔原注〕Speiden, *William Speiden Journals*, vol. 1。

25〔原注〕岸井良衞，《江戸の日暦》，一八六—二一四。

26〔原注〕《林泉寺文書》，編號六七〇。

統統寫了下來。這些帳目與數字，同時也象徵著種種金錢無法衡量的收穫與損失：她一直想親眼看看這座城市，如今終於在某個燦爛的深秋晴日如願以償，但隨之而來的是遭受旅伴背叛的屈辱，不僅認清對方真面目，還被佔了便宜，這一切她只能無奈承受。而在江戶的生活有悲喜也有甘苦：第一份工作的疲憊與挫折；品嘗美食、有餘力給家人買髮油、送丁銀，以及在劇場街見到名人的喜悅；原本滿懷希望嫁給自己選擇的良人，孰知對方游手好閒，令她大為光火；遭義仙斷絕手足關係，她憤懣不平，後來遭逢死別哀慟不已。總結此生，常野得到了江戶，卻失去越後；擁有了丈夫，卻失去家人；獲得了獨立自主，卻始終無緣生兒育女。

也許，當她最後一次擱筆會覺得這輩子的犧牲都是值得的。

對培理與部下而言，常野死去那天是一八五三年五月十三日星期五，他們被困在上海，培理將領航的旗艦從原本鍾愛的密西西比號，改成更寬敞的薩斯奎哈納號（Susquehanna），登上該艦率領兩艦前往日本，並於途中與薩拉多加號（Saratoga）及普利茅斯號（Plymouth）會合，這樣一來就能組成艦隊，好好給日本人下馬威。

在上海，培理剛好有時間趁機考察東亞的政治形勢，當時清國正處於太平天國之亂的動盪不安。他寫道：「東方國家即將發生鉅變，且與盎格魯撒克遜種族的非凡進步有關，說這些內亂只是開端，一點都不為過。」[27]雖然他過去對以救世主自居的共和主義持保留態度，但仍不得不預言「將會發生一場浩大的革命，推翻目前方興未艾的專制政權，並以更符合時代精神與智慧的政府形式取而代之。」到了日本，他打算爭取時間，早日讓這個落後的國家跟上時代潮流。

隔天從早到晚，他都忙著裝載燃煤。待萬事具備，培理領軍的美國艦隊終於再度啟航，向日本列島出發。

常野死後，得有人通知親友、籌備喪禮、安排弔唁等大大小小的世俗後事。法事可能是在德本寺或教證寺舉行，這兩間寺院與她的關係最密切，但不管是博輔或喜博，都不像常

27〔原注〕Pineau, ed., *The Personal Journal*, 57-58。

野和義融一樣勤於通信或熱中記錄。五年前義仙病逝，還有人為他列冊寫信，常野的死卻幾乎未見記載。林泉寺的文書檔案中只有一張小紙條[28]，上面寫著她的去世日期、享年及法名。這樣的她到了下輩子，將成為大家眼中「聰慧、高明、幹練、順從的女人」。沒錯，「順從」，這是她最後一次的蛻變。

博輔也許多活了三十年，可能再婚、換了雇主或獨居長屋，孤老過完餘生。又甚至履行他與常野的約定，回到越後度過餘生。他可能展開新人生，也可能在常野走後不久跟著撒手人寰，但這一切都無跡可尋。

常野在世時，博輔依附著她而存在。她透過手中的筆在一封封家書中為他留下些許紀錄。字裡行間，他的形貌躍然紙上：一個心懷鬼胎又好吃懶做的男人，有時以甜言蜜語哄騙卻圖謀不軌，惹得常野勃然大怒。他改變了常野的人生，常野則寫下他的名字，賦予他生命。在林泉寺的文書中，博輔是個活生生的人，以常野的夫婿之名存在。

隨著常野離世，博輔也跟著擱淺在歷史某個遙遠的灘岸上。他或許無法明白自己的存在有多麼可悲：少了常野，他終將被世人遺忘。

常野的四十九日法事正值盛夏，當天換算成西曆是七月一日。她的靈魂還在人世與彼界之間遊蕩，有人在江戶（或是越後）替她誦經念佛，渡她最後一程。但依然未留下任何記載。

此時培理與手下也踏上了某塊曖昧不明的領地。他們登陸琉球王國，該國是清國的藩屬國[29]，軍事上卻受到日本控制[30]。培理知道這些島嶼是「日本的屬地」[31]，時不時就被日本的間諜跟蹤。經過多次堅持與交涉，他終於獲准入宮，與皇太后的輔政會晤。島上的風景與美食令他印象深刻，但不包括茶（「滋味平淡」[32]，且不加糖和牛奶」）或當地居民（「欺瞞狡

28〔原注〕《林泉寺文書》，編號六七〇。

29〔原注〕關於清日與琉球王國三方複雜的關係，見 Smits, *Visions of Ryukyu*。

30〔譯注〕琉球國於明、清接受冊封成為藩屬國；一六〇九年（明萬曆三七年、日本慶長十四年），日本薩摩藩入侵琉球，俘虜琉球王，該國從此淪為薩摩藩的附庸國，同時向日明兩國進貢。一八七二年，日本單方面宣布琉球王國為領土，設置琉球藩。一八七九年，明治政府廢藩置縣，改名沖繩縣，正式納入日本國土。

31〔原注〕Pineau, ed., *The Personal Journal*, 69。

32〔原注〕Pineau, ed., *The Personal Journal*, 67。

詐、不講誠信[33]」）。相較之下，他更喜歡正東邊遙遠海上的小笠原群島[34]，讓他想起大西洋上種滿葡萄的馬德拉島（Madeira）。但其他部下卻很喜歡琉球人[35]，並對當地的自然美景相當驚豔。潛水夫下水[36]檢查船隻時，彷彿置身繽紛的海底花園，到處是活珊瑚與鮮豔活潑的熱帶魚。

七月二日，常野的靈魂終獲安息，往生極樂淨土[37]，培理的艦隊也從琉球出發，往江戶前進。接下來的五天裡，他們沿著海岸在濃霧[38]中航行，期間曾短暫放晴，當霧氣散去，富士山雄偉壯闊的美景一覽無遺。七月八日（嘉永六年六月三日），他們抵達江戶灣，在浦賀下錨，當地距離江戶約二十四英里，日本人正等著他們到來。美國艦隊隨即被小艇包圍，其中一艘船上有人高舉著法語告示，要求他們離開。培理當然不肯答應。密西西比號的年輕事務員看著日本人激動地作勢驅趕，心想「他們一定覺得我們來者不善」[39]。

他想的沒錯，美國黑船來航的消息[40]立刻傳到了江戶。一八五三年（嘉永六年），關於清英鴉片戰爭的書籍隨處可見，就連一些識字的平民百姓也了解這些噴著毒煙的外國黑船[41]所代表的威脅。江戶街頭巷議的話題[42]不再是日常的爭吵與澡堂失火，大家嚴肅地討論起這些異國船艦與浦賀奉行的命運。很快地，美國船艦周遭出現了更多船隻[43]，全都是聞風而至，想一睹其真面目的普通百姓。

培理遲遲等不到合適的幕府人選來遞交國書，揚言要親自遞送。他率領四艘艦艇轉向內陸駛去。當時美國艦隊被上百艘日本船隻[44]包圍，上面幾乎都載著全副武裝的武士。密西西比號鳴響汽笛[45]，震耳欲聾的轟隆巨鳴響徹海面，日本戎克船上有些人[46]突然放下船槳站起身來，看傻了眼，無法預料接下來會發生什麼事。其他船隻則嚇得紛紛撤退[47]，往岸邊划

33〔原注〕Pineau, ed., *The Personal Journal*, 67。
34〔原注〕Pineau, ed., *The Personal Journal*,71-75。
35〔原注〕Heine, *With Perry to Japan*, 57-58。
36〔原注〕Sewall, *The Logbook of the Captain's Clerk*, 128。
37〔原注〕Hur, *Death and the Social Order*, 170-71, 177。
38〔原注〕Pineau, ed., *The Personal Journal*, 63-64。
39〔原注〕Speiden, *William Speiden Journals*, vol. 1。
40〔原注〕佐藤誠朗，《幕末維新の民衆世界》，一四。
41〔譯注〕江戶時代，歐美各國的軍船為了防止木造船身腐朽，使用焦油將船體塗黑，日本人稱之為黑船。
42〔原注〕《藤岡屋日記》，五：三一八—二五。
43〔原注〕Speiden, *William Speiden Journals*, vol. 1。
44 同前注。
45〔原注〕Heine, *With Perry*, 68。
46〔原注〕Speiden, *William Speiden Journals*, vol. 1。
47〔原注〕Heine, *With Perry*, 68。

去。

美國人的武力示威奏效，翌日幕府立即安排地點讓培理遞交國書。七月十四日，他率領大約四百人搭乘小艇登岸[48]，其中包括一支銅管樂隊，在〈哥倫比亞萬歲〉（Hail Columbia）的悠揚樂音伴隨下，間雜密西西比號的汽笛聲，緩緩朝岸上前進。那名年輕的事務員也在行列中，表示這一刻令他熱血沸騰；反觀岸上的日本人個個面色凝重，彷彿末日將至[49]。培理[50]在兩名黑人護衛[51]的陪同下，接受大批幕府官員接待。面會地點周圍一英里多的岸上，站滿成千上萬的武士。兩名俊美的侍者上前，接過培理裝在紫檀木盒裡的國書及金盒，遞交給日方代表。培理表示會給日本一年的時間研議，預告翌年將回來聽取答覆。接著，他就在美國傳統民謠〈洋基歌〉（Yankee Doodle）的曲調中[52]轉身離去。

回到江戶城內，氣氛一片凝重，舉目蕭條。城市的商業心臟（日本橋）宛如死城，看不到背著行李過橋的行人，也不見任何外出執行公務的武士；河面上冷冷清清，連一艘小船也無。河岸的店鋪街攤全都門戶深鎖，魚市場也空無一人。某位出門散步的大夫在給外地親戚的信中寫道：「江戶淪為一座荒涼又寂寥的空城[53]，真教人不勝唏噓。街上平日就算到了半夜依然摩肩擦踵，如今走了五、六條街，才遇到兩、三個人。」

城內的下級武士為了迎戰[54]即將再度叩關的美國軍艦，紛紛添購武器馬具、開始練習西洋槍砲。另一方面，府內的高層幕僚[55]則是憂心忡忡，忙著制定對策，照會全國大名，廣徵各方意見。當時在位的孝明天皇反對與外國人簽訂條約、開放門戶、允其侵犯神聖的領土。他在京都大發雷霆，其反對立場眾所周知。但最終幕臣認為日本別無選擇：他們親眼目睹美國的黑色軍艦與火砲，足以對日本沿岸城市發動一輪又一輪的攻擊，將其夷為平地。他們有能力封鎖浦賀港，使江戶陷入饑荒。等培理再度來航，幕府將派人交涉，研議締約。

一八五四年（安政元年）初春，培理再度來航成了江戶的大事。百姓說[56]要去朝聖，偷偷溜出去看黑船，據說來了八艘。有些人甚至搭漁船出海，企圖登艦。至於無法親眼目睹

48〔原注〕Pineau, ed., *The Personal Journal*, 98。
49〔原注〕Speiden, *William Speiden Journals*, vol. 1。
50〔原注〕Pineau, ed., *The Personal Journal*, 98。
51〔原注〕美國海軍建軍之初就有黑人擔任水手。一八三九年，美國禁止船上僱用黑奴，因此這些黑人應該是自由人。見 Ramold, *Slaves, Sailors, Citizens*, 6-24。
52〔原注〕Heine, *With Perry to Japan*, 75。
53〔原注〕佐藤誠朗，《幕末維新の民衆世界》，一四。
54 同前注。
55〔原注〕促成幕府做出此決定的來龍去脈相當複雜，詳見 Jansen, *The Making of Modern Japan*, 256-332。
56〔原注〕藤誠朗，《幕末維新の民衆世界》，一六。

的人[57]，也有畫師將壯盛的場面繪成對開畫報，呈現吐著黑煙的汽船及船上長相特異的外國人，包括身形肥胖、眼皮下垂的培理；面容憔悴、貌似學者的美國通譯；帶著樂器的樂手，以及衣衫襤褸、俐落穿梭於索具間的黑人水手。

三月八日（舊曆二月十日），雙方在橫濱村附近的曠野舉行高峰會議。江戶的町名主事先都接獲通知[58]，他們若聽到巨大的禮炮聲，要告知民眾切勿驚慌。美國此行陣仗高達五百多人，其中包括三支不同的軍樂隊。江戶人對幕府的宴客菜單[59]相當感興趣，菜色早已外洩：有雞翅、生魚片、漬菜及鮮蔬、數道魚類料理、兩款茶湯，當然還有清酒。據傳這道宴席每個美國人吃下來的花費高達三兩金。培理隨隊的畫師[60]淺嘗了其中幾樣，雖然相當滿意卻倍感困惑：他不知該如何描述這些料理。菜單上沒有麵包，取而代之的是某種淡而無味的乳酪（其實是豆腐）。

這場會晤的重頭戲是《神奈川條約》[61]的談判，根據條約內容，日本對美國開放下田及箱館（今函館）南北兩個港口，前者位於江戶南部（伊豆國，今靜岡縣境內），後者位於北方的蝦夷地（北海道）。此外還允許美國在日設領事，最終目的是談判後續範圍更廣泛的通商條約[62]。最後，美國隨隊有人觀察後表示：「日本從來就不[63]像牡蠣那樣，如此渴望被人撬開；但到了不得不的時候，它也只好屈服，就跟我有幸見過的所有牡蠣一樣識相，乖乖就範。」

此行讓培理大失所望[64]的只有一件事：他本想在江戶泊岸，這樣在離開之前就能好好看看這座城市，但遭到談判締約的幕府高層勸阻。對方解釋，若美國艦隊出現在這麼近的地方，很可能引起城內大規模的恐慌。他們表示，若培理堅持這麼做，他們就得承擔責任並以死謝罪，別無選擇。最後，培理率領艦隊駛入港灣，證明他有能力進逼，接著掉頭揚長而

57〔原注〕Dower, "Black Ships and Samurai: Commodore Perry and the Opening of Japan"。

58〔原注〕《藤岡屋日記》，五：六一〇—一一。

59〔原注〕《藤岡屋日記》，五：六一二—一三。

60〔原注〕Heine, *With Perry*, 125。

61〔譯注〕日本通稱為《日美和親條約》（日米和親条約）。幕府代表分別為儒學者林復齋（林大學頭），條約中除了同意開放通商口岸，更答應美方要求提供船隻物資補給、協助遇難船隻及引渡、提供片面最惠國待遇等。黑船事件被視為揭開日本幕末時代的開端。

62〔譯注〕一八五八年，美國派遣特使哈里斯（Townsend Harris）來日就貿易權問題進行談判，最後與德川幕府簽訂《美日修好通商條約》，又稱《哈里斯條約》。日本被迫進一步開放神奈川（今橫濱）、長崎、兵庫（今神戶）、新潟等港口，以及江戶、大坂兩大城市；承認美國之領事裁判權、制定關稅協定及享有宗教自由等。此不平等條約簽訂後，引發英、法、俄、荷等國仿效，紛紛與日本簽訂類似條約（見本章後述）。

63〔原注〕Sewall, *Logbook of the Captain's Clerk*, 125。

64〔原注〕Heine, With Perry to Japan, 128-29。

去[65]。此趟日本之行，他們始終沒有任何人真正見識過江戶。

培理回國後成了家喻戶曉的英雄，頂著打開日本鎖國大門的彪炳功績，享譽晚年。教科書上講述著他與所率領的艦隊，對近代世界的形成扮演何等關鍵的角色，但關於常野卻隻字未提。這完全可以理解。又或者說，有必要嗎？她只是個微不足道的小人物，在培理到來之前便已作古；即使還活著，培理也永遠遇不到像她這樣的平民百姓。他只會見到幕府的武士、外交官等重要人士。多年後，這些人也會名留青史，連同生年卒日，整齊地列在辭典及百科全書中。對培理（以及所有人）來說，女性在外交舞台上甚至連跑龍套的群眾演員都稱不上，她們充其量只是幕後人手，默默拿著道具回到他們歸屬的角落。

培理的艦隊是男人的世界，談判桌上也是如此。在他出航之前，某處有人替他依序縫好准將軍服上的十八顆鈕扣，同時一針一線來來回回，將禮穗縫在肩章上。但這些瑣事他都無需操心，也不用去管布魯克林的海軍司令官邸內的銀器、地板是誰在擦，或者此刻自己的孫子是誰在照顧，以確保自己名聲能流芳百世，家族綿延不絕。

這些武士結束橫濱的任務返家後，也會有人替他們洗衣服、接受左鄰右舍的饋贈與關切、查看孩子課業、侍奉父母服藥。當晚，以及此後的每日餐後，都有人收拾碗盤、倒茶、鋪床、打水、點燈、哄抱嬰孩、使喚傭人；就算她好不容易躺下，也會擔憂家裡大小瑣事，例如衣服、雪鞋、柴火、傷風、婚嫁、算命、書紙、開銷等各種煩惱而難以入眠。每一個男人背後的女人都有自己的動機、留下的理由，以及離開的打算；她們有自己的野心與想法，有千頭萬緒的事得牢記在心，甚至更多永遠不會付諸紙筆的祕密。

回顧此生，常野絕不會認為自己是英雄，對於建設國家、打開國門或開創新時代等偉業有所貢獻。她只是一介平民，一個普通人，一個做出選擇的女人，而且（正如她所見）身後幾乎什麼都沒留下。既無子女，也無遺產，只有一封封的書信。

然而，江戶若少了像她這樣離鄉打拚的女性就不可能發展。沒有她們洗地、賣炭、記帳、洗衣、端餐，城市的經濟根本無法運作；沒有她們買戲票、髮簪、布匹、麵條，幕府所在的這座都城永遠不會發展成繁華大城，而只是眾多黃沙飛揚、陽剛味十足的軍事前哨之一，根本不值得建設。

常野留下的遺產是江戶這座大城市，這是她的抱負，也是此生最大的成就。她渴望追求不一樣的人生，這份憧憬驅使她離開越後。她或許認為是在江戶的經歷改變了她，但同時她

65〔原注〕Pineau, ed., *The Personal Journal*, 198-200。

也形塑了這座城市：她排隊等待的每一口井、花費的每一枚銅錢、典當或縫補的每件衣服、端過的每塊托盤，移居江戶的重大決定以及日後每個微小的選擇，使家庭發揮功能，讓小販外出叫賣、促使町奉行頒布法令、吸引農民遠赴出羽國的紅花田工作、問屋商人前往神田市場做生意、點亮了中村座的燈火，以及在日本橋創立大型商社。這座城市不僅是常野人生舞台的背景，也是她日復一日親手打造的安身立命之地。在她死後，其他女性與更多默默無聞的小人物將接續這份工作，形塑江戶的面貌。

培理艦隊離開的翌年（一八五五年〔安政二年〕），就在十月二日深夜，江戶發生大地震[66]。城內牆毀屋坍，將軍從室內逃出，躲在庭園避難。負責監視火警的消防員在觀火台上被震得左搖右晃，失去重心；屋裡的火鉢、行燈翻覆，在疊蓆及地板上引發大火。夜色仍深的凌晨時分，諸藩大名換上消防裝束[67]，騎著快馬過街，穿越斷垣殘壁、閃避火海，抵達江戶城。他們必須展現對將軍的重視與關心，表明他們隨時準備赴湯蹈火、護駕救主的決心。

這場地震各地災情不一，最嚴重的是地勢較低的平民區，比如常野的叔父文七所住的築地，以及神田明神附近的人口稠密區。常野從前待過的駿河台雖然地勢高，比較穩定，但餘震引發的大火也使該區長屋與宅邸付之一炬。藩主屋敷聚集的大名小路則是無一倖免。南町奉行所奇蹟似地逃過一劫，毫髮無傷，但周圍的大名宅邸卻慘遭祝融，部分原因出在這些領主在培理來航後，便開始囤積火槍彈藥，火勢竄入倉庫，爆炸一觸即發。光是會津藩主的宅邸就有一百三十人喪生、十三匹馬死亡。

總計整個江戶在這場安政大地震前後，死亡人數多達約七千人，損毀房屋高達一萬五千棟。百姓棲身於臨時的避難所（救小屋）長達數月，雖然澡堂與床屋在災後幾天內就重新開張，但整個城市的食糧及物資供應澈底中斷，沒有半個街頭攤販能恢復營業。味噌、鹽巴、漬菜等日常食品供不應求，甚至傳出某些旗本家中的武士不得已只好把房間牆內作為黏合劑的米粒挖出來吃。若這只是場普通火災，部分城區或許能倖免於難，重建復原也會簡單得多。但這場地震加上大火重創整個江戶，上至幕府，下至市井小民，所有人都苦不堪言。

培理雖然不是引發地震的禍首，江戶人卻認為黑船來航與鯰魚翻身這兩樁天災人禍之間存在著某種關聯[68]。民間傳說地震是地下一條巨大鯰魚造成的，當牠扭動身軀，地面也隨之

66〔原注〕東京都千代田區編，《新編千代田區史：通史編》，七二七—三一。
67〔原注〕北原糸子，《地震の社会史》，三二九—三一。
68〔原注〕Smits, "Shaking Up Japan"。

顫動。安政震災後出現一股「鯰繪」風潮，在發行的四百多張畫報中，不知名的繪師生動描繪了鯰魚、受災戶及因禍得福者（大發重建財的木匠、泥水匠及屋瓦商人）的形象。例如某張畫報中，鯰魚化身黑色汽船，吐出的不是蒸氣而是白花花的銀子，預示開放外國通商帶來的豐厚利潤；另一幅作品中，黑鯰與培理正在進行激烈的拔河，一名江戶泥水匠在旁擔任裁判。「別再談這些沒用的貿易了！」[69]鯰魚吼道。「你再說一次，你這條愚蠢的鯰魚！」培理說，「我的國家是個仁慈為懷、悲天憫人的國家」。雖然無法明確看出地震與國家外患究竟有何關聯，也未能完全確定鯰魚到底是禍害抑或救星，但人們明顯感覺到腳下的這片土地並不安定。

培理來航對日本造成劇烈而毀滅性的長遠影響。繼美國之後，幕府被迫與西方列強簽訂通商條約。一八五八年（安政五年），日本分別與美、俄、英、法、荷等五國簽訂不平等條約，統稱為《安政條約》[70]，同意各國派駐領事，並於日本指定開放的港口通商。此外還議定關稅，實施固定稅率，使日本無法自行制定稅率，形同剝奪關稅自主權。自始至終反對締約的孝明天皇成為反幕府勢力的精神領袖，基進的倒幕派人士集結並高喊「尊王攘夷」口號，呼籲遵照天皇意願，驅逐洋蠻。一八六三年（文久三年），第十四代將軍德川家茂打破歷代數百年來未曾踏出江戶的傳統，遠赴京都謁見天皇，目的是為了阻止叛亂。

常野在江戶的首任雇主松平友三郎也捲入這場政治動盪。他在常野尚未去世前，被京都府附近的丹波龜山藩主收為養子[71]，日後繼任，改名為松平信義。依然心懷壯志、才華過人的他，進入幕府成為老中，曾被任命特使與外國交涉，雖然位高權重卻吃力不討好。在談判桌上，幕府的地位始終相當卑微；作為將軍代表與外國人打交道的身分，使得松平友三郎成為攘夷基進分子的攻擊目標。

一八六二年（文久二年），友三郎遭逢人生最大的危機[72]，當時日本西南部勢力強大的薩摩藩，有武士在東海道殺害了一名闖入大名行列的英國商人。事實上，該名死者的某些同胞認為[73]這是他自作自受：他經常喝得酩酊大醉，吵鬧喧嘩，惹人嫌惡。儘管如此，英國人依然不能無視這種侮辱，他們要求幕府將凶手處以死刑，並賠款道歉。那是筆驚人的天文數字，相當於將軍年俸的三分之一。談判的重責大任落到友三郎身上，而此協議卻遭到基進派強烈反對。這群武士不僅擁有武器，組織亦日益嚴密，威脅與日俱增，但他們不是友三郎關

69〔原注〕Smits, "Shaking Up Japan," 1065。

70〔原注〕Auslin, *Negotiating with Imperialism*, 1-2, 44。

71〔原注〕小川恭一編，《寬政譜以降旗本家百科事典 第五卷》，二五七四。

72〔原注〕Totman, *The Collapse of the Tokugawa Bakufu*, 14-15, 68-72; Jansen, *The Making of Modern Japan*, 314-15。

73〔原注〕E. H. House, quoted in Black, *Young Japan, Yokohama and Yedo*, vol. 1, 132-34。

注的焦點。他擔心的是萬一英國人無法如願，恐怕會對江戶發動轟炸。為此他替江戶城內的大奧女眷制定了疏散計畫，並下令暫時變更東海道的行進路線，以躲開來自海上的攻擊。同時，針對百姓可能陷入恐慌並開始囤積糧食的情形，他也擬定對策以安定民心。當年（天保十年〔一八三九年〕）他僱用常野時，還是個年輕有為的旗本，前途一片看好，根本想不到日後會遇上如此重大的危機。

江戶雖幸運躲過英國砲擊，幕府免不了還是得賠款謝罪，因而引來國內輿論的猛烈撻伐。另一方面，自一八五九年（安政六年）起，神奈川（橫濱）開港，歐美商人紛紛前來貿易，雖然人數不多（在一八六〇年代只有一、兩百人左右[74]）卻眾所皆知，他們不僅大量搜購絲線，還酗酒宰牛、騎馬競速，踐踏日本人的稻田。當地商人蜂擁而至，在港口販售絲綢與牛隻、提供服務、兌換貨幣。外國人買入大筆金幣，造成江戶大規模通貨膨脹，物價漲幅高達五成[75]。隨著港區商業日益興盛，許多貿易繞過江戶的老字號問屋，直接改在橫濱進行[76]，江戶逐漸衰微。到了一八六二年（文久二年），幕府進行改革，放寬大名的參勤交代制度，改為三年一次，引發一股返鄉潮，計有數十萬名武士離開江戶。此後至一八六八年（明治元年）間，江戶的人口減少了整整一半[77]。

如今江戶聲勢已大不如前，有如風中殘燭，搖搖欲墜；就在這時，幕府遭遇垮臺前的最後一擊[78]：原本疾呼「尊王攘夷」的西南諸強藩，如今高舉不祥的「討幕」大旗，聯手發起戰爭，決心推翻幕府，他們先是攻下京都，而後進逼江戶，當時的末代將軍德川慶喜[79]已經交出政權，他與歷代前人不同，從未以將軍身分入住江戶城，在他短暫的在位期間，始終以京都附近（大坂城）為據點，試圖安撫天皇及擁王派勢力。在得知倒幕派打算廢除幕府、奪

74〔原注〕Partner, *The Merchant's Tale*, Table Two。

75〔原注〕Jansen, *The Making of Modern Japan*, 314。

76〔原注〕牧原憲夫，《文明国をめざして》，三〇—三一。

77〔原注〕Smith, "The Edo-Tokyo Transition," in Jansen and Rozman, eds., *Japan in Transition from Tokugawa to Meiji*, 347, 350。

78〔譯注〕一八六七年（慶應三年），倒幕派人士要求幕府將政權交還給天皇。同時，薩摩、長州及廣島諸藩亦締結同盟，準備出兵討幕。為避免內戰，德川慶喜於同年十月在京都主動將「大政奉還」，天皇宣布廢除幕府，由朝廷另組新政體，但實際上慶喜有意在新政府內繼續掌握實權，以薩長同盟為首的討幕派不滿，決定以「王政復古」為名發動政變，要求慶喜辭官納地（放棄官職，交回領地），澈底消滅其勢力。面對朝廷與倒幕派的步步進逼，慶喜決定背水一戰，雙方於一八六八年（慶應四年／明治元年）至一八六九年（明治二年）間發生「戊辰戰爭」，以薩長聯軍為代表的新政府軍對上擁護舊幕府的會津及桑名藩軍，在京都近郊的鳥羽伏見首役中，由前者壓倒性獲勝。慶喜隨即棄守大坂城，搭乘軍艦逃回江戶。數月後，慶喜在勝海舟勸說下同意投降，與新政府在不開戰的情況下展開和平談判，最後交出江戶，史稱「無血開城」。

79〔原注〕Totman, *The Collapse of the Tokugawa Bakufu*, 436-43。

取領地後，他便搭船逃回江戶，負隅頑抗，但已無力回天。

在此危急存亡之秋，負責守護江戶的是某個道地的江戶人。他的父親名叫勝小吉，是名下級旗本，常野當年在武家宅邸當女傭時，此人是個撒謊成性、偷竊嗜賭的無用武士。不過他的兒子性格與他簡直天壤之別：「認真、勤儉、從不浪費。」[80]這名年輕人因研究西洋軍事技術有成，主張幕府必須建立現代化海軍（在當時被視為異端），成名甚早。跟江戶絕大多數人一樣，他成年後也改了名號，取「海」、「舟」二字之意涵，名為勝海舟。

一八六〇年（萬延元年），勝海舟在父親去世十年後，成為軍艦咸臨丸的指揮官，率領日本第一艘橫渡太平洋的船艦前往美國。他在舊金山停留了數個月，接著經由陸路前往東岸紐約。使團一行人浩浩蕩蕩走在百老匯大街上，詩人惠特曼（Walt Whitman）特地作詩紀念：「謙恭有禮，亞洲來的王子們[81]，面頰黝黑的王子們；既是先驅，也是賓客，腰佩雙刀的王子們；為我們帶來見識的王子們，斜靠在敞篷四輪馬車上，不戴帽子，面無表情；今日他們搭著馬車，走過曼哈頓。」回國後，勝海舟穿上足袋，腳踏草履，換上西式長褲；將短刀佩在腰間，彷彿插在槍套裡的手槍。姑且不論個性，他確實承襲了父親那趾高氣昂的江戶人習氣。

一八六八年（慶應四年，明治元年）某個陰鬱的春日，尊王派的新政府軍[82]抵達江戶，勝海舟代表德川幕府出面議降。他清楚預見幕府大限已到，不願日本陷入血腥內戰，讓外國勢力有機可趁。日後，他寫下談判議和的過程，提及自己曾對敵軍代表說：「你們若執意以殘暴武力威脅弱小百姓[83]，我方將毫不猶豫接受挑戰。但雙方繼續對峙下去，只會讓日本淪為外國的笑柄。你若願意放江戶一條生路，我個人代表幕府，於公於私都將感激不盡，直至九泉。」如此低下的姿態招來其他幕臣的抨擊，多次企圖暗殺勝海舟。不過苦肉計奏效，他成功促成江戶城和平轉移，讓江戶（他父親以及常野生活過的這座都城）逃過一劫，免於與大火同歸於盡[84]。

然而，過去繁華一時的江戶如今只剩幻影，未來如何演變僅能從些許似有若無的端倪中窺知。自從常野去世、培理率領黑船來航、停泊浦賀，轉眼已經過了十五年，她曾經熟悉的

80〔原注〕勝小吉，《夢醉獨言》，二。
81〔原注〕Whitman, "A Broadway Pageant" (1860)。
82〔譯注〕明治新政府代表為出身薩摩藩的武士西鄉隆盛，是促成明治維新的元勛，與木戶孝允、大久保利通並稱「維新三傑」。
83〔原注〕Steele, "Katsu Kaishū and the Historiography of the Meiji Restoration," 307。
84〔原注〕勝海舟原來打算在交涉完全決裂時放火燒了江戶，最後無血開城，江戶城完好如初。但隨後部分幕府軍發動叛變，與新政府軍交戰失利，過程中江戶北部幾處街町慘遭祝融，令勝海舟遺憾不已。見Steele, "Against the Restoration"。

世界，包括那些旗本、南町奉行、江戶城的將軍，以及長屋的隨從，一切都人事已非，化為雲煙。

要是常野再活久一點，她就能見證一座全新的城市——東京[85]從滿目瘡痍中脫胎重生。對此她不會感到意外：她所認識的江戶，歷經火災、地震、饑荒，以及水野忠邦禍國殃民的失敗改革，每次都能歷劫重生。但其他方面恐怕就會讓她震懾不已。與她同時代的女性，目睹了意想不到的重大變化。

幕末時期的女歌人松尾多勢子[86]生於一八一一年（文化八年），出身信州農家，年紀與常野的小妹相仿。她在五十多歲時投身政治，力主尊王攘夷。一八六九年（明治二年）三月，她在京都目送敬仰的天皇最後一次離開京城。他坐在駕籠（轎子）內，在武士與朝臣的護送下，浩浩蕩蕩往江戶出發。建都將近一千一百年以來，京都始終是日本的朝廷所在，如今明治天皇決定遷都東京，不僅象徵國家巨大的改變，也宣告一個時代的結束。在幕府垮臺之前，歷代天皇不曾踏足江戶，甚至從未見過富士山[87]。但新政體的創建者認為[88]，為了國家與昔日幕府所在的江戶著想，遷都實有其必要性：日本三都中，京都是歷史悠久的古都，擁有豐富的傳統藝術；大坂則以商業經濟機能取勝。反觀江戶，原本就是全國的政治中樞，若少了中央政府進駐，恐將失去存在的意義。

然而，東京的首都地位確立之後，其繁榮發展遠遠超出眾人的想像。過往常野熟悉的地方都出現了劇烈變化，澈底改頭換面。例如壯闊恢宏、能夠遠眺江戶灣的本願寺所在的築地，於一八六〇年代成了充滿異國風情的外國人居留地。該區以「築地飯店[89]」（築地ホテル館）為中心地標，外國人稱為「Yedo T'skege 飯店」（音近日語「江戶築地」），是棟有著拱形大門與鮮紅百葉窗的雄偉建築，中間屋頂高起的塔台上立著突兀的風向雞，掛滿銅鈴裝飾。附近的大片草地[90]因為是各大海軍學校及相關訓練機構所在地，而被稱為海軍操練場，

85〔譯注〕明治維新期間，日本天皇接受朝臣建議遷都江戶，於一八六八年正式改名東京。
86〔原注〕Walthall, *The Weak Body of a Useless Woman*, 259-60。
87〔原注〕Keene, *Emperor of Japan*, 5。
88〔原注〕小林丈廣，《明治維新と京都：公家社会の解体》，五五—五六。
89〔原注〕Coaldrake, *Architecture and Authority in Japan*, 216；另見，歌川廣重（三代），〈東京築地ホテル館表掛之図〉（1869）。
90〔原注〕東京都中央區 編，《中央区史：中卷》，一二二五。

但依舊相當空曠，每到夏天就成了孩子抓蚱蜢的遊戲場。直到二十世紀以降[91]，築地才成為全世界規模最大魚市場的代名詞[92]。

至於常野最早落腳的皆川町，在神田只是個鮮為人知的小地方，到了一八八〇至九〇年代間，依然跟五十年前一樣幾乎無人知曉。鄰近的三河町卻因廉價旅籠、當舖、便宜餐館聚集以及爆發霍亂而聲名大噪。在一本名為《最黑暗的東京》（最暗黒の東京）[93]、以揭發醜聞祕辛為主題的著作中，該地曾被多次提及。常野在那裡度過人生中最黑暗的一段歲月，她要是看了這本書，肯定能指認出那些住滿可憐人的供膳租屋，其中許多房客都是走投無路的外地人。幸運的是，常野在世時沒聽過霍亂[94]這東西，那是在一八五八年才隨著滿載船來品的外國船隻首次傳入日本的傳染病。

常野在岩井半四郎的別室工作時所住的住吉町[95]，後來被劃入鄰近更大的人形町。日本邁入新時代的頭幾年，有座香火鼎盛的神社[96]遷到此地，取代過去的歌舞伎及人形偶劇場，成為吸引遊客的知名景點。這裡一度成為全東京最繁華的商業區，盛極一時的榮景在某幅一八八〇年代的畫作中可見一斑：路上擠滿熙攘的逛街人潮，背景高聳的磚砌煙囪緩緩吐著白煙，飄向天際。

至於常野最喜歡的雇主（南町奉行遠山景元）工作地點的所在地銀座[97]，則歷經了更戲劇性的變化。一八七二年（明治五年），整個街區在一場大火中付之一炬，就連築地飯店也難以倖免。新政府承繼了江戶歷劫重建的偉大傳統，以此為由，展開全新的都市計畫：師法歐美，將銀座建設成現代化的西式街道。銀座搖身一變，成了磚瓦洋房林立、有著玻璃窗及煤氣燈、街道寬敞，還鋪設人行道的異國大街[98]。此構想廣受當時的版畫家青睞——意味即將出現新的知名景點！他們所描繪的銀座是車水馬龍的熱鬧街區，人力車及馬車熙來攘往，

91〔原注〕Bestor, *Tsukiji*, 112。

92〔譯注〕江戶最早的魚市場（魚河岸）設於日本橋一帶，自十七世紀初期開始營運，直到一九三五年才正式遷至築地，並發展出場內（批發）及場外（周遭商店街）兩大市場，享譽全球。近年由於管理不易、設施老舊，空間不敷使用，東京都政府於二〇一八年將場內市場搬遷至鄰近的豐洲（場外市場原地保留），築地市場八十多年的風光歲月走入歷史。

93〔原注〕松原岩五郎，《最暗黒の東京》。

94〔原注〕Gramlich-Oka, "The Body Economic"。

95〔原注〕東京都中央區編，《中央区史：中卷》，一九三—九四。

96〔譯注〕此應指水天宮，從江戶時代起就以祭祀安產、求子的神明而聞名，信徒眾多；於一八七二年（明治五年）從芝赤羽橋遷至人形町。

97〔原注〕Grunow, "Ginza Bricktown and the Myth of Meiji Modernization"; Grunow, "Paving Power: Western Urban Planning and Imperial Space from the Streets of Meiji Tokyo to Colonial Seou"。

98〔譯注〕當時稱為「銀座煉瓦街」（銀座磚瓦街），為日本最早的歐美式街道，也是日本首次將西方都市防火觀念引進城市建設的案例，後來在一九二三年關東大地震期間被震毀。

街上到處是打扮入時的男性，身穿傳統和服，頭戴禮帽、手持黑傘作為陪襯。事實上，由於磚瓦建築通風不佳、濕氣重，很少有人願意住在這座新建的「磚城」裡。幾十年來，即使是遠近馳名的寬敞街道，也因為雜亂瘦弱的行道樹而略顯尷尬。儘管如此，銀座大街依然是東京現代化的重要象徵，展現未來可能的面貌。

北國越後也發生了變化。石神村與鄰村合併，以天皇名號命名為「明治村」。喜博向新的地方政府申請釀酒許可[99]，並捐贈十四圓興建公立小學[100]。這樣一來，下一代的孩子不分男女都能學習相同的科目。喜博小時候學的，與祖父及父親學過的是同一套知識，他在自己的名字前冠上村莊與藩國地名，藉此表明身分；但將來他的孫子會改稱自己是出身新潟縣的日本人。

一八八六年（明治十九年），高田設立了火車站。到了一八九四年（明治二十七年），每天會有六個班次[101]從此地發車，翻山越嶺開往長野。過去女性必須繞道、鑽狗洞才能偷渡通過關川關所的時代早已一去不復返。短短數十年間，常野曾經得花上十天、受盡委屈的路程，此刻包含轉車只需一天，車資大約兩圓。列車終點是東京新蓋的上野車站，就在教證寺附近，她曾去那裡探望不久人世的弟弟義仙。

常野本來有機會活著看到這一切改變。幕末尊王派的女性志士松尾多勢子於一八九四年去世，她有幸活著見到兒孫成家立業，展開自己的新人生。這一代的女孩生於幕府覆亡與皇室復辟的新舊時代交替之際，承襲的是一個不同的世界。表面上看來，大多數人的生活與她們的母親或祖母輩無異，依然忙於操持家務、照顧嬰兒、下田勞動、從事女傭、洗衣煮飯等。但這些女性卻懷抱著與上一代不同的想望：有更多新事物等著她們去體驗。有些人成為日本最早一批出國、上大學、出版自傳並巡迴演講的女性。當中有位出身越後的武家之女，日後在美國成為知名作家[102]。她於一八七四年（明治七年）出生在雪國某個城下町，這座城鎮與高田很像，常野應該認得出來。這位女作家後來在哥倫比亞大學教授日語，最後於一九五〇年於紐約逝世。她曾表示，自己這輩子彷彿活了好幾百年[103]。

99〔原注〕《林泉寺文書》，編號一五九七。
100〔原注〕《林泉寺文書》，編號一四七一。
101〔原注〕Ōbuchi, ed., Kisha jikokuhyō。
102〔譯注〕指日本作家杉本鉞子（一八七三—一九五〇年〔明治六年—昭和二五年〕），為舊越後長岡藩家老之女，生於新潟縣古志郡長岡。年輕時就讀教會女學校學習英語，後來遠嫁美國，曾於大正末期以英文出版《*A Daughter of the Samurai*》（武士之女），成為美國首位日本暢銷作家。後任教於哥倫比亞大學，亦為該校首位日籍講師。
103〔原注〕出自杉本鉞子《*A Daughter of the Samurai*》（武士之女）書名副標。

然而常野沒能活到見證新時代的來臨，也未留下一兒半女；永遠沒有機會迎接孫女從小學放學回家，拉拉她髮上的蝴蝶緞帶，把課本推到一旁，問她今天學到了什麼：有身騎白馬的天皇、世界上的國家、神奇的電報、郵票的製作技術等。常野也永遠無法靠在矮桌上，用僵硬的雙手捧著一只進口茶杯，聽著小孫女嘰嘰喳喳說著班上那個戲弄她的男孩，或是在桌上打翻墨水的朋友。

要是常野的人生際遇稍有不同（如果當初義融將女兒阿竹過繼給她；如果她在一八五三年春天來得及看到培理的艦隊抵達浦賀；如果她能像其他人一樣，活著經歷數十年後的火災、地震與傳染病大流行），結果又將會是如何？要是有機會在名為東京的這座城市裡，與孫女坐在小房間，遇到小女孩累了不想寫作業，吵著要聽她講故事時，她又會怎麼說呢？

假如常野那時候還活著，她或許會有所保留，不願重提那些辛酸的傷心往事，對一個在不同時代長大的年輕女性講述當年面臨的種種選擇——對她而言，這些選擇根本毫無道理。一如她在博輔面前所展現的個性，常野或許會是個性格急躁、難以相處的祖母，說不定她連說故事的時間都不給。也許，她希望義融能把她的家書統統燒掉，一封不留。

也有可能，她會放下茶杯，等茶水變涼。也許她想親口說出自己的故事，由她本人娓娓道來，肯定比義融他們描述得更真切，也絕對比某個歷史學者拼拼湊湊，充滿「可能」、「或許」等不確定語氣的版本要好。一旦她打開話匣子，她的聲音將傳遍整個房間，就像母親與妹妹們，帶著從未失落的越後口音。

「哦，那是很久以前的事了，」她可能會這麼說。接著，時光開始倒流，回到遙遠的過去——明治天皇撤回京都，躲在皇居的庇蔭裡；銀座的磚瓦沒入大地；電報線上的信號消失；人力車變回旅籠；從高田出發的鐵道沉入塵土；山徑堆滿積雪；世界地圖上的一個小點（東京）消失無蹤，它的邊緣開始模糊失色；高樓倒塌，古老的觀火望樓高起，巷弄開始擴張蔓延，宛如迷宮；小販沿街叫賣，唱著舊時的曲調；同心與手先一起外出巡視；聚集在井邊的婦女向人索討舊銅錢；日本橋的魚河岸泊滿做生意的小船；武士行列依序前進，走過江戶城的大手門；花棚上，江戶的朝顏（牽牛花）綻放；末代町奉行大人緩緩步上白洲的審判臺；第五代岩井半四郎從劇場後方出場，穿著高跟木屐，輕盈地快步走過花道，黑亮的雙眼炯炯有神。

東京再度變回江戶，一座看似永恆的無盡之城。常野的故事，即將登場。

Epilogue 後記

離常野初次踏入江戶一百八十年後的現在，我帶著小兒子來到東京。在同樣的季節——某個深秋初冬的朗朗晴日，空氣中沒有半點飄雪的跡象。我們從機場搭乘成田特快線抵達東京，這條快線於九〇年代初期盛大通車，當時日本正處於「泡沫經濟」的黃金年代，景氣好到似乎足以稱霸全世界。我們乘著快車，飛馳經過小小的稻田，穿越間雜著小鋼珠店與遊藝場的郊外田野；接著鑽進隧道，再次來到世界第一大城的中心。

當晚，我四歲的兒子坐在下榻飯店的三十七樓房間窗邊，看著東京車站來來去去的地鐵，草綠與亮橘色的塗裝，宛如一節節的玩具列車。接下來幾天，他就愛上了那些會從他手中吸走車票、半秒鐘後又吐出來的驗票機。他站在自動販賣機前，盯著琳瑯滿目的奇怪飲料，整個人目眩神迷；還被百貨公司美食街一字排開的烤魚串嚇得目瞪口呆。去了某間當代藝術博物館，他在霓虹流光四射的水瀑下開心起舞。這就是他眼中的東京：一座充滿童趣的城市，一切都新奇無比。

而我看到的，則是一座認識了二十多年的城市，一座灰色鋼筋與水泥交錯糾結的都會叢林，從東京灣一路延伸到郊外群山。十三條地鐵、三十六條鐵路以及單軌列車，環繞著皇居的綠地運轉。三千八百多萬人（身穿套裝、和服、薄紗蓬裙、緊身牛仔褲、學校制服或草原長裙）在這座城市裡搭乘電動手扶梯、排隊買蛋糕、閱讀文庫本小說、喝咖啡、看手機。這是一座無邊無際、沒有極限的城市，我在此度過多年的求學時光以及暑休研究，堪稱我的第二故鄉。

然而，就在我跟著常野走進她的人生，經過近十年的爬梳後，我也看到了另一座不同於現代東京的古老城市毫無掩飾的輪廓：那是她所熟悉的江戶，城內的摩天高樓就是搖搖欲墜的觀火望塔；路上不聞車水馬龍，只聽得見木屐踩在泥地上的沉重腳步聲；現在的皇居所在是當時江戶城內的轄地；常野與博輔曾在新宿玻璃帷幕及鋼筋大樓之間的某個地方開過小食堂；在上野公園的紀念碑附近，她跪坐在弟弟義仙的病榻旁，與臨終的他道別；從大型百貨與奢華精品店林立的銀座走一小段，就會穿越南町奉行所的深遠長廊。

常野當時所在的江戶，大部分的物景已不復見，多毀於地震、火災、炸彈轟炸等天災人禍，僅存少數倖免，例如常野初次進城或許曾經路過的加賀藩大名屋敷赤門，依然矗立原地，成了東京大學校本部的入口；江戶城的富士見櫓始終固守在堅實的灰垣石基上，俯瞰著這座城市。儘管如此，絕大部分的江戶早已融入城市日常，成為東京人的集體記憶。它活在博物館的玻璃櫃內、每間書店的角落、下町社區的商店街，以及專賣烤鰻魚或烏龍麵的老店廚房內。東京有條最新的地鐵線，名為「大江戶線」，名字取得相當貼切——這座古老的城市依然在現代東京的地底下，以自己獨有的節奏運行著，但你必須先知道它的位置，懂得如何感受它的存在。

在美國，不管在研討會、機場，還是校園公車站牌，每次我提到江戶，大家總是一臉茫然，就算有些人立刻意會到我指的是東京也不例外。江戶大眾文化的重要元素（歌舞伎、藝伎、木刻版畫）已經成為普遍且歷久不衰的日本文化代表。葛飾北齋的浮世繪名作《神奈川沖浪裏》[1]是最經典的意象，從購物袋到咖啡杯都潑上了飛濺的浪花。然而，這幅名畫發祥的城市，以及北齋在仰慕他的賓客面前振筆疾畫的料亭，如今皆已不存。那個活力盎然、混亂嘈雜，名為江戶的地方，卻蘊含一股虛白空寂的特質，或者，充其量稱為雅緻靜態的文化，某種陌生而遙不可及的境界。

儘管如此，想認識江戶這座城市及江戶人，甚至是未留下任何聲名或豐功偉業的市井小民，依然有跡可尋。雖然他們在世時無法預見未來——江戶改名、幕府垮臺、周遭的傳統木造街屋總有一天會被磚瓦洋房取代，日後變成鋼筋水泥大樓；也無法預料這個世界擴張的速度如此之快且代價慘烈，亦不知腳下這座無盡之城將成為世界上的首都之一，變成地圖上的一個小點，但這些人留下了自己的故事讓我們去探尋。他們代表的，不是日本或消逝的傳統文化，而是這座充滿活力的偉大城市的命脈。這些人平常走在泥濘的街道上，夜裡被鄰居吵得無法入眠；為了給家裡寫信，不惜花錢買紙跟筆墨；他們的聲音穿越時空，來到一百七十年後的現代，跨越半個地球，讀來竟充滿驚人的熟悉感：它們訴說著城市的喧嘩和擁擠、庶民的心聲與想望、民間的活力、生活的花費與代價。只要這些文字紀錄還在，常野的世界（看似如此遙遠）就猶然尚存，並未完全消失。

1〔原注〕Guth, *Hokusai's Great Wave*。

Acknowledgments
致謝

日本的文獻檔案專業人員竭盡心思，為了保存史料並發揮教育大眾（包括像我這樣的外國學者）的社教功能，不遺餘力。本書研究期間，感謝新潟縣立文書館全體人員傾力相助，他們在文獻資料紙本（當時尚未電子化）留下標記以便檢索，還帶我參觀了保存江戶時代武器的地下文物庫。讓我印象深刻的是，我在某份文獻背面發現了以潦草字跡寫成的常野出生年月日，他們還替我確認，在此要特別感謝田宮美奈子小姐、皆川和也先生、尾崎法子小姐。而在東京都公文書館，感謝館長西木浩一先生及廣瀨早苗小姐大方且細心地為我解說文獻。感謝山形縣大石田町立歷史民俗資料館的大谷俊繼先生不厭其煩地為我介紹該鎮歷史。還有更多文獻檔案人員及文史工作者，他們完整而全面地建構出城市、鄉鎮及各縣的歷史，其著作是我經常參考的重要資料。沒有這些作品，本書就無法順利寫成。

此外也要感謝諸多日本學界先進在百忙之中抽空協助，並不吝分享專業知識：上越教育大學的歷史學者淺倉有子教授帶我走訪了常野的成長之地，並分享她對該地區深入的認識與了解。研究江戶歷史的泰斗吉田伸之與吉田ゆり子教授，兩人學術成果豐碩，成為我在描繪江戶城市風貌時的重要依據。他與橫山百合子教授幫我解讀了兩份最艱深難懂的文獻，我甚至在計程車後座，透過小小的手機螢幕聽他將其中一篇唸出來。我還要感謝橫山百合子分享她對婦女史及性別史的嚴謹分析，以及廣川和花教授分享對於醫學史的洞見。最後，要感謝我的日文啟蒙恩師——藪田貫教授，他將在本書中見到他對我的影響。當年他送給我人生第一本古文書辭典，要是知道它已經被我翻到潰不成形，一定會相當高興。

為了這個寫作計畫，我必須閱讀大量古文史料，經常覺得這是不可能的任務，有時手稿上的字跡根本無法辨識，超出我的能力所及。感謝好友兼同事村山弘太郎帶著我讀完最初的林泉寺文書，我才多少掌握到常野的書寫風格；感謝蘿拉・莫瑞提（Laura Moretti）與山崎善弘在我陷入撞牆期時提供專業知識上的協助，以及替我看稿、解說古文書內容的得力幫手山形隆司，多虧他幫忙謄寫義融與義仙的部分通信，這個計畫才能順利完成。

寫作過程中，我有幸獲得美國國家人文學術基金會（National Endowment for the Humanities）、日美友好基金（The Japan-U.S. Friendship Commission）、艾莉絲・卡普蘭人文研究院（Alice Kaplan Institute for the Humanities）、西北大學溫柏格文理學院（Weinberg

College of Arts and Sciences at Northwestern University）等機構的慷慨贊助。我的學術界同僚也提供了寶貴支援：法比安・德里克斯勒（Fabian Drixler）與嶋崎聰子試閱了某些章節，並提出精闢見解；梁安德魯（Andrew Leong）協助我閱讀某些艱澀的文獻；楊伊凡（Evan Young）建議我參考井關隆子的日記。感謝丹尼爾・波茨曼（Daniel Botsman）、大衛・霍威爾（David Howell）、路克・羅伯茲（Luke Roberts）、安妮・沃索爾（Anne Walthall）、莎拉・瑪薩（Sarah Maza）、黛博拉・柯恩（Deborah Cohen）、湯姆・高巴茨（Tom Gaubatz）、蘿拉・海恩（Laura Hein）等人，仔細看完整本書稿並在西北大學歷史系主辦的書籍研討會上提供寶貴意見——大大改善了本書的品質。尤其是達妮（Dani），感謝她多年忍耐我的電子郵件騷擾；也要感謝那些遠方的日本歷史寫作小組成員（大衛・史巴福〔David Spafford〕、摩根・皮特卡〔Morgan Pitelka〕、瑪倫・艾勒斯〔Maren Ehlers〕）不斷給予我鼓勵。

回到伊文斯頓（Evanston），我要感謝黎又嘉（Youjia Li）、拉吉夫・金拉（Rajeev Kinra）、梅莉莎・麥柯麗（Melissa Macauley）、彼得・卡羅爾（Peter Carroll）、海頓・切瑞（Haydon Cherry）、彼得・海伊斯（Peter Hayes）、凱特琳・費茲（Caitlin Fitz）、艾德・穆爾（Ed Muir）、丹尼爾・因莫瓦爾（Daniel Immerwahr）、肯・亞德（Ken Alder）、愛德華・吉布森（Edward Gibson）、亞德里安・蘭道夫（Adrian Randolph）；感謝我休假

研究期間原本的寫作小組：凱文・波爾（Kevin Boyle）、蘇珊・皮爾森（Susan Pearson）、傑洛多・卡達瓦（Geraldo Cadava）、海倫・特莉（Helen Tilley）、麥可・艾倫（Michael Allen）；安妮莉絲・卡諾（Annerys Cano）、蘇珊・戴爾拉辛（Susan Delrahim）、艾瑞克・威斯特（Eric West）、劉翠西亞（Tricia Liu）、潔絲敏・波莫（Jasmine Bomer）。此外，我還要感謝安德魯・戈登（Andrew Gordon）、黛博拉・貝克（Deborah Baker）、史考特・布朗（Scott Brown）、二村・珍妮絲（Janice Nimura）等人，在各個階段提供的建議與支援。

另外有一群了不起的女性，是催生這本書最大的功臣：吉兒・尼里姆（Jill Kneerim）與露西・克里蘭（Lucy Cleland）慧眼獨具，看見了這個寫作計畫（某位遙遠異國的無名女性生平）暗藏的光芒。感謝凱西・貝爾登（Kathy Belden）這位優秀的編輯兼忠實支持者，以及英國查托與溫杜斯（Chatto & Windus）出版社的貝琪・哈蒂（Becky Hardie）。

感謝眾多好友：黛博拉・柯恩，我第一個同時也是最重要的讀者；我在威斯密特的寫作團隊成員——蘿拉・布魯克（Laura Brueck）、莎拉・賈柯比（Sarah Jacoby）；在東京及美國中西部的天谷一家，以及橫跨美國東西岸不同時區、勇敢挺身對抗父權的堅強女主角們：作家莉茲・瑪沙姆（Liz Marsham）、珍妮・康納瑞（Jennie Connery）、人權律師潔西卡・傑克森（Jessica Jackson）等。

最後，感謝我的家人：我的父母約翰（John Stanley）與芭芭拉（Barbara）、姊妹凱特

（Kate Stanley）及道格．霍貝克（Doug Hopek），還有薩卡林（Zakarin）一家。特別是我的兩個兒子山姆（Sam）與亨利（Henry），以及先生布萊德（Brad），他幾乎在任何情況下都能逗得我開懷大笑——他真的是我此生的摯愛。

Bibliography
參考文獻

Abe Yoshio. *Meakashi Kinjūrō no shōgai: Edo jidai shomin seikatsu no jitsuzō*. Tōkyō: Chūō Kōronsha, 1981.

Aburai Hiroko. *Edo hōkōnin no kokoroechō: gofukushō Shirokiya no nichijō*. Tōkyō: Shinchōsha, 2007.

"Aiwatase mōsu issatsu no koto," Kansei 10.7, Hasegawa-ke monjo, Niigata Prefectural Archives, Niigata City, Niigata Prefecture. Accessed through Niigata kenritsu bunshokan intānetto komonjo kōza. https:// www .pref-lib.niigata.niigata.jp/?page_id=671.

American Citizen and General Advertiser, The (New York, NY).

Anderson, Clare. "Convict Passages in the Indian Ocean, c. 1790–1860." In Emma Christopher, Cassandra Pybus, and Marcus Rediker, eds., *Many Middle Passages: Forced Migration and the Making of the Modern World*, 129–49. Berkeley: University of California Press, 2007.

Asakura Yūko. "Kinsei ni okeru onna tegata no hatsugyō to Takada-han." *Jōetsu Kyōiku Daigaku Kiyō* 23:1 (2003): 191–202.

Asano Shūgō and Yoshida Nobuyuki, eds. *Ōedo Nihonbashi emaki ezu: 'Kidai shōran' no sekai*. Tōkyō: Kōdansha, 2003.

Asaoka Kōji. *Furugi*. Tōkyō: Hōsei daigaku shuppankyoku, 2005. Bacon, Alice Mabel. *Japanese Girls and Women.* Boston: Houghton Mifflin, 1891.

Beerens, Anna. "Interview with a Bakumatsu Official: A Translation from Kyūji Shinmonroku." *Monumenta Nipponica* 55:3 (2000): 369–98.

———. "Interview with a Bakumatsu Official: A Translation from Kyūji Shinmonroku (2)." *Monumenta Nipponica* 57:2 (2002): 173–206.

———. "Interview with Two Ladies of the Ōoku: A Translation from Kyūji Shinmonroku." *Monumenta Nipponica* 63:2 (2008): 265–324.

Berry, Mary Elizabeth. *Hideyoshi*. Cambridge, MA: Harvard University Press, 1982.

Bestor, Theodore. *Tsukiji: The Fish Market at the Center of the World*. Berke- ley: University of California Press, 2004.

Black, John Reddie. *Young Japan: Yokohama and Yedo. A narrative of the settlement and the city from the signing of the treaties in 1858, to the close of the year 1879. With a glance at the progress of Japan during a period of twenty-one years*. 2 vols. London: Trubner & Co., 1880.

Bodart-Bailey, Beatrice, ed. *Kaempfer's Japan: Tokugawa Culture Observed*. Honolulu: University of Hawai'i Press, 1999.

Bolitho, Harold. "The Tempō Crisis." In *The Cambridge History of Japan*, vol. 5: *The Nineteenth Century*, ed. Marius Jansen, 116–67. New York: Cambridge University Press, 1989.

Botsman, Daniel. *Punishment and Power in the Making of Modern Japan*. Princeton, NJ: Princeton University Press, 2004.

Chiyoda-ku, ed. *Chiyoda kushi*. 3 vols. Tōkyō: Chiyoda kuyakusho, 1960.

———, ed. *Shinpen Chiyoda kushi: tsūshi-hen*. Tōkyō: Chiyoda-ku, 1998.

Chūō-ku, ed. *Chūō kushi*. 3 vols. Tōkyō: Tōkyō-to Chūō Kuyakusho, 1958.

Clark, Timothy. "What Is Ukiyo-e Painting?" Lecture, Art Institute of Chicago, November 15, 2018.

Coaldrake, William. *Architecture and Authority in Japan*. London: Routledge, 1996.

Corbett, Rebecca. *Cultivating Femininity: Women and Tea Culture in Edo and Meiji Japan*. Honolulu: University of Hawai'i Press, 2018.

Cornell, Laurel. "Why Are There No Spinsters in Japan?" *Journal of Family History* 9:4 (1984): 326–89.

Dalby, Liza. *Kimono: Fashioning Culture*. New Haven, CT: Yale University Press, 1993.

Dobbins, James. *Letters of the Nun Eshinni: Images of Pure Land Buddhism in Medieval Japan*. Honolulu: University of Hawai'i Press, 2004.

Dower, John. "Black Ships and Samurai: Commodore Perry and the Open-

ing of Japan." https://visualizingcultures.mit.edu/black_ships_and_samurai/bss_essay01.html.

Drixler, Fabian. *Mabiki: Infanticide and Population Growth in Eastern Japan, 1660–1950*. Berkeley: University of California Press, 2013.

Durham, Valerie R. "The Scandalous Love of Osome and Hisamitsu: Introduction." In James R. Brandon and Samuel L. Leiter, eds., *Kabuki Plays on Stage: Darkness and Desire, 1804–64*, 64–67. Honolulu: University of Hawai'i Press, 2002.

Edo kiriezu [map] (1849–1862). Accessed through National Diet Library Digital Collection, http://dl.ndl.go.jp/info:ndljp/pid/1286255.

"Edo no han'i." Tokyo Metropolitan Archives, Tokyo, http://www.soumu.metro.tokyo.jp/01soumu/archives/0712edo_hanni.htm.

Edo shubiki zu [map] (1818). Tokyo Metropolitan Archives, Tokyo. Ehlers, Maren. *Give and Take: Poverty and the Status Order in Early Modern Japan*. Cambridge, MA: Harvard Asia Center, 2018.

Emerson, Edwin, and Maurice Magnus. *The Nineteenth Century and After: A History Year by Year.* Vol. 1. New York: Dodd, Mead, and Co., 1902. Emori Ichirō, ed. *Edo jidai josei seikatsu ezu daijiten*. 10 vols. Tōkyō: Ōzo- rasha, 1993–1994.

Ferguson, Niall. *Empire: How Britain Made the Modern World*. London: Penguin, 2004.

Frumer, Yulia. *Making Time: Astronomical Time Measurement in Tokugawa Japan*. Chicago: University of Chicago Press, 2018.

———. "Translating Time: Habits of Western Style Timekeeping in Late Tokugawa Japan." *Technology and Culture* 55:4 (2014): 785–820.

Fuess, Harald. *Divorce in Japan: Family, Gender, and the State*. Stanford, CA: Stanford University Press, 2004.

Fujioto Tokunin, ed. *Tsukiji Betsuin-shi*. Tōkyō: Honganji Tsukiji Betsuin, 1937.

Fujita, Kayoko. "Japan Indianized: The Material Culture of Imported Textiles in Japan, 1550–1850." In Giorgio Riello and Prasannan Parthasarathi, eds., *The Spinning World: A Global History of Cotton*, 181–204. New York: Oxford University Press, 2009.

Fujita Satoru. *Kinsei no sandai kaikaku*. Tōkyō: Yamakawa Shuppansha,

2002.

———. *Tenpō no kaikaku*. Tōkyō: Yoshikawa Kōbunkan, 1989.

———. *Tōyama Kinshirō no jidai*. Tōkyō: Azekura Shobō, 1992.

Fujiya Kichizō. *Bansei on-Edo ezu* [map] (1854). C.V. Starr East Asian Library, University of California, Berkeley. Accessed through "Japanese Historical Maps: East Asian Library—University of California, Berkeley," http://www.davidrumsey.com/japan/.

Fukai Masaumi. *Zukai Edojō o yomu*. Tōkyō: Hara Shobō, 1997.

Fukasawa Akio. *Hatamoto fujin ga mita Edo no tasogare: Iseki Takako no esupuri nikki*. Tōkyō: Bunshun shinsho, 2007.

Fukui Tamotsu. "Edo bakufu nikki." In *Kokushi daijiten* (accessed through JapanKnowledge).

Garrioch, David. "The Everyday Lives of Parisian Women and the October Days of 1789." *Social History* 24:3 (1999): 231–49.

Gaubatz, Thomas. "Urban Fictions of Early Modern Japan: Identity, Media, Genre." Ph.D. dissertation, Columbia University, 2016.

Golownin, R. N. *Narrative of My Captivity in Japan During the Years 1811, 1812, and 1813*. 2 vols. London: Printed for Henry Colburn, 1818.

Gordon, Andrew. *Fabricating Consumers: The Sewing Machine in Modern Japan*. Berkeley: University of California Press, 2011.

Goree, Robert. "Fantasies of the Real: Meisho zue in Early Modern Japan." Ph.D. dissertation, Yale University, 2010.

Gotō Kazuo. *Komonjo de yomu Essa josei no Edo jidai*. Niigata: n.p., 2016.

Gramlich-Oka, Bettina. "The Body Economic: Japan's Cholera Epidemic of 1858 in Popular Discourse." *East Asian Science, Technology, and Medicine*, no. 30 (2009): 32–73.

Grunow, Tristan. "Ginza Bricktown and the Myth of Meiji Modernization," https://meijiat150dtr.arts.ubc.ca/essays/grunow/.

———. "Paving Power: Western Urban Planning and Imperial Space from the Streets of Meiji Tokyo to Colonial Seoul." *Journal of Urban History* 42:3 (2016): 506–56.

Guth, Christine M. E. *Hokusai's Great Wave: Biography of a Global Icon*. Honolulu: University of Hawai'i Press, 2015.

———. "Theorizing the Hari Kuyō: The Ritual Disposal of Needles in Early

Modern Japan." *Design Culture* 6:2 (2014): 169–86.

Hall, John Whitney. *Tanuma Okitsugu, 1719–1788: Forerunner of Modern Japan*. Cambridge, MA: Harvard University Press, 1955.

Harada Nobuo. *Edo no shoku seikatsu*. Tōkyō: Iwanami Shoten, 2009. Hasegawa-ke monjo, Niigata Prefectural Archives, Niigata City, Niigata Prefecture.

Hayami Akira. "Another *Fossa Magna*: Proportion Marrying and Age at Marriage in Late Nineteenth-Century Japan." *Journal of Family History* 12: 1–3 (1987): 57–72.

Hayashi Reiko. "Kasama jōkamachi ni okeru joseizō." In Kinsei josei- shi kenkyūkai, ed., *Edo jidai no joseitachi*, 221–86. Tōkyō: Yoshikawa Kōbunkan, 1990.

Heine, William. *With Perry to Japan*. Edited and translated by Frederic Trautmann. Honolulu: University of Hawai'i Press, 1990.

Hirai, Kiyoshi, ed. *Zusetsu Edo 2: daimyō to hatamoto no kurashi*. Tōkyō: Gakken, 2000.

Horikiri Tatsuichi. *The Stories Clothes Tell: Voices of Working-Class Japan*. Edited and translated by Rieko Wagoner. Lanham, MD: Rowman & Littlefield, 2016.

Howell, David. "Foreign Encounters and Informal Diplomacy in Early Modern Japan." *Journal of Japanese Studies* 40:2 (2014): 295–327.

———. *Geographies of Identity in Nineteenth-Century Japan*. Berkeley: University of California Press, 2005.

Hubbard, Eleanor. *City Women: Money, Sex, and the Social Order in Early Modern London*. New York: Oxford University Press, 2012.

Hur, Nam-Lin. *Death and the Social Order in Tokugawa Japan: Buddhism, Anti-Christianity, and the Danka System*. Cambridge, MA: Harvard Asia Center, 2007.

Igler, David. *The Great Ocean: Pacific Worlds from Captain Cook to the Gold Rush*. New York: Oxford University Press, 2013.

Ihara Seiseien. *Kinsei nihon engekishi.* Tōkyō: Waseda Daigaku Shuppanbu, 1927. Inō Tadataka. *Dai-Nihon enkai yochi zenzu* [map] (1821). 108 vols. Accessed through National Diet Library Digital Collection, http://dl.ndl.go.jp/info:ndljp/pid/1286631?tocOpened=1.

Ishii Ryōsuke. *Edo no machi bugyō*. Tōkyō: Akashi Shoten, 1989.

Isoda Michifumi. *Bushi no kakeibō: Kaga-han osan'yōmono no Meiji ishin*. Tokyo: Shinchōsha, 2003.

Iwabuchi Reiji. "Edo kinban bushi ga mita 'Edo' to kunimoto." *Rekishi hyōron*, no. 790 (2016): 60–73.

Janetta, Ann. "Famine Mortality in Japan." *Population Studies* 46:3 (1992): 427–43.

Jansen, Marius. *China in the Tokugawa World*. Cambridge, MA: Harvard University Press, 2000.

———. *The Making of Modern Japan*. Cambridge, MA: Belknap Press of Harvard University Press, 2000.

JapanKnowledge. https://japanknowledge.com.

Jōetsu shishi hensan iinkai, ed. *Jōetsu shishi*. 20 vols. Jōetsu-shi: Jōetsu-shi, 1999–2004.

Jones, Sumie, with Kenji Watanabe, eds. *An Edo Anthology: Literature from Japan's Mega-City, 1750–1850*. Honolulu: University of Hawai'i Press, 2013. Kanamori Atsuko. *Sekisho nuke: Edo no onnatachi no bōken*. Tōkyō: Sōbun-sha, 2001.

Kasaya Kazuhiko. *Shukun 'oshikome' no kōzō: kinsei daimyō to kashindan*. Tōkyō: Heibonsha, 1988.

Katakura Hisako. "Bakumatsu ishinki no toshi kazoku to joshi rōdō." In Sōgō joseishi kenkyūkai, ed., *Nihon joseishi ronshū*, vol. 6: *Josei no kurashi to rōdō*, 85–110. Tokyo: Yoshikawa Kōbunkan, 1998.

———. *Edo jūtaku jijō*. Tōkyō: Tōkyō-to, 1990.

———. *Ōedo happyaku-yachō to machi nanushi*. Tōkyō: Yoshikawa Kōbunkan, 2009.

———. *Tenmei no Edo uchikowashi*. Tōkyō: Shin Nihon Shuppansha, 2001.

Katō Takashi. "Governing Edo." In James McClain, John M. Merriman, and Ugawa Kaoru, eds., *Edo and Paris: Urban Life and the State in the Early Modern Era*, 41-67. Ithaca, NY: Cornell University Press, 1994.

Katsu Kōkichi. *Musui's Story: The Autobiography of a Tokugawa Samurai*. Translated by Teruko Craig. Tucson: University of Arizona Press, 1995.

Keene, Donald. *Emperor of Japan: Meiji and His World*. New York: Colum-

bia University Press, 2002.
———. *The Japanese Discovery of Europe, 1720–1830.* Stanford, CA: Stanford University Press, 1969.
Kikuchi Hitomi. *Edo oshare zue: ishō to yuigami no sanbyakunen shi.* Tōkyō: Kōdansha, 2007.
Kikuchi Isao. *Kinsei no kikin.* Tōkyō: Yoshikawa Kōbunkan, 1997. Kikuchi Kazuhiro. "Benibana emaki o yomu." *Mogamigawa bunka kenkyū* 5 (2007): 97–114.
Kikuchi Kazuo. *Nihon no rekishi saigai: Edo kōki no jiin kakochō ni yoru jisshō*. Tōkyō: Kokin Shoin, 1980.
Kinsei shiryō kenkyūkai, ed. *Edo machibure shūsei.* 22 vols. Tōkyō: Hanawa shobō, 1994–2012.
Kishii Yoshie. *Edo no higoyomi.* 2 vols. Tōkyō: Jitsugyō no Nihonsha, 1977. Kitahara Itoko. *Jishin no shakaishi: Ansei daijishin to minshū.* Tōkyō: Yoshi-kawa Kōbunkan, 2013.
Kitahara Susumu. *Hyakuman toshi Edo no seikatsu.* Tōkyō: Kadokawa gakugei shuppan, 1991.
Kobayashi Takehiro. *Meiji ishin to Kyōto: kuge shakai no kaitai.* Kyōto: Rinsen Shoten, 1998.
Kodama Kōta. *Fukugen Ōedo jōhō chizu.* Tōkyō: Asahi Shinbunsha, 1994.
Koizumi Yoshinaga. "Learning to Read and Write: A Study of Tenaraibon." In Matthias Hayek and Annick Horiuchi, eds., *Listen, Copy, Read: Popular Learning in Early Modern Japan*, 89–138. Leiden: Brill, 2004.
Kokushi daijiten. Accessed through JapanKnowledge.
Kornicki, Peter. "Women, Education, and Literacy." In P. F. Kornicki, Mara Patessio, and G. G. Rowley, eds., *The Female as Subject: Reading and Writing in Early Modern Japan*, 7–38. Ann Arbor: University of Michigan Center for Japanese Studies, 2010.
Krusenstern, Adam Johann von. *Voyage Round the World in the Years 1803, 1804, 1805 and 1806.* Translated by Richard Belgrave Hopper. London: C. Roworth, 1813.
Kubiki sonshi hensan iinkai, ed. *Kubiki sonshi: tsūshi-hen.* Kubiki-mura, Niigata-ken: Kubiki-mura, 1988.

Kurosu, Satomi. "Divorce in Early Modern Rural Japan: Household and Individual Life Course in Northeastern Villages, 1716–1870." *Journal of Family History* 36:2 (2011): 118–41.

———. "Remarriage in a Stem Family System in Early Modern Japan." *Continuity and Change* 22:3 (2007): 429–58.

Lindsey, William. *Fertility and Pleasure: Ritual and Sexual Values in Tokugawa Japan*. Honolulu: University of Hawai'i Press, 2007.

Long, David F. *Sailor-Diplomat: A Biography of Commodore James Biddle, 1783–1848*. Boston: Northeastern University Press, 1983.

Makihara Norio. *Bunmeikoku o mezashite*. Tōkyō: Shōgakukan, 2008.

Marcon, Federico. *The Knowledge of Nature and the Nature of Knowledge in Early Modern Japan*. Chicago: University of Chicago Press, 2015.

Markus, Andrew. "The Carnival of Edo: 'Misemono' Spectacles from Contemporary Accounts." *Harvard Journal of Asiatic Studies* 45:2 (1985): 499–541.

Martin, Alexander. *Enlightened Metropolis: Constructing Imperial Moscow, 1762–1855*. New York: Oxford University Press, 2013.

Maruyama Nobuhiko. *Edo no kimono to iseikatsu*. Tōkyō: Shōgakukan, 2007. Masuda Yoshimi. "Yoshino Michi no shōgai: sono tegami o tsūjite." In Kinsei joseishi kenkyūkai, ed., *Edo jidai no joseitachi*, 115–46. Tōkyō: Yoshikawa Kōbunkan, 1990.

Matsubara Iwagorō. *Saiankoku no Tōkyō.* Tōkyō: Minyūsha, 1894. Matsudai-machi, ed. *Matsudai chōshi*. 2 vols. Matsudai-machi: Matsudai-machi, 1989.

Matsuo Bashō. *The Narrow Road to Oku*. Translated by Donald Keene. Tokyo: Kodansha International, 1996.

Matsuoka Hideo. *Torii Yōzō: Tenpō no kaikaku no dan'atsusha*. Tōkyō: Chūō kōronsha, 1991.

Maza, Sarah. *Servants and Masters in Eighteenth-Century France: The Uses of Loyalty*. Princeton, NJ: Princeton University Press, 1983.

McClain, James. "Edobashi: Space, Power, and Popular Culture in Early Edo." In James McClain, John M. Merriman, and Ugawa Kaoru, eds., *Edo and Paris: Urban Life and the State in the Early Modern Era*, 105–31. Ithaca, NY: Cornell University Press, 1994.

Mega Atsuko. *Buke ni totsuida josei no tegami: binbō hatamoto no Edo-gurashi*. Tōkyō: Yoshikawa kōbunkan, 2011.

Melville, Herman. *Moby-Dick; Or the Great White Whale* (1851). New York: Penguin, 2013.

Messenger, The (New Haven, CT).

Minami Kazuo. *Edo no machi bugyō*. Tōkyō: Yoshikawa Kōbunkan, 2005.

Miyachi Masato. *Bakumatsu ishin henkaku-shi: jō*. 2 vols. Tōkyō: Iwanami shoten, 2012.

———. *Bakumatsu ishinki no bunka to jōhō*. Tōkyō: Meicho Kankōkai, 1994.

Miyamoto Yukiko. "Kakushi baijo to hatamoto keiei: *Fujiokaya nikki* o chūshin to shite." *Komazawa shigaku* 55 (2000): 319–41.

Miyazaki Katsumi. *Daimyō yashiki to Edo iseki*. Tōkyō: Yamakawa Shuppansha, 2008.

Moring, Beatrice. "Migration, Servanthood, and Assimilation in a New Environment." In Antoinette Fauve-Chamoux, ed., *Domestic Service and the Formation of European Identity: Understanding the Globalization of Domestic Work, 16th–21st Centuries*, 43–70. Bern: Peter Lang, 2004.

Morison, Samuel Eliot. *"Old Bruin": Commodore Matthew Calbraith Perry, 1794–1858*. Boston: Little, Brown, 1967.

Moriyama, Takeshi. *Crossing Boundaries in Tokugawa Society: Suzuki Bokushi, a Rural Elite Commoner*. Leiden: Brill, 2013.

Morris-Suzuki, Tessa. *The Technological Transformation of Japan: From the Seventeenth to the Twenty-First Century*. Cambridge: Cambridge University Press, 1994.

Nagai Masatarō. *Ōishida chōshi*. Tōkyō: Chūō Shoin, 1973.

Nagano Hiroko. "Nihon kinsei nōson ni okeru maskyurinitī no kōchiku to jendā." In Nagano Hiroko, Sugano Noriko, and Sakurai Yuki, eds., *Jendā de yomitoku Edo jidai*, 173–212. Tōkyō: Sanseidō, 2001.

Nagatani Takaharu. *Kabuki no keshō*. Tōkyō: Yūzankaku, 2015.

Najita, Tetsuo. "Ōshio Heihachirō." In Albert Craig and Donald Shively, eds., *Personality in Japanese History*, 155–79. Berkeley: University of California Press, 1970.

Nakagawa Hōzandō and Hanasaka Kazuo, eds. *Edo kaimono hitori annai.* Tōkyō: Watanabe Shoten, 1972.

Nihon rekishi chimei taikei. Accessed through JapanKnowledge.

Niigata kenritsu bunshokan, ed. "Shozō monjo annai." Niigata Prefectural Archives, Niigata City, Niigata Prefecture.

Niigata-ken, ed. *Niigata kenshi shiryō-hen.* 24 vols. Niigata: Niigata-ken, 1980–1986.

———. *Niigata kenshi tsūshi-hen.* 5 vols. Niigata: Niigata-shi, 1995–1997. Nishiyama, Matsunosuke. *Edo Culture: Daily Life and Diversions in Urban Japan.* Honolulu: University of Hawai'i Press, 1997.

Nishizaka Yasushi. *Mitsui Echigoya hōkōnin no kenkyū.* Tōkyō: Tōkyō Daigaku Shuppankai, 2006.

———. "Yamori." In *Nihon toshishi nyūmon*, vol. 3, edited by Takahashi Yasuo and Yoshida Nobuyuki, 224–25. Tōkyō: Tōkyō Daigaku Shuppankai, 1989.

Nojima Jusaburō. *Kabuki jinmei jiten.* Tōkyō: Nichigai Asoshiētsu, 2002. Ōbuchi Wataru, ed. *Kisha jikokuhyō.* Shinshindō, 1894. Accessed through National Diet Library Digital Collection, http://dl.ndl.go.jp/info:ndljp/pid/805117.

Ōgata chōshi hensan iinkai, ed. *Ōgata chōshi, shiryō-hen.* Ōgata-chō: Ōgata-chō, 1988.

Ōgawa Kyōichi. *Edojō no toire, shōgun no omaru.* Tōkyō: Kōdansha, 2007.

———, ed. *Kansei-fu ikō hatamoto-ke hyakka jiten.* Vol. 5. Tōkyō: Tōyō shorin, 1998.

———. *Tokugawa bakufu no shōshin seido: Kansei jūnenmatsu hatamoto shōshinhyō.* Tōkyō: Iwata Shoin, 2006.

Ōguchi Yūjirō. *Edojō ōoku o mezasu mura no musume: Namamugi-mura Sekiguchi Chie no shōgai.* Tōkyō: Yamakawa Shuppansha, 2016.

———. "The Reality Behind *Musui Dokugen*: The World of the *Hatamoto* and *Gokenin*." Translated by Gaynor Sekimori. *Journal of Japanese Stud- ies* 16:2 (1990): 289–308.

Ōishida kyōiku iinkai, ed. *Ōishida chōritsu rekishi minzoku shiryōkan shiryōshū.* Vol. 7: *Shūmon ninbetsuchō.* Ōishida-machi: Ōishida-machi kyōiku iinkai, 2001.

Okazaki Hironori. *Tōyama Kinshirō*. Tōkyō: Kōdansha, 2008.
———. *Tōyama Kinshirō-ke nikki*. Tōkyō: Iwata Shoin, 2007.
Ōshima-mura kyōiku iinkai, ed. *Ōshima sonshi*. Ōshima-mura: Ōshima-mura kyōiku iinkai, 1991.
"Oshioki no setsu shusseki namae oboechō" (1844). Vol. 4 of *Oshioki no mono obechō*. Beinecke Rare Book and Manuscript Library, Yale University.
Partner, Simon. *The Merchant's Tale: Yokohama and the Transformation of Japan*. New York: Columbia University Press, 2017.
Pflugfelder, Gregory. *Cartographies of Desire: Male-Male Sexuality in Japanese Discourse, 1600–1950*. Berkeley: University of California Press, 1999.
Pineu, Roger, ed. *The Japan Expedition 1852–54: The Personal Journal of Commodore Matthew C. Perry*. Washington, DC: Smithsonian Institution Press, 1968.
Platt, Stephen. *Imperial Twilight: The Opium War and the End of China's Last Golden Age*. New York: Knopf, 2018.
Rath, Eric. *Food and Fantasy in Early Modern Japan*. Berkeley: University of California Press, 2010.
Rediker, Marcus. *The Slave Ship: A Human History*. New York: Viking, 2007. Rinsenji monjo (E9806). Niigata Prefectural Archives, Niigata City, Niigata Prefecture.
Roberts, Luke. *Performing the Great Peace: Political Space and Open Secrets in Tokugawa Japan*. Honolulu: University of Hawai'i Press, 2012.
Rubinger, Richard. *Popular Literacy in Early Modern Japan*. Honolulu: University of Hawai'i Press, 2007.
Saitō Gesshin. *Edo meisho zue* (1834). Accessed through JapanKnowledge. Saitō Hiroshi. *Shichiyashi no kenkyū*. Tōkyō: Shin Hyōron, 1989.
Saitō Osamu. *Shōkā no sekai, uradana no sekai: Edo to Ōsakā no hikaku toshishi*. Tōkyō: Riburo Pōto, 1989.
Sakuma Tatsuo, ed. *Inō Tadataka sokuryō nikki*. 7 vols. Tōkyō: Ōzorasha, 1998.
Sakurai Yuki. "Perpetual Dependency: The Life Course of Male Workers

in a Merchant House." In Sabine Frühstück and Anne Walthall, eds., *Recreating Japanese Men*, 115–34. Berkeley: University of California Press, 2011.

Sasama Yoshihiko. *Ō-Edo fukugen zukan: shōmin-hen.* Tōkyō: Yūshikan, 2003.

———. *Zusetsu Edo machi bugyōsho jiten.* Tōkyō: Kashiwa Shobō, 1991. Sato, Hiroaki. *Legends of the Samurai.* Woodstock, NY: The Overlook Press, 1995.

Satō Shigerō. *Bakumatsu ishin to minshū sekai.* Tōkyō: Iwanami shoten, 1994. Schwartz, Hillel. *Century's End.* New York: Doubleday, 1990.

Screech, Timon. *The Lens Within the Heart: The Western Scientific Gaze and Popular Imagery in Later Edo Japan.* Honolulu: University of Hawai'i Press, 2002.

Seki Jun'ichi. "Shihon chakushoku 'Ōishida kashi ezu' ni tsuite." *Mogami-gawa bunka kenkyū* (2006): 39–53.

Sewall, John S. *The Logbook of the Captain's Clerk: Adventures in the China Seas.* Bangor, ME: s.n., 1905.

Shaw, Matthew. *Time and the French Revolution: The Republican Calendar, 1789–Year XIV.* New York: Boydell and Brewer, 2011.

Shiba Keiko. *Kinsei onna no tabi nikki.* Tōkyō: Yoshikawa Kōbunkan, 1997.

Shiga Shinobu. "Sanseiroku kōhen" (1856). In Vol. 52 of *Edo jidai josei bunkō.* Tōkyō: Ōzorasha, 2000.

Shimazaki, Satoko. *Edo Kabuki in Transition: From the Worlds of the Samurai to the Vengeful Female Ghost.* New York: Columbia University Press, 2016.

Shimizu, Akira. "Eating Edo, Sensing Japan: Food Branding and Market Culture in Late Tokugawa Japan, 1780–1868." Ph.D. dissertation, Uni- versity of Illinois, Urbana-Champaign, 2011.

"Shinban Ō-Edo mochimaru chōja kagami" (1846). Kaga monjo 220. Edo-Tokyo Digital Museum, Tokyo Metropolitan Library, http://www.library.metro.tokyo.jp/Portals/0/edo/tokyo_library/upimage/big/013.jpg.

Shirane, Haruo. *Early Modern Japanese Literature: An Anthology, 1600–1900.* New York: Columbia University Press, 2002.

Shmagin, Viktor. "Diplomacy and Force, Borders and Borderlands: Japan-Russia Relations in the Transformation of Japanese Political Culture in the Edo and Meiji Periods." Ph.D. dissertation, University of California, Santa Barbara, 2016.

Smith, Henry D. "The Edo-Tokyo Transition: In Search of Common Ground." In Marius B. Jansen and Gilbert Rozman, eds., *Japan in Transition from Tokugawa to Meiji*, 347–74. Princeton, NJ: Princeton University Press, 1996.

Smith, Thomas C. *The Agrarian Origins of Modern Japan*. Stanford, CA: Stanford University Press, 1959.

Smits, Gregory. *Visions of Ryukyu: Identity and Ideology in Early-Modern Thought and Politics*. Honolulu: University of Hawai'i Press, 1999.

Speiden, William, Jr. *William Speiden Journals*. Vol. 1: *1852–1854*. Manuscript, Library of Congress, https://www.loc.gov/item/mss830450001.

Spence, Jonathan. *The Search for Modern China*. New York: W. W. Norton & Co., 2013.

Stanley, Amy. "Adultery, Punishment, and Reconciliation in Tokugawa Japan." *Journal of Japanese Studies* 33:2 (2007): 309–35.

———. *Selling Women: Prostitution, Markets and the Household in Early Modern Japan*. Berkeley: University of California Press, 2012.

Starling, Jessica. "Domestic Religion in Late Edo-Period Sermons for Temple Wives." *The Eastern Buddhist* 43:1–2 (2012): 271–97.

Steele, M. William. "Against the Restoration: Katsu Kaishū's Attempt to Reinstate the Tokugawa Family." *Monumenta Nipponica* 36:3 (1981): 299–316.

———. *Alternative Narratives in Modern Japanese History*. New York: Routledge, 2003.

———. "Contesting the Record: Katsu Kaishū and the Historiography of the Meiji Restoration." In James C. Baxter and Joshua A. Fogel, eds., *Writing Histories in Japan: Texts and Their Transformations from Ancient Times to the Meiji Era*, 299–316. Kyōto: International Research Center for Japanese Studies, 2007.

Sugano Noriko. *Edo jidai no kōkōmono: kōgiroku no sekai*. Tōkyō:

Yoshikawa Kōbunkan, 1999.
Sugimori Reiko. "Furugi shōnin." In Yoshida Nobuyuki, ed., *Akinai no ba to shakai*, 139–68. Tōkyō: Yoshikawa Kōbunkan, 2000.
Sugimoto, Etsu Inagaki. *Daughter of the Samurai: How a Daughter of Feudal Japan, Living Hundreds of Years in One Generation, Became a Modern American*. New York: Doubleday, Page & Co., 1925.
Suzuki Bokushi. *Snow Country Tales: Life in the Other Japan*. Translated by Jeffrey Hunter with Rose Lesser. New York: Weatherhill, 1986.
Suzuki, Keiko. "The Making of Tōjin: Construction of the Other in Early Modern Japan." *Asian Folklore Studies* 66:1–2 (2007): 83–105.
Suzuki Tōzō and Koike Shotarō, eds. *Fujiokaya nikki*. 8 vols. Vol. 1: *Kinsei shomin seikatsu shiryō*. Tōkyō: San'ichi Shobō, 1987.
Taguchi Akiko. *Edo jidai no kabuki yakusha*. Tōkyō: Yūzankaku, 1998.
Takahashi Satoshi. *Mura no tenaraijuku: kazoku to kodomo no hakken*.
Tōkyō: Asahi Shinbunsha, 1995.
Takahashi Yasuo and Yoshida Nobuyuki, eds. *Nihon toshishi nyūmon*. 3 vols. Tōkyō: Tōkyō Daigaku Shuppankai, 1989.
Takai Hiroshi. *Tenpōki, shōnen shōjo no kyōyō keisei katei no kenkyū*. Tōkyō: Kawade Shobō Shinsha, 1991.
Takeuchi Makoto. *Edo shakaishi no kenkyū*. Tōkyō: Kōbundō, 2010.
Tamanoi, Mariko. "Songs as Weapons: The Culture and History of Komori (Nursemaids) in Modern Japan." *Journal of Asian Studies* 50:4 (1991): 793–817.
Teeuwen, Mark, and Kate Wildman Nakai, eds. *Lust, Commerce, and Corruption: An Account of What I Have Seen and Heard, by an Edo Samurai*. New York: Columbia University Press, 2014.
Tōkyō Daigaku Shiryō Hensanjo, ed. *Saitō Gesshin nikki*. In Vol. 24 of *Dai Nihon kokiroku*. Tōkyō: Iwanami Shoten, 1997–2016.
———, ed. *Shichū torishimari ruishū*. 29 vols. Vol. 6: *Dai Nihon kinsei shiryō*. Tōkyō: Tōkyō Daigaku Shuppankai, 1959–2010.
Tōkyō komonjo-kan, ed. *Edo: 1838–1841*. Tōkyō: Tōkyō komonjokan, 2014.
Tokyo Metropolitan Archives. "Edo jidai no zumen o yomu (2): toire no iroiro." Facebook post 8/24/2016. Accessed 12/14/2016, www.

facebook.com/tokyo.archives.
———. "Edo-jō no fuyu shitaku: hibachi." Facebook post 11/6/2016. Accessed 12/14/2016, www.facebook.com/tokyo.archives.
Tōkyō-to Itabashi-ku, ed. *Itabashi kushi*. Tōkyō: Itabashi kuyakusho, 1954.
Totman, Conrad. *The Collapse of the Tokugawa Bakufu*. Honolulu: Uni-versity of Hawai'i Press, 1980.
———. *Politics in the Tokugawa Bakufu. 1600–1843*. Cambridge, MA: Harvard University Press, 1967.
"Tsuji banzuke for Ume Saku ya Wakakiba Soga at the Kawarazaki Theater," Tenpō 11.1, Publisher Ogawa Hansuke. Museum of Fine Arts, Boston. http://www.mfa.org/collections/object/kabuki-playbill-tsuji-banzuke-for-mume-saku-ya-wakakiba-soga-at-the-kawarazaki-theater-225317.
Tsukada Takashi. "Meakashi." In *Nihon toshishi nyūmon*, vol. 3, edited by Takahashi Yasuo and Yoshida Nobuyuki, 206–7. Tōkyō: Tōkyō Daigaku Shuppankai, 1989.
Tsukamoto Akira. "Kariya ukenin." In *Nihon toshishi nyūmon*, vol. 3, edited by Takahashi Yasuo and Yoshida Nobuyuki, 222–23. Tōkyō: Tōkyō Daigaku Shuppankai, 1989.
Tsukamoto Manabu. *Chiisa na rekishi to ooki na rekishi*. Tōkyō: Yoshikawa Kōbunkan, 1993.
Ujiie Mikito. *Hatamoto gokenin: odoroki no bakushin shakai no shinjitsu*. Tōkyō: Yōsensha, 2011.
———. "Hitokiri no ie, onna no ie." In Sakurai Yuki, Sugano Noriko, and Nagano Hiroko, eds., *Jendā de yomitoku Edo jidai*, 79–113. Tōkyō: Sanseidō, 2001.
Utagawa Hiroshige III. *Tsukiji hoterukan omotegake no zu* (1869). Museum of Fine Arts, Boston. https://www.mfa.org/collections/object/the-front-entrance-of-the-tsukiji-hotel-in-tokyo-tôkyô-tsukiji-hoterukan-omote gake-no-zu-129821.
Utagawa Kunisada. *Onoe Kikugorō no Omatsuri Sashichi, Onoe Eizaburō no Geisha Koito* [Onoe Kikugorō as Omatsuri Sashichi and Onoe Eizaburō as the geisha Koito], 1840. British Museum. http://www.britishmuseum.org/research/collection_online/collection_object_details.aspx?object Id=781668&partId=1&.

———. *Tsuragaoka kongen Soga*, woodblock print, triptych (1840). Victoria and Albert Museum, London. http://collections.vam.ac.uk/item/O33025/woodblock-print-utagawa-kunisada-i/.

Utagawa Kunisada I. *Actors Sawamura Tosshō I as Takeda Katsuyori, Iwai Shijaku I as Emon no Mae, and Iwai Tojaku I as Streetwalker Okimi, and Ichikawa Ebizō V as Boatman Sangorō* (Tenpō 11.11). Museum of Fine Arts, Boston.

———. *Memorial Portrait of Actor Iwai Tokaju I, with Iwai Kumesaburō III* (Kōka 4.4). Museum of Fine Arts, Boston.

Utagawa Kuniyoshi. *Actors Ichikawa Ebizō V as Yokozō, Iwai Tojaku I as Kansuke's Mother Miyuki, and Sawamura Tosshō I as Jihizō* (Tenpō 11.11). Museum of Fine Arts, Boston.

Utagawa Yoshikazu. *Kanda Matsuri dashizukushi* (1859). Museum of Fine Arts, Boston. https://www.mfa.org/collections/object/the-kanda-festival-parade-kanda-matsuri-dashizukushi-513212.

Vaporis, Constantine Nomikos. *Breaking Barriers: Travel and the State in Early Modern Japan.* Cambridge, MA: Council on East Asian Studies, Harvard University, 1994.

———. *Tour of Duty: Samurai, Military Service in Edo, and the Culture of Early Modern Japan*. Honolulu: University of Hawai'i Press, 2003.

Walthall, Anne. "The Edo Riots." In James McClain, John M. Merriman, and Ugawa Kaoru, eds., *Edo and Paris: Urban Life and the State in the Early Modern Era*, 407–28. Ithaca, NY: Cornell University Press, 1994.

———. "Fille de paysan, épouse de samourai: Les lettres de Michi Yoshino." *Annals Histoire Sciences Sociales* 54:1 (1999): 55–86.

———. "Hiding the Shoguns: Secrecy and the Nature of Political Authority in Tokugawa Japan." In Bernhard Schneid and Mark Teeuwen, eds., *The Culture of Secrecy in Japanese Religion*, 331–56. London: Routledge, 2006.

———. "The Lifecycle of Farm Women." In Gail Lee Bernstein, ed., *Recreating Japanese Women, 1600–1945*, 42–70. Berkeley: University of California Press, 1991.

———. *The Weak Body of a Useless Woman: Matsuo Taseko and the Meiji*

Restoration. Chicago: University of Chicago Press, 1998.

Walworth, Arthur. *Black Ships off Japan: The Story of Commodore Perry's Expedition*. New York: Alfred A. Knopf, 1946.

Whitman, Walt. "A Broadway Pageant" (1860). In Walt Whitman, *Poems of Walt Whitman (Leaves of Grass)*. New York: T. Y. Crowell, 1902.

Wigen, Kären. *The Making of a Japanese Periphery, 1750–1920*. Berkeley: University of California Press, 1995.

———. *A Malleable Map: Geographies of Restoration in Central Japan, 1600–1912*. Berkeley: University of California Press, 2010.

Williams, Duncan Ryūken. *The Other Side of Zen: A Social History of Sōtō Zen Buddhism in Tokugawa Japan*. Princeton, NJ: Princeton University Press, 2005.

Wills, Steven. "Fires and Fights: Urban Conflagration, Governance, and Society in Edo-Tokyo, 1657–1890." Ph.D. dissertation, Columbia Uni- versity, 2010.

Wilson, Noell. *Defensive Positions: The Politics of Maritime Security in Tokugawa Japan*. Cambridge, MA: Harvard University Asia Center, 2015.

Yabuta Yutaka. *Bushi no machi Ōsaka: "tenka no daidokoro" no bushitachi*. Tōkyō: Chūō kōron shinsha, 2010.

———. *Joseishi to shite no kinsei*. Tōkyō: Azekura shobō, 1996.

———. "Nishitani Saku and Her Mother: 'Writing' in the Lives of Edo Period Women." In P. F. Kornicki, Mara Patessio, and G. G. Rowley, eds., *The Female as Subject: Reading and Writing in Early Modern Japan*, 141–50. Ann Arbor: University of Michigan Center for Japanese Studies, 2010.

———. "*Onna daigaku* no naka no 'Chūgoku.'" In Cho Kyondaru and Tsuda Tsutomu, eds., *Hikakushiteki ni mita kinsei Nihon: 'Higashi Ajia-ka' o megutte*, 140–62. Tōkyō: Tōkyō Daigaku Shuppankai, 2011.

Yamakawa Kikue. *Women of the Mito Domain: Recollections of Samurai Family Life*. Translated by Kate Wildman Nakai. Tokyo: University of Tokyo Press, 1992.

Yokoyama Yuriko. "Jūkyū-seiki Edo, Tōkyō no kamiyui to onna kamiyui." *Bessatsu toshishi kenkyū* (2009): 85–103.

Yonemoto, Marcia. "Adoption and the Maintenance of the Early Modern Elite: Japan in the East Asian Context." In Mary Elizabeth Berry and Marcia Yonemoto, eds., *What Is a Family? Answers from Early Modern Japan*, 47–67. Berkeley: University of California Press, 2019.

———. *The Problem of Women in Early Modern Japan*. Berkeley: University of California Press, 2016.

Yoshida Nobuyuki. *Dentō toshi: Edo*. Tōkyō: Tōkyō Daigaku Shuppankai, 2012.

———. "Hitoyado." In *Nihon toshishi nyūmon*, vol. 3, edited by Takahashi Yasuo and Yoshida Nobuyuki, 216-17. Tōkyō: Tōkyō Daigaku Shuppankai, 1989.

———. *Kinsei kyodai toshi no shakai kōzō*. Tōkyō: Tōkyō Daigaku Shuppankai, 1991.

———. *Mibunteki shūen to shakai, bunka kōzō*. Kyōto-shi: Buraku Mondai Kenkyūjo, 2003.

———. *21-seiki no Edo*. Tōkyō: Yamakawa Shuppansha, 2004.

———. *Toshi Edo ni ikiru*. Tōkyō: Iwanami Shoten, 2015.

Yoshida Setsuko, ed. *Edo kabuki hōrei shūsei*. Tōkyō: Ōfūsha, 1989.

Yoshida Yuriko. *Kinsei no ie to josei*. Tōkyō: Yamakawa Shuppansha, 2016.

Yoshihara Ken'ichirō. *Naitō Shinjuku*. Tōkyō: Tōkyō-to Komonjokan, 1985.

大河
江戶城裡的異鄉人
一個幕末時代叛逆女子的一生
Stranger in the Shogun's City: A Japanese Woman and Her World

作　　者 —— 艾美・史丹利（Amy Stanley）
譯　　者 —— 林士棻
責任編輯 —— 賴譽夫
封面設計 —— 一瞬設計 蔡南昇
排　　版 —— 簡單瑛設

編輯出版 —— 遠足文化
行銷企劃 —— 尹子麟、余一霞、汪佳穎、林芳如
行銷總監 —— 陳雅雯
副總編輯 —— 賴譽夫
執 行 長 —— 陳蕙慧
社　　長 —— 郭重興
發行人兼出版總監 —— 曾大福
發　　行 —— 遠足文化事業股份有限公司
地址：23141 新北市新店區民權路 108 之 2 號 9 樓
代表號：(02)2218-1417　傳真：(02)2218-0727
客服專線：0800-221-029　Email：service@bookrep.com.tw
郵政劃撥帳號：19504465　戶名：遠足文化事業股份有限公司
網址：http://www.bookrep.com.tw

法律顧問 —— 華洋法律事務所　蘇文生律師
印　　製 —— 韋懋實業有限公司
初版一刷 —— 2022 年 2 月

I S B N —— 978-986-508-128-7
定　　價 —— 480 元

國家圖書館預行編目資料

江戶城裡的異鄉人：一個幕末時代叛逆女子的一生／艾美・史丹利（Amy Stanley）著；林士棻 譯
一初版 .一 新北市：遠足文化事業股份有限公司，2022 年 2 月
388 面；14.8×21 公分
譯自：Stranger in the Shogun's City: A Japanese Woman and Her World

ISBN 978-986-508-128-7（平裝）

1. 女性傳記　2. 離婚　3. 社會生活
4. 江戶時代　5. 日本東京都

783.18　110022612